11가지 질문도구의
비판적 사고력 연습

Authorized translation from the English language edition, entitled ASKING THE RIGHT QUESTIONS – A GUIDE TO CRITICAL THINKING, 11th Edition, by BROWNE NEIL; KEELY STUART, published by Pearson Education, Inc, publishing as Prentice Hall, Copyright ⓒ 2014 All rights reserved.

Korean language edition ⓒ 2020 Donquixote Korea
Korean translation rights arranged with Pearson Education, INC,. publishing as Prentice Hall, through EntersKorea Co., Ltd., Seoul, Korea

이 책의 한국어판 저작권은 (주)엔터스코리아를 통한
저작권사와의 독점 계약으로 도서출판 돈키호테가 소유합니다.
신 저작권법에 의해 한국 내에서 보호를 받는 저작물이므로
무단전재와 무단복제를 금합니다.

11가지 질문도구의
비판적 사고력 연습

초 판 1쇄 발행   2010년 1월 15일
개정판 5쇄 발행   2022년 4월 20일

지 은 이   M. 닐 브라운, 스튜어트 M. 킬리
옮 긴 이   이명순, 하자인
펴 낸 이   이윤희
펴 낸 곳   돈키호테

출판등록   제2005-000031호
주   소   03506 서울 은평구 증산로3길 5-15, 503
전   화   010-8860-1687
팩   스   02-2646-1686
이 메 일   jamoin@naver.com

ISBN 978-89-93771-10-7   03170

책값은 표지 뒤쪽에 있습니다.
파본은 구입하신 서점에서 교환해 드립니다.

11가지 질문도구의
비판적 사고력 연습

M. 닐 브라운·스튜어트 M. 킬리 지음

이명순·하자인 옮김

돈키호테

지은이 서문

"나는 비판적으로 사고하는 사람이 되어서 올바른 질문을 던질 수 있는 것이 좋은 일이라는 것을 안다. 그러나 어떤 질문을 해야 하고 그것을 어떻게 물어야 하는지는 알지 못한다." 우리는 이 책에서 비판적 질문을 효과적으로 던지는 과정을 지도하려고 한다. 민주주의는 대중들이 비판적 사고를 할 수 있을 때 가장 잘 작동한다. 우리는 비판적 질문을 던진 후에 우리가 만들어 온 결정과 믿음에 더욱 확신을 가질 수 있게 된다. 우리는 무엇이 머릿속에 들어오기 전에 그것이 우리가 주목하는 특별한 기준을 통과하는 것을 자랑으로 여긴다.

처음부터 이 책은 하나의 과정이었다. 우리는 이 책을 사용하는 학생과 교사들로부터 계속 새로운 정보를 받았다. 이 책의 성공과 여러 나라의 독자들로부터 오는 긍정적 반응이 기쁘기도 하지만 사람들을 교육하기 위해서는 더 많은 노력이 필요하다는 것을 알고 있다. 새로운 제안 중에서 어떤 것을 받아들이고 거절할지를 정하는 것이 점차 어려워졌다. 우리는 우리를 설득하려는 노력에 매일 시달리고 있다. 그런 설득들은 아주 양극화되어 있고, 많은 것이 이성적이라기보다는 감정에 호소하고 있다. 우리는 증거를 무시하는 많은 경우를 만나고 잘못된 언어의 사용 그리고 많은 대중토론에서 이성 대신 고함을 지르는 경우를 본다. "신뢰성" 또는 진리를 향한 관심의 결여가 점점 일반화되고 있다.

우리 마음속에는 언제나 《비판적 사고력 연습》에 가장 우선순위를 두려는 열망이 있다. 한편으로는 우리에게 일어나는 새로운 강조와 독자의 진화하는 필요에 적응하고 있다. 예를 들면, 무엇보다도 이 책이 정확하고, 읽기 쉽고, 간단하기를 원한다. 또한 경험을 통해 이 책이 의도했던 것을 이루었다고 확신한다. 즉 비판적 사고를 통한 질문 기술을 가르치는 것 말이다. 지난 40년 동안 비판적 사고 기술을 학생들에게 가르친 경험을 통해 우리는 다양한 능력을 가진 개인들이 아주 간단한 방법으로 이 기술을 배우면 그것을 성공적으로 적용할 수 있다는 것을 알았다. 그 과정에서 그들은 사회적 주제와 개인적 문제 그리고 과거에 별로 경험하지 않았던 문제들조차 합리적으로 선택하는 능력에 더 큰 확신을 갖게 된다.
　그리하여 우리 책은 계속 다른 책이 실패했던 많은 문제들을 풀어 나가고 있다. 이 책은 질문을 던지는 종합적 기술을 개발했다. 그래서 폭 넓게 적용할 수 있다. 이 기술들은 비공식적으로 토의되고 있다. (우리는 특별한 그룹이 아니라 일반 독자에게 글을 쓰고 있다.)
　한 가지 주목해야 할 특징은 《비판적 사고력 연습》을 교실을 넘어서 많은 삶의 경험에 적용할 수 있는 응용성이다. 비판적 사고와 관련된 습관이나 태도는 소비자, 의사, 법률가 그리고 일반화된 윤리 및 개인적 선택에도 관련된다. 외과의사가 수술이 필요하다고 말할 때 그것은 이 책에서 강조하는 비판적 질문에 답을 찾기 위한 삶의 과정일 수 있다. 나아가서 비판적으로 생각하는 질문을 연습하면 우리의 일반 지식을 늘릴 수 있고, 세상이 돌아가는 방식과 세상이 어떻게 되어야 하는지 그리고 어떻게 우리가 더 좋은 세상을 만들 수 있는지를 발견할 수 있게 도와준다.

어떤 사람들이 이 책이 도움이 되는지를 알아낼까? 다양한 능력을 가진 독자와 만나 본 우리의 경험에 따르면, 이 책이 적용되지 않는 교과 과정이나 프로그램을 생각하기 어렵다. 사실 처음 9판까지는 법률, 영어, 제약, 철학, 교육, 심리학, 사회학, 종교 그리고 사회과학 과정 그리고 수많은 고등학교 수업에서 사용되었다.

이 책은 몇몇 분야에서 특히 잘 적용되었다. 일반 교육 프로그램에서 교사들은 이 책을 학생들의 질문에 예상 가능한 것을 설명하는 일관성 있는 반응을 주는 것으로 시작하고 싶어한다. 작문을 강조하는 영어 수업에서 이 책은 두 가지로 사용할 수 있다. 하나는 글을 쓰기 전에 논증을 평가하는 하나의 틀로 그리고 글을 쓸 때 저자가 피하고 싶어하는 문제들을 점검하는 점검표로 사용할 수 있다. 이 책은 특별히 비판적 읽기와 생각하는 기술을 위한 집중 과정에서 사용될 수 있다.

한편 이 책은 주로 우리의 교실 경험에서 나온 것이지만 거의 모든 사람들의 읽기와 듣기 습관을 지도할 수 있도록 구성되었다. 이 기술들은 비판적 독자가 합리적 결정의 기초로 사용할 수 있도록 개발되었다. 이 책에서 강조된 비판적 질문들은 과거 교육 정도에 상관없이 모든 사람들의 이성의 힘을 높일 것이다.

11판에서는 특별히 다음과 같은 것들을 강조했다.

1. 주의깊은 비판적 사고에 관련된 인식 편견과 다른 장애물의 역할에 대해 새로운 장을 추가했다.
2. 이 책은 대니얼 카너먼의 《생각에 관한 생각(Thinking, Fast and Slow)》에서 많은 통찰을 얻었다. 여기서는 특히 느린 사고의 중요성을 강조했다.
3. 우리는 생각나는 대로 대답하기(think-aloud answers)로 처음의 연습 문장을 만들 것이다. 즉 비판적 사고 반응을 한 문장으로 표현하는 것이다. 마치 독자가 그 연습 문장을 평가하는 도전에 고민하는 한 사람의 머리속에 들어가 있듯이 말이다. 하나의 대답을 수용하고, 거부하고, 재평가하고, 구성하는 하나하나의 과정을 듣는다는 것은 독자에게 그 대답을 만드는 데 사용된 비판적 사고 과정의 실제 그림을 주는 것이며, 이것은 단순히 하나의 대답을 관찰하는 것보다 더 중요하다. 여기서 우리는 존 가

드너의 중요한 비유에 의존하고 있다. 그는 교사와 훈련생에게 절화(cut flowers)만을 알려 준다. 심기, 씨뿌리기, 비료주기, 전지하기 등을 통해 아름다운 부띠크에 나가는 것은 가르치지 않는다.

4. 우리는 비판적 사고가 갖는 사회적 상호의존성을 강조하고 누군가가 비판적 사고의 질문을 던지는 방식이 그 질문의 가치에 큰 영향을 주는 실제 세계의 현실을 강조한다. 예를 들면, 많은 독자들은 처음에 다른 사람들에게 비판적 질문을 하는 것을 주저하게 되는데, 이는 많은 사람들이 자신의 신념에 비판적 질문을 던지는 것을 싫어한다는 것을 의미한다. 어떤 대화적 접근은 다른 사람보다 비판적 사고가, 연설가, 작가들 사이에 더 만족할 만한 대화를 자극한다. 우리는 대화를 단절하기보다 계속하는 질문과 듣기 전략을 제안한다. 예를 들면, 비판적 질문하기는 가끔 듣는 사람이 "왜 나를 괴롭혀?"라는 반응에 갑자기 멈추게 된다.

5. 새로운 예들을 집어넣었고, 현재의 이슈와 관련되고 비판적 사고가 갖는 실제 생활 가치와 응용을 보여 주는 연습 예문들을 집어넣었다.

교사용 매뉴얼은 이 책을 가르치는 데 필요한 것들을 지원한다. 지침은 http://www.pearsonhighered.com/ 또는 지역의 피어슨 지부를 통해서도 접할 수 있다.

11판은 많은 사람들에게 도움을 받았다. 아래의 피어슨 구독자들에게 값진 도움을 받았음을 알리고 싶다. 다이앤 K. 로프스트롬 미니얼(네바다 대학교); 클라리사 M. 어틀리(플리머스 주립대학교); 존 선더스(헌팅던 대학); 조슈어 해이든(컴버랜드 대학교); 레슬리 세인트 마틴(캐니언스 대학).

우리 학생들은 언제나 개선할 것을 제안하는 주요 자원이다. 그런 점에서 몇몇은 언급하고 싶다. 11판은 특히 로렌 빅서키, 첼시어 브라운, 캐선드러 베이커의 도움을 받았다. 혹시 우리의 정신적 발전을 위해 중요한 질문이 있으면 닐 브라운의 블로그(www.celebratequestions.com)에서 해주기 바란다.

M. 닐 브라운, 스튜어트 M. 킬리

차례

지은이 서문 _4

CHAPTER 01 올바른 질문하기의 방식과 그 효력 _13
The Benefit and Manner of Asking the Right Questions

CHAPTER 02 비판적 사고를 방해하는 과속 방지턱 _39
Speed Bumps Interfering with Your Critical Thinking

CHAPTER 03 이슈와 결론은 무엇인가? _57
What Are the Issue and the Conclusion?

CHAPTER 04 이유는 무엇인가? _77
What Are the Reasons?

CHAPTER 05 어떤 단어나 어구가 애매한가? _97
What Words or Phrases Are Ambiguous?

CHAPTER 06 가치 가정과 기술적 가정은 무엇인가? _127
What Are the Value and Descriptive Assumptions?

CHAPTER 07 추론에 오류가 있는가? _161
Are There Any Fallacies in the Reasoning?

CHAPTER 08 / 증거는 얼마나 훌륭한가? 직관, 개인적 경험… _191
How Good Is the Evidence: Intuition, Personal Experience, Case Examples…?

CHAPTER 09 / 증거는 얼마나 훌륭한가? 개인적 관찰, 연구… _219
How Good Is the Evidence: Personal Observation, Research Studies…?

CHAPTER 10 / 경쟁 원인이 있는가? _255
Are There Rival Causes?

CHAPTER 11 / 통계에 속임수가 있지는 않은가? _281
Are the Statistics Deceptive?

CHAPTER 12 / 중요한 정보가 빠져 있지는 않은가? _299
What Significant Information Is Omitted?

CHAPTER 13 / 어떤 합당한 결론이 가능한가? _317
What Reasonable Conclusions Are Possible?

마무리 말 _331

옮긴이 후기 _333

CHAPTER 01

올바른 질문하기의 방식과 그 효력

The Benefit and Manner of Asking the Right Questions

우리가 사는 혼란스럽고 복잡한 세상

이 책은 인생에 도움이 되는 것들을 배울 수 있도록 도와준다. 그것은 바로 "비판적 사고력"이다. 물론 어떤 사람들이 사는 일종의 상상의 세계는 비판적 사고가 전혀 필요하지 않을 수도 있다. 그 상상의 세계에서는 다음과 같은 조건들이 강하다.

1. 우리 모두는 종교나 정치적 견해에 대해 또는 우리가 무엇을 사고 무엇을 믿을지에 대해 독립적으로 결정할 수 있다. 광고주, 마케터, 홍보 전문가, 선거 사무장, 그리고 다양한 세계관의 옹호자들은 우리가 결정을 할 때 필요한 정보만을 제공하여 우리가 선택한 인생을 살아 나가도록 한다.
2. 무엇에 관해서건 우리를 설득하려고 하는 사람은 우리가 그것을 하면 갖게 될 단점에 대해서도 설명할 것이다.
3. 우리가 인생의 중요한 의문들에 대해 답을 찾지 못하고 방황할 때에는 믿

을 만한 전문가, 권위자 또는 현자를 쉽게 찾을 수 있다. 그리고 그들이 하는 말은 서로 상반되지도 않는다. 다시 말해, 지혜로운 사람들은 언제나 답을 알고 있기에 우리는 무엇을 할지, 또 무엇을 믿을지에 대해 전혀 걱정할 필요가 없다. 우리가 할 일은 그저 그들을 찾아가서 그들이 하는 말을 듣는 것뿐이다.

4. 우리의 정신은 어떤 중요한 선택지와 마주할 때도 차분하고, 몰입할 수 있고, 사색적이고, 호기심으로 가득 차 있다.

여러분은 우리가 사는 실제 세계가 방금 묘사한 이상향(Never-Never Land)과는 다르다는 것을 알아차렸을 것이다.

실제 세계에서 우리는 자신들이 말하는 대로 해야 한다고 주장하는 사람들의 맞은편에서 공격 당하기 십상이다. 그들은 가장 좋은 방법을 알고 있다. 그들은 우리가 무엇을 입고, 먹고, 사고, 믿어야 할지를 안다. 그들은 우리가 받아들여야만 하는 진실을 알고 있다고 소리 높여 말한다. 그들은 우리를 돕고 싶다고 말한다. 그들은 절대로 우리가 어떤 사람이 되어야 하는지 스스로의 인식을 형성할 수 있게 내버려두지 않는다.

예를 들어, 꽤 간단한 질문인 "우리가 차를 더 많이 마셔야 할까?"에 대해 5분 동안 인터넷 검색을 한 결과 우리는 다음과 같은 조언들을 찾아냈다. 이것은 모두 더 많은 차를 사라고 말하는 웹사이트에서 찾은 것이다.

- 가려움과 붓기를 다스리는 데 녹차를 쓰세요.

- 베인 상처와 멍이 생긴 곳에 소독제로 진한 차를 쓰세요.
- 달리기 선수의 발을 치료하는 데 진한 차를 쓰세요. 몇 주간 하루에 두 번씩 10분 동안 발을 담가 놓으세요.
- 치통에는 적신 찻잎으로 이를 문지르면 도움이 됩니다.
- 따뜻한 차에 수건을 적셔서 눈 위에 올려놓으면 피로가 많이 풀립니다.

이런 주장을 하는 사람들은 우리가 행동을 바꾸길 원하는 것이다. 바로 더 많은 차를 사는 쪽으로.

게다가 이런 사람들은 우리를 설득해서 바꾸려고 할 때 페어플레이를 하지 않는다. 그들은 반쪽짜리 진실만을 말해 준다. 사회주의자는 큰 정부의 위험성에 대해 설명하지 않는다. 보수주의자는 대다수의 사람들은 자수성가하기 어려운 미국의 치명적인 불평등은 말하지 않는다. 신상 청바지를 판매하면서 그 낮은 가격대가 아시아에서의 노동 착취로 가능하다는 사실은 말하지 않는다. 제약 회사들은 노란색 또는 파란색 알약을 먹으면 문제를 해결할 수 있다고 하지만 정작 그 약의 효과를 뒷받침하는 연구의 비용을 자신들이 지원했다는 이야기는 하지 않는다. 여러분도 이제 그림이 그려질 것이다.

만약 우리가 필요한 답을 갖고 있는 현명한 사람들, 전문가들에게 기댈 수 있다면 여기서 그린 이런 시나리오는 크게 문제가 되지 않는다. 그들이 우리에게 적합한 답을 줄 수만 있다면 우리는 시끄러운 설득자들에게 저항할 수 있다. 하지만 답을 알고 있다고 말하는 사람들은 우리가 그들을 필요로 할 때 우리 곁에 없다. 그들은 종종 틀리고, 심지어 서로 어긋나는 의견을 내놓는다. 다음은 이런 현실과 여러분의 사고방식의 중요성을 강조한다.

　2장에서는 우리가 정신없고 혼란스러운 이 세상을 다뤄 보려고 할 때 어떤 방식으로 우리의 뇌가 종종 우리를 실망시키는지에 초점을 맞춘다. 우리 뇌는 어떤 때에는 놀라울 정도로 창의적이고 복잡한 일들을 수행해낸다. 하지만 인간의 뇌는 대개 대니얼 카너먼(Daniel Kahneman)이 말하는 "빠르게 생각하기"(fast thinking: 직관)나 "시스템 1 사고"(System 1 thinking: 직관적/자동적 사고)에 따라 움직인다. 우리 뇌는 흔히 일련의 사고 패턴들에 의지하는데 이러한 방식은 우리를 곤경에 처하게 한다. 빠르게 생각하기는 자동적이고 즉각적이며 일반적으로 우리의 감정에 의해 통제된다. 조너선 하이트(Jonathan Haidt)는 우리의 감정을 시골길을 파괴하며 달리는 폭주하는 코끼리라고 한다면, 우리의 의식적인 사고는 이 코끼리의 격렬한 광란을 통제하려고 노력하는 작은 기수라고 비유했다.

도움이 되지 못하는 전문가들

우리는 이미 여러분이 전문가들을 여러분의 생각을 지배하려 드는 사람들을 헤치고 나갈 수단으로 생각하고 그들에게 기대려 한다면 결국 실망하게 될 것이라고 말했다. 전문가들은 대개 실제로 자신들이 아는 것보다 훨씬 더 많이 알고 있는 것처럼 말한다. 그들도 자신들이 말하는 것이 틀림없이 사실이라고 해야 여러분이 그들에게 귀 기울일 것을 어느 정도 알고 있다. 결국, 그들은 여러분이 듣고 싶어하는 것을 이야기해 주는 것이다.

여러분이 납득하기 쉽도록 데이빗 프리드먼의 중요한 저작 《거짓말을 파는 스페셜리스트(Wrong: Why Experts Keep Failing Us)》에 나온 세 가지 예를 들어 보겠다.

1. 햇빛을 피해야 하는가? 미국 질병통제예방센터는 태양의 자외선에 노출되는 것이 피부암 발생의 가장 중요한 요인일 수 있다고 밝혔다. 그러니까 태양을 피해라. 잠깐! 세계보건기구는 자외선 노출은 그저 미미한 요인일 뿐이라고 발표했다. 그리고 더욱 혼란스럽게도, 전세계적으로 충분한 햇빛을 쬐지 못하는 것이 많은 햇빛을 쬐는 것보다 오히려 더 많은 질병을 유발한다고 말했다.
2. 더 건강하게 살기 위해 반려동물을 키우는 것이 좋은가? 미국심장협회는 대다수 연구에서 반려동물을 키우는 것이 반려인의 건강에 긍정적인 영향을 미친다는 결과를 보여 줬다고 말했다. 반면, 핀란드의 신뢰성 있는 연구에서는 반려동물과 건강 악화 사이에 상관 관계가 존재한다고 밝혔다.
3. 핸드폰에서 해로운 전자파가 발생하는가? 국제역학연구소는 핸드폰이 해로운 전자파를 낸다는 사실을 뒷받침할 만한 근거가 없다고 말했다. 하지만 사우스 캐롤라이나 병원의 한 전문가는 이와 다른 의견을 내놓았다. 그는 핸드폰과 암 발생의 연관성에 대한 경고를 정당화할 만한 충분한 근거가 있다고 주장했다.

존경받는 전문가들은 어떻게 중산층을 탄탄하게 만들 수 있는지,

특정 학과를 전공한 대학생들이 훗날 취업할 수 있는 일자리가 있을지, 부상 당한 무릎을 수술해야 할지, 오바마가 강력한 리더인지, 어떻게 살을 빼고 그것을 유지할 수 있는지, 그리고 언제 이민자들이 시민권을 받을 수 있는지에 대해서 서로 충돌한다. 전문가들은 우리에게 어느 정도 합리적인 주장을 내놓는다. 그들은 사려 깊은 결정의 재료를 제공해 준다. 하지만 이 주장들을 측정하고 쌓아올려 우리의 결정을 만들어야 하는 장인은 바로 우리 자신이다.

여기서 주의해야 한다. 우리는 전문가들이 무용하다고 말하는 것이 절대 아니다. 사실 우리가 이용할 만한 지식을 갖고 있을 사람들 없이 행동하기는 어렵다. 우리는 어느 정도 여러분이 지금보다 전문가들에게 더 관심을 갖기 바란다. 다만, 우리는 다양한 분야의 전문가들에게 귀 기울이고, 우리가 들은 것을 평가하여 분류하고 솎아내야 한다. 우리의 답을 만들어 나가기 위해 그들의 말을 듣는 것이다. 그저 전문가들의 실에 달려 있는 꼭두각시나 무력한 양처럼 그들의 조언을 따르기 위해 듣는 것이 아니다.

우리의 정신에 의존하기

우리가 사는 세상이 우리의 선택에 어떤 식으로 작용하는지 명확하게 파악하고 나면 무거운 책임과 직면하게 된다. 우리는 자신의 믿음과 결정을 확고하게 이성적으로 통제해야 한다. 그렇지 않으면 결국 우리의 시스템 1 뇌를 억압하는 자들의 정신적 노예가 되기 싶다.

비판적 사고는 여러분에게 이성적으로 논리적인 답을 찾아낼 수 있는 기술과 태도를 가르쳐 준다. 비판적 사고는 여러분으로 하여금 다른 사람들에게 귀 기울이고 그들에게서 배우면서, 동시에 그들이 말하는 내용을 따져 볼 수 있게 한다. 결과적으로, 여러분은 다른 사람들에게 오직 선택적으로 의지해야 한다는 것을 알게 될 것이다. 비판적 사고는 여러분을 자유롭게 하고, 여러분이 어떤 사람이 되어 가는지 전적으로 감독할 수 있게 해준다.

비판적 사고의 유용성

비판적으로 읽고 들으려면, 다시 말해 읽고 들은 것을 체계적으로 평가하여 반응하려면 몇 가지 기술과 태도를 갖춰야 한다. 이 기술과 태도는 읽고 들은 내용에 대해 비판적으로 질문함으로써 얻게 된다. 여러분이 이러한 기술과 태도를 하나씩 배우는 과정에서 최선의 결정이 무엇인지 알고자 할 때 비판적 질문을 사용할 수 있도록 하는 것이 우리의 목적이다. 이상적으로 비판적 질문하기는 단지 여러분이 책에서 배운 것이 아니라 자신을 구성하는 한 부분이 될 것이다.

결과적으로 우리가 사용할 비판적 사고는 다음을 가리킨다.

1. 상호 연관된 일련의 비판적 질문을 아는 것
2. 적절한 시점에 비판적으로 질문하고 이에 대해 대답할 수 있는 능력
3. 비판적 질문을 적극적으로 이용하고자 하는 욕구

이 책은 세 가지 차원 모두에서 여러분의 능력을 향상시킬 것이다. 질문은 그 질문을 받는 사람이 반응하도록 한다. 우리는 질문을 함으로써 질문을 받는 사람에게 다음과 같이 말한다. "나는 궁금해." "나는 더 많이 알고 싶어." "날 도와줘." 이런 요청은 상대방에 대한 존중을 나타낸다. 비판적 질문은 질문을 받는 사람들 모두에게 정보를 주고 지침을 주기 위해 존재한다. 이런 점에서 비판적 사고는 우리의 사고를 개선하고자 하는 욕구에서 시작한다. 또한 비판적 질문은 여러분의 글쓰기 능력과 말하기 능력도 향상시킬 것이다. 그것은 다음과 같은 경우에 도움이 되기 때문이다.

1. 교과서나 잡지 또는 웹사이트에 제시된 글이나 증거들에 비판적으로 반응하는 경우
2. 강의나 연설의 질을 판단하는 경우
3. 논증(argument)을 만드는 경우
4. 읽기 과제를 토대로 글을 쓰는 경우
5. 수업에 참여하는 경우

주의 : 비판적 사고는 서로 연관된 일련의 비판적 질문을 알고, 더불어 적절한 시점에 그 질문을 하고, 그 질문에 답하는 능력과 의지로 만들어진다.

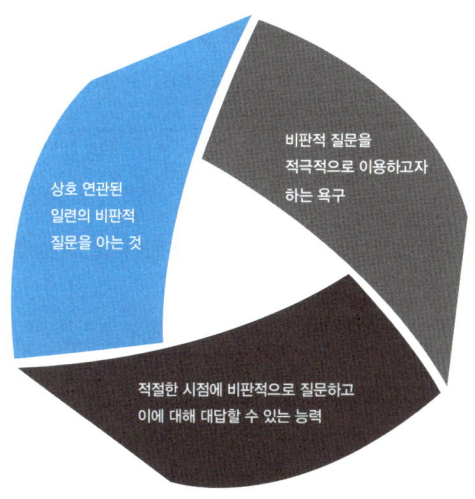

비판적 사고의 세 가지 차원

두 가지 사고 방식: 스펀지식과 채금식

사고의 한 방법은 스펀지가 물에 반응하는 방법과 비슷하다. 스펀지는 물을 흡수한다. 흔히 사용되는 이 접근법에는 몇 가지 분명한 장점이 있다.

첫째, 세계에 대한 정보를 많이 흡수하면 할수록 세계의 복잡성을 더 잘 이해할 수 있게 된다. 이렇게 획득한 지식은 나중에 더 복잡한 사고를 할 때 토대가 된다.

스펀지식 접근법의 두 번째 장점은 이 접근법이 상대적으로 수동적이라는 점이다. 우리가 이 방법을 사용할 때는 정신적 노력을 활발히 할 필요가 없다. 이 방법은 어느 정도는 빠르고 쉬운 편이다. 특히 자료가 분명하고 흥미로운 방식으로 주어질 때 그렇다. 정보를 흡수하는 것은 깊이 생각하기 위한 생산적인 출발점이다. 하지만 스펀지식 접근법에는 매우 심각한 단점이 있다. 이 방법은 어떤 정보와 의견을 믿어야 하는지 또는 거부해야 하는지를 결정할 때 아무 방법도 제시해 주지 못한다. 어떤 독자가 항상 스펀지식 접근법에만 의존한다면 마지막에 읽은 것은 무엇이든 믿게 될 것이다.

차라리 여러분은 무엇을 흡수하고 무엇을 무시해야 할지를 스스로 선택하고 싶을 것이다. 선택을 하려면 특별한 태도, 즉 질문을 하는 태도로 독서해야 한다. 그러한 사고 방식은 적극적 참여를 요구한다. 저자는 여러분에게 말을 걸려고 애쓰고 있다. 그가 물리적으로 여러분 앞에 없어도 여러분은 그에게 응답하려고 애써야 한다.

이러한 상호작용에 근거한 접근법을 채금식(panning-for-gold) 사고 방식이라 부른다. 금을 채취하는 과정은 적극적인 독자와 청자가 읽고 들은 내용의 가치를 판단하려 할 때 하나의 모델을 제시한다. 대화의 과정에서 자갈과 금을 구별해내기 위해서는 질문을 자주 해야 하고 그 질문에 대한 대답을 숙고해 보아야 한다.

스펀지식 접근법은 지식 획득을 강조한다. 반면에 채금식 접근법은 지식 획득의 과정에서 지식과의 적극적인 상호 작용을 강조한다. 따라서 두 가지 접근법은 서로 보완적이다. 지식이라는 금을 채취하기 위해서는 평가하는 체 안에 무언가가 있어야 한다. 게다가 논증을 평가하기 위해서는 지식, 즉 신뢰할 만한 견해가 있어야 한다.

이 두 가지 접근법이 어떻게 서로 다른 행동에 이르게 되는지를 더 자세히 검토해 보자. 스펀지식 접근법을 취하는 사람은 어떻게 글을 읽는가? 그는 가능한 한 많은 것을 기억하려 하면서 문장을 주의 깊게 읽어 간다. 핵심 단어와 문장에 밑줄을 긋거나 형광펜으로 표시할 것이다. 중요한 것을 잊지 않기 위해 주요 주제와 요점을 요약하면서 필기도 할 것이다. 그의 임무는 저자가 말해야 하는 것을 알고 이해하는 것이다. 그는 추론(reasoning)을 기억하지만 평가하지는 않는다.

채금식 접근법을 취하는 독자는 어떻게 행동하는가? 그녀는 스펀지식 접근법을 이용하는 사람과 마찬가지로 새로운 지식을 획득하려는 희망으로 독서를 할 것이다. 그러나 유사점은 여기에서 끝난다. 독자가 채금식 접근법을 취할 때는 최선의 결정이나 믿음을 발견하기 위해 고안해낸 수많은 질문을 스스로에게 해보아야 한다.

채금식 접근법을 사용하는 독자는 저자가 왜 여러 가지 주장을 하는지 종종 묻는다. 그는 추론이 지니는 문제점을 지적하는 메모를 여백에 적어 놓으며 독서 내용과 지속적으로 상호 작용한다. 그의 의도는 그 내용을 비판적으로 평가하고 이 평가를 토대로 자신의 결론을 내리는 것이다.

채금식 접근법의 가장 중요한 특징은 저자와 독자 사이의 대화에 또는 화자와 청자 간의 대화에 상호작용 하면서 참여하는 것이다. 여러분은 다른 사람들의 말에 동의하기 전에 비판적으로 사고하면서 질문에 대한 설득력 있는 답을 찾아야 한다.

누군가의 말에서 부적절한 것이 항상 쉽게 눈에 띄는 것은 아니다. 적극적인 독자와 청자가 되어야 한다. 여러분은 질문을 함으로써 그렇게 될 수 있다. 최선의 탐구 전략은 비판적으로 질문하는 전략이다. 비판적 질문이 지니는 강력한 이점은 여러분이 토론 주제에 대해 거의 알지 못할 때조차도 탐색하는 질문을 할 수 있게 해준다는 점이다. 예를 들어, 여러분은 어린이집의 적합성에 대한 비판적 질문을 하기 위해 보육 전문가가 될 필요는 없다.

> 내가 무언가를 믿기를 "왜" 원하는지 물어 보았는가?
>
> 들은 것에서 문제가 될 만한 것을 적어 놓았는가?
>
> 들은 것을 평가했는가?
>
> 들은 것의 합리성을 바탕으로 주제에 관해 스스로 결론을 내려 보았는가?

금을 채취하기 위한 심리검사

약한 의미의 비판적 사고와 강한 의미의 비판적 사고

앞에서 이미 많은 개인적 이슈와 사회적 이슈에 대해 여러분이 의견을 갖고 있음을 언급했다. 여러분은 지금 바로 다음과 같은 질문에 특정한 입장을 취할 것이다. 성매매를 합법화하는 것이 좋은가? 알코올 중독은 질병인가, 아니면 고의적인 잘못인가? 조지 W. 부시는 성공적인 대통령이었나? 여러분은 읽고 들은 내용에 대해 먼저 자신의 의견을 제시할 것이다.

여러분은 자신의 최초 믿음을 (1) 옹호하거나 (2) 평가하고 수정하기 위해 비판적 사고를 사용할 수 있다. 리처드 폴(Richard Paul) 교수는 비판적 사고를 약한 의미와 강한 의미로 구분했는데, 이것은 비판적 사고를 대립적인 두 방식으로 사용하는 것을 평가할 때 도움을 준다.

주의 : 약한 의미의 비판적 사고는 현재의 믿음을 옹호하기 위해 비판적 사고를 이용하는 것이다. 강한 의미의 비판적 사고는 모든 주장과 믿음, 특히 여러분 자신의 주장과 믿음을 평가하기 위해 그 기술을 사용하는 것이다.

여러분은 비판적 사고를 자신의 믿음을 옹호하기 위한 방법으로 취할 수 있다. 이 경우 여러분은 약한 의미의 비판적 사고를 하는 것이다. 왜 약한 의미인가? 비판적 사고의 기술을 이런 방식으로 사용하는 것은 진리나 미덕을 향해 나아가는 것과는 관련이 없다. 약한 의미의 비판적 사고가 지니는 목적은 여러분의 의견 및 추론과 상이한 것에 저항하고, 그것들을 무력화하는 것이다. 여러분이 자신과 일치하지 않는 사람들을 지배하고 그들과 싸워 승리하고자 하는 것을 비판적 사고의 목적으로 생각한다면, 이는 비판적 사고에 잠재되어 있는 인간적이고 진보적인 측면을 파괴하게 된다.

이와 반대로, 강한 의미의 비판적 사고는 비판적 질문을 여러분 자신의 주장을 포함하여 모든 주장에 적용하는 것이다. 즉 우리는 스스로에게 우리의 최초 믿음을 비판적으로 바라보도록 강제한다. 이를 통해 스스로를 속이고 순응적 태도를 취하는 것에서 벗어날 수 있다. 현재의 믿음을 단순히 고수하는 것은 쉽다. 특히 많은 사람들이 그 믿음을 공유하고 있을 때 그러하다. 그러나 우리가 이런 쉬운 길을 따른다면, 그렇지 않았으면 피할 수 있었을 실수를 저지르게 될 수도 있다.

강한 의미의 비판적 사고가 반드시 우리의 믿음을 포기하도록 강제하지는 않는다. 강한 의미의 비판적 사고가 처음의 믿음을 강화하는 토대를 제공할 수도 있다. 이와 같은 차이는 열린 마음과 닫힌 마음의 대조로 생각해 볼 수도 있다. 마음이 열려 있으면 자신의 믿음에 대한 비판도 수용할 수 있다. 하지만 마음이 닫혀 있으면 현재 가진 믿음만 계속 고수하게 된다.

특정 의견에 자부심을 느끼려면, 그 의견은 우리가 이해하고 평가한 대안적 의견들로부터 선택한 것이어야 한다.

연습의 중요성

우리의 목적은 여러분의 학습과정을 가능한 한 단순하게 만드는 것이다. 그러나 비판적 사고 습관을 습득하는 초반에는 많은 연습이 필요하다.

이 장을 제외한 각 장 마지막에 있는 연습과 예시 답안은 중요하다. 우리의 대답이 반드시 옳은 것은 아니지만, 질문하는 기술을 어떻게 적용해야 하는지를 알 수 있게 해준다. 각각의 마지막에 있는 세 번째 제시문에 대해서는 일부러 예시 답안을 주지 않았다. 우리의 목적은 여러분이 각 장에서 습득한 지식을 사용하여 대답할 수 있는 기회를 제공하는 것이다. 더 많이 연습해 보고 싶다면 http://www.pearsonhighered.com/browne을 방문해 보기 바란다. 이 사이트에는 다양한 힌트와 연습 문제들이 있다.

비판적 사고와 타자

가치와 타자

다른 사람들을 여러분의 가장 귀중한 자원으로 여겨야 한다. 그들은 사실과 의견들, 그리고 여러분이 이르게 될 결론의 기반이 되어 준다. 반복해서 중요하게 언급한 바와 같이, 사람들은 여러분의 결론을 키워 주는 확장된 가족과도 같다. 여기에서의 주제는 유대감이다.

여러분의 가치와 다른 사람들에게서 깨닫게 되는 가치들이 이런 상호 작용이 어떻게 이루어지는지를 형성한다. 결론을 형성할 때 가치가 중요하다는 점을 알기 이전에 가치가 무엇인지 이해해야 한다. 가치란 누군가 귀중하다고 여기는 생각을 가리킨다. 여러분은 가치가 사람들이 자신의 선택과 행동에 중요한 영향을 주는 추상적인 생각에 부여하는 바로 그 중요성이라는 사실을 알게 될 것이다.

우리는 가치 있다고 여기는 어떤 생각으로 인해 대상, 경험, 행동 등에 대한 욕구를 갖는다. 예를 들면, 중요한 사람을 만날 수 있게 해 주는 것들을 선택할 수 있다. 우리는 "중요한 사람들"(구체적 생각)을 가치 있다고 여기는데, 그것은 우리가 그 사람의 "지위"(추상적 생각)를 가치 있다고 여기기 때문이다. 여기에서 가치라는 단어를 사용할 때, 우리는 누군가가 중요하고 좋다고 생각하는 것을 나타내는 (추상적) 생각을 가리킬 것이다.

주의: 가치란 사람들이 중요하게 생각하는, 진술되지 않은 생각이다. 우리는 이 생각을 기준으로 인간 행동의 질을 평가한다.

가치가 무엇인지 좀 더 익숙해지도록 자신이 생각하는 가치 몇 가지를 적어 보자. 사람들의 이름, 만질 수 있는 대상 또는 행위는 적지 않도록 하자. 피자와 테니스가 여러분에게 중요할 수 있겠지만 가치는 논란이 되고 있는 공공의 이슈와 관련하여 여러분의 선택과 행동에 많은 영향을 주는 추상적 생각에 부여한 중요성을 일컫는다. 예를 들어, 조력 자살에 대해 기꺼이 찬성하거나 반대하는 것은 인간 생명의 신성성(추상적 생각)에 부여하는 중요함과 밀접하게 관련된다. 스스로 가치의 목록을 만들 때 자신의 의견과 행동에 많은 방식으로 영향을 주는 중요한 것들에 초점을 맞추어라.

목록을 만들 때 문제가 있는가? 몇 가지 도움이 될 만한 것들을 제시할 것이다. 가치를 달리 정의해 보면 그것은 우리가 지지하고 다른 사람들이 충족시키리라 기대하는 행위 기준이다. 정치 지도자들이 "진실을 말할 것"을 기대한다면, 우리는 그들과 우리 스스로에게 정직이 우리가 가장 소중하게 여기는 가치들 중 하나임을 나타내고 있는 셈이다. 여러분의 친구들이 어떠하길 기대하는지 스스로에게 물어 보라. 자녀들이 어떤 행위 기준을 발전시키길 원하는가? 이런 질문에 대답해 보면 가치에 대한 이해의 범위를 넓히는 데 도움이 될 것이다.

어떻게 가치에 대한 지식이 비판적 사고의 사회적 특성과 연결되는지 생각해 보자. 우리는 분명 우리와 다른 가치를 선호하는 사람들에게도 귀 기울여야 하지만 가장 명확한 사회적 고리는 유사한 가치를 공유하는 사람들 사이에서 형성된다. 개인의 책임을 가장 중요한 가치로 여기는 사람들은 비슷하게 성숙한 개인의 선택을 대부분의 문제 해결책으로 믿는 사람들과 함께 있을 때 편안함을 느끼고 그들과 함께 하려

할 것이다. 따라서 우리의 가장 귀중한 사회적 상호 작용이나 학습 경험은 우리와 비슷한 가치를 선호하는 사람들과의 소통에서 시작한다. 이러한 점에서 가장 큰 어려움은 우리와 다른 가치를 중요하게 여기는 사람들의 추론을 이해하려고 노력해야 한다는 것이다.

    우리에게는 모험심, 야망, 자율성, 안락함, 탁월함, 정의, 합리성, 관용, 자발성이 중요한 가치일 수 있으나, 다른 사람들은 나름의 타당한 이유로 이와 상반되는 가치를 중요하게 여길 수 있다. 보통 우리는 자신과 비슷한 가치를 선호하는 사람들과 어울리려고 하기 때문에 이에 능동적으로 저항하고 이런 경향성과 싸워야 한다.

비판적 사고의 제일 가치

이 책은 여러분이 비판적으로 생각하는 사람이 되도록 도와주고자 한다. 비판적으로 사고함으로써 여러분은 더 나은 결론, 더 나은 믿음, 그리고 더 나은 결정을 추구할 것이다. 특정 가치들은 여러분의 비판적 사고를 도와줄 수 있고, 또 어떤 것들은 그렇지 않다. 비판적 사고의 제일 가치가 무엇인지 알고 이를 습득한다면 일종의 정신적 근육을 만들어 나갈 수 있다. 이 정신적 근육들은 서로 다른 가치를 선호하는 사람들에게도 늘 주의를 기울일 필요가 있다는 것을 상기시켜 줄 것이다. 다음은 비판적 사고의 제일 가치들이다.

    1. **자율성.** 처음에는 서로 다른 관점을 가진 사람들에게 관심을 갖도록 하

는 것과 자율성이 무슨 관계가 있나 싶을 것이다. 어떻게 자신의 결정을 형성해 나가게끔 하는 요인이 자신과 다른 관점을 찾아보고 주의를 기울이도록 할 수 있겠는가? 그리고 이런 자율성을 추구하는 데 어떤 원료를 사용해야 할까? 당연히, 우리는 가능한 가장 넓은 범위의 가능성들 중에서 고르고 선택하길 원한다. 그렇지 않다면, 우리는 가능한 결정이나 선택을 놓칠 수도 있다. 우리와 다른 가치를 선호하는 사람들에게 충분히 주의를 기울였다면 선택했을 수도 있을 결정 말이다. 예를 들어, 민주주의자가 다른 민주주의자들의 의견만 듣는다면 큰 실수를 저지를 수도 있다.

2. **호기심.** 채금식 접근법의 장점을 이용하려면, 여러분은 제대로 듣고 읽어야 한다. 사람들에겐 여러분을 앞으로 나아가게 할 힘이 있고, 또 여러분의 제한된 지식을 확장시켜 줄 수 있다. 비판적으로 사고하기 위해 여러분이 맞닥뜨린 것들에 대해 질문을 던져야 한다. 이를 통해 다른 사람들로부터 그들의 통찰력과 이해력을 얻을 수 있다. 여러분은 이 책을 통해 좋은 추론의 기준을 충족하는 것들을 다른 사람들로부터 제공 받을 수 있게 될 것이다.

3. **겸손함.** 세상에서 가장 똑똑한 사람조차 매주 많은 실수를 저지른다는 것을 인지하고 있다면 다른 사람들과 능동적으로 관계를 맺을 때 이상적인 플랫폼을 만들 수 있다. 물론 우리 중 일부는 다른 사람들이 갖고 있지 못한 통찰력을 갖고 있을 수도 있다. 하지만 일부가 할 수 있는 것은 매우 제한되어 있다. 우리는 결국 "내가 아는 것은 단지 내가 아무것도 알지 못한다는 사실뿐"이라는 소크라테스의 말을 떠올려야 한다. 우리가 이런 사실을 받아들이면, 현재 알지 못하는 빈 곳을 다른 사람들과의 경험으로 채워 나갈 수 있다는 것을 알게 된다. 또한 겸손함은 비판적 사고의 가장

흔한 장애물, 즉 "나에게 동의하지 않는 사람들은 선입견을 갖고 있어. 나는 아니지만."이라는 믿음을 피해 갈 수 있게 도와준다.
4. **좋은 추론에 대한 존중.** 다른 의견들에 귀를 기울이고 존중하는 와중에도 모든 결론이나 선택이 모두 동등하게 가치 있는 것은 아니다. 여러분이 이 책을 공부하면서 배우게 될 비판적 질문은 여러분에게 영향을 주는 사람들을 고르고 선택하는 데 도움을 줄 틀을 제공한다. 여러분이 강한 추론을 발견한다면, 저자 혹은 발표자의 인종, 나이, 정치적 견해, 부의 정도, 시민권과는 관계없이 더 나은 추론을 찾기 전까지는 그것에 의지하도록 하라.

여러분은 믿음에 기반한 확신을 갖되, 결론에는 반드시 "내가 틀렸다면?"이라는 질문을 던질 수 있는 유연성을 남겨 놓아야 한다.

자신의 의견에는 당연히 방어적인 자세를 취하게 되기 쉽다. 정치 풍자 코미디언 스티븐 콜버트(Stephen Colbert)는 우리의 이런 태도를 이렇게 조롱한다. "저는 사실의 팬은 아닙니다. 여러분도 알다시피, 사실이라고 하는 것들은 언제든 바뀔 수 있지만 어쨌든 제 의견은 바뀌지 않거든요."

자신의 결론을 고수하기로 마음 먹은 사람도 특정 근거를 들어 자신의 의견을 정당화할 수 있다. 하지만 이것은 "관리된 추론"으로 특정 결론이 도출되도록 선택된 추론이다.

대화 이어 나가기

비판적 사고는 사회적 활동이기 때문에 우리가 다른 사람들에게 그들의 믿음과 결론에 대해 질문할 때 그들이 어떤 식으로 반응할지를 고려해 보아야 한다. 비판적 사고의 제일 가치를 공유하는 사람들에게는 우리가 던지는 질문이 서로 공유하는 질문에 대한 더 나은 답을 함께 찾아 나가는 파트너라는 근거로 받아들여질 것이다. 하지만 같이 성장해 나가는 기회가 여러분이 만나는 모든 사회적 관계에 늘 함께 하진 않는다.

많은 사람들은 자신의 생각에 대해 질문 받는 것을 꺼려한다. 대개 그들은 질문을 짜증나고 불쾌한 것으로 받아들인다. 어떤 이들은 "왜 저 사람은 자꾸 내게 이런 까다로운 질문들을 하는 거지? 왜 그냥 나에게 동의하지 않는 거지?"라고 생각할 수도 있다. 여러분이 질문하면서 더 많은 것들을 배우고자 할 때, 상대방이 여러분에게 왜 이렇게 못되게 구냐고 물어도 너무 당황하지 말자. 대다수의 사람들은 어째서 특정 관점을 가지게 됐는지 더 알고 싶어하는 사람이 있는 상황에 익숙하지 않다.

비판적 사고에서의 논증은 다르다. 이 책에서 사용하는 논증이란 개념은 매우 다른 방식으로, 현재 우리가 갖고 있는 결론에 거름을 주어 비옥하게 만들고 필요없는 가지는 잘라내는 일종의 기제(mechanism, 메커니즘)이다. 논증은 두 형태의 진술, 즉 결론과 결론을 뒷받침하는 이유들이 결합된 것이다. 이유와 결론 간의 협력이 한 사람의 논증을 형성한다. 우리는 사람들이 어떻게 삶을 사는지, 무엇을 믿는지에 관심을 갖기 때문에 무언가를 제시한다. 우리가 지속적으로 발전하는 것은 누군가가 우리에게 논증을 제시하고 우리의 논증을 평가하고자 관심을 보이기 때문이다. 그럴 때 비로소 우리는 생각이 깊은 사람으로 발전할 수 있다.

비판적 사고의 기술들을 이용하고자 할 때 여러분은 배우고 싶어 한다는 것을 다른 사람들에게 분명히 해두어야 한다. 더 나아가 여러분은 그들을 해치려 하는 것이 아니고 설령 매우 심각하고 중대한 의견 충돌이 생기더라도 그것이 절대로 언어적 유혈사태로 이어지진 않을 것이라는 확신을 주는 것이 좋다. 다음은 여러분이 대화를 이어 나갈 때 사용할 수 있을 몇 가지 언어적 전략들이다.

1. "제가 제대로 들은 게 맞나요?"라고 질문을 던져 다른 사람의 의도를 정확하게 파악할 수 있도록 하라.
2. 상대방에게 본인의 생각을 바꾸게 할 만한 근거가 전혀 있지 않은지 물어보라.
3. 여러분의 결론을 가장 잘 뒷받침하는 근거를 탐색할 수 있게 타임 아웃을 외쳐라.
4. 왜 여러분이 제시하는 근거가 약하다고 생각하는지 물어 보라.
5. 통합하려고 하라. 상대방의 가장 타당한 이유와 여러분의 가장 타당한 이유를 함께 놓는다면, 두 사람 모두 포용할 수 있을 만한 결론이 도출되지 않겠는가?
6. 여러분의 대화에서 가장 먼저 의견이 충돌한 지점이 어디인지 찾아 나가는 기준을 세울 수 있게 공통의 가치나 공유할 수 있을 결론을 찾아보라.

7. 관심이 있다는 태도와 차분한 호기심을 보여 주어라. 대화가 과열될 때면 여러분은 전사가 아니라 배우고자 하는 사람임을 다시 떠올려 보자.
8. 다 알고 있다는 듯한 태도를 취하지 말고 겸손함을 얼굴이나 몸으로 표현하라.

소통친화적 환경 조성하기

작가, 혹은 발표자로서 여러분은 중요한 선택과 마주하고 있다. 여러분은 어떤 종류의 환경 속에 청중이 있을지 결정해야 한다. 여러분의 결론에 동의하지 않는 사람에게 적대적인 환경을 택하겠는가? 요즘과 같이 극단으로 쉽게 치닫는 분위기에선 그런 유혹이 매우 강하다. 미국 선거 기간에 사용된 전략들만 보아도 알 수 있다. 데일리 쇼(Daily Show)의 존 스튜어트(Jon Stewart)는 이 전략들을 이렇게 조롱했다. "나는 당신과 동의할 수 없어요. 뭐, 그렇다고 해서 내가 당신을 히틀러라고 생각하진 않아요."

존 스튜어트가 한 말과 같이 여러분은 합리적인 사람들이 생산적이고 서로를 존중하면서 동의하지 않는 환경, 토론과 질문을 환영하는 환경을 조성하는 쪽을 선택할 수 있다. 물론 여러분은 이런 접근법을 선호하겠지만, 솔직히 비판적으로 생각하는 사람들을 제외하고 심지어 격추해 버리고 싶은 매우 설득력 있는 이유가 있다.

첫째로, 어려운 질문에 대해 고심하고 대답하는 것보다 그냥 무시해버리는 것이 더 쉽다. 게다가 여러분은 분명히 권위있게 이야기할 것이고, 청중은 여러분의 전문적인 판결에 감히 도전하지 못할 것이다. 이런 방식의 글쓰기가 훨씬 재미있다는 것은 말할 것도 없다. 그렇지만 여러분은 영화, 책, 앨범, 혹은 비디오 게임에 대한 악랄한 리뷰를 읽고 즐겨 본 적이 있는가?

2009년의 흥행 성공작 《트랜스포머: 패자의 역습(Transformers: Revenge of the Fallen)》의 리뷰 톤과 단어 선택을 살펴보자. 유명한 영화 평론가 로저 에버트(Roger Ebert)는 이렇게 제안했다.

> **영화 티켓 값을 아끼고 싶다면, 주방으로 가서 남성 성가대가 부르는 지옥의 노래를 틀어 놓고, 아이들에게 냄비와 프라이팬을 두들기게 하라. 그리고 눈을 감고 상상력을 이용하면 된다.**

여기에서 그가 잠시 흥분을 가라앉히고 다시 생각해 볼 필요가 있다는 것을 납득시켜 보자.

CHAPTER 02

비판적 사고를 방해하는 과속 방지턱

Speed Bumps Interfering with Your Critical Thinking

비판적 사고가 이렇게 좋은 것이라면, 왜 우리는 이웃이나 친구들의 대화에서 비판적 사고를 찾아볼 수 없을까? 그 대답의 일부는 누군가가 가르쳐 주기 전에는 여러분이 프랑스어를 유창하게 하지 못하는 것처럼 비판적 사고를 배우지 못한 데에서 찾아볼 수 있다.

그러나 여러분이 비판적 사고를 배우고 더 생각이 깊은 사람이 되기 위해 그것을 사용하려고 해도 많은 과속 방지턱이 놓여 있다. 우리가 이들을 과속 방지턱이라 부르는 이유는 (1) 여러분이 천천히 가기만 하면 극복할 수 있고, (2) 여러분이 인지하든 인지하지 못하든 거기에 있기 때문이고, (3) 여러분이 인지한다고 해도 여전히 여러분의 진로를 방해할 수 있다는 점 때문이다.

그러나 잠재적 문제에 대해 인식하는 것이야말로 그에 맞서는 첫 번째 단계이다. 결과적으로, 이 장에서 여러분은 비판적 사고를 익혀 나가는 과정을 방해하는 과속 방지턱들을 인식하게 될 것이다.

올바른 질문하기의 불편함

1장에서 배웠듯이 비판적 사고는 사회적 활동이다. 다른 사람들과 관계를 맺는 과정에서 그들의 관점을 이해하기 위해 우리는 올바른 질문을 해야 한다. 모든 사람들이 자신의 논증에 대해 질문 받는 것을 편하게 느끼는 것은 아니라는 것을 기억해야 한다.

비판적 질문을 받는 입장에 서는 것은 재판정의 증인석에서 질문을 받는 것과 같은 기분이 들게 한다. 더 많은 질문을 받을수록 상대방은 불편해하거나 심지어 위협을 당한다고까지 느낄 수 있다. 따라서 그는 화를 내거나 더 이상의 대화를 거부할 수도 있다. 그는 자신의 논증을 뒷받침하는 이유나 왜 자신이 그 이유를 지지하는지 설명하는 데 익숙하지 않을 수 있다. 단지 사람들이 주의 깊은 생각을 하는 데 이런 질문을 하는 것이 필수적이라고 여긴다고 해서 질문을 받는 사람도 마찬가지로 생각할 것이라고 볼 수는 없다.

많은 사람들은 자신의 믿음에 대해 질문 받는 것에 익숙하지 않다. 우리는 어떻게 우리의 질문이 관계를 맺고 있는 사람들에게 영향을 미치는지 알아야 한다. 만약 비판적 사고를 이용하는 사람들이 조심하지 않는다면 그들은 주위 사람들을 불편하게 만들어 관계를 안 좋게 하거나 혹은 끊어지게 할 수도 있다. 그러므로 관계를 유지하기 위해 우리는 청중들을 알아야 하고 비판적 사고를 세련되게 사용해야 한다.

너무 급하게 생각하기

우리는 생각하는 존재다. 우리의 머릿속에서는 세계를 쉴 새 없이 처리한다. 아침에 어떤 셔츠를 입을지 결정할 때, 혹은 어떤 종교를 믿을지 정할 때 우리는 끊임없이 생각한다.

1장에서는 "빠르게 생각하기"를 소개했다. 하지만 다행스럽게도 우리 뇌에는 또 다른 능력이 있는데, 바로 카너먼이 말한 "천천히 생각하기"(slow thinking)다. 이 두 번째 형태의 생각하기 또는 시스템 2 사고(System 2 thinking: 이성적 사고)가 바로 이 책의 핵심이다.

천천히 생각하기는 합리적으로 다른 사람들이 말하는 것을 흡수하고 평가하는 방식으로 우리 뇌를 사용하는 것이다. 여러분이 우리 책의 메시지를 단 두 구절로 요약해야 한다면, 그것은 중요한 것들에 대해 생각할 때마다 "속도를 줄여라"가 될 것이다.

반면 우리의 시스템 1 사고는 깊은 의식적인 생각 없이 제공된 빈약한 정보만을 바탕으로 순간적인 판단을 내린다. 느리고 체계적으로 생각하지 않고 내리는 결론은 많은 오류를 내포하게 된다.

하지만 희망은 있다. 시스템 2는 시스템 1이 내린 판단을 뒤집을 능력을 갖고 있다. 우리가 할 일은 시스템 2가 시스템 1에 기대지 않도록 훈련시키는 것이다. 시스템 1에 기대는 것은 쉽다. 시스템 1에 기대면 우리의 지각을 분석하고 평가하는 일들을 하지 않아도 된다. 하지만 동시에 속도를 위해 정확함과 지혜를 희생해 버린다. 중요한 것은 자신에게 "내가 왜 지금 생각하는 것을 생각하고 있는가?"라고 묻는 습관을 들이는 것이다.

고정관념

어떤 주제에 접근하든 여러분은 특정한 선입견이나 특정한 방식으로 생각하는 습관을 갖고 있다. 우리의 고정관념은 어떤 사람이 특정 그룹의 멤버일 경우, 그가 틀림없이 일련의 특징을 갖고 있을 거라고 생각하게 만든다.

고정관념은 천천히 생각하기의 대용품이다. 다음은 몇 가지의 사례다.

1. 얼굴에 수염이 있는 남자는 지혜롭다.
2. 비만인 사람들은 쾌활하다.
3. 일본인들은 근면하다.
4. 젊은이들은 경솔하다.
5. 여성들은 매우 훌륭한 비서가 될 수 있다.
6. 복지 수혜자/생활 보호 대상자들은 게으르다.

위의 여섯 가지 사례는 모두 특정 타입의 사람들의 특성을 매우 명확하게 단정짓는다. 우리가 이런 고정관념들을 믿는다면 사람들과 그들의 아이디어를 열린 생각으로 받아들이지 못하게 되고, 강한 의미의 비판적 사고를 방해하게 된다. 더욱이, 우리는 이런 사람들이 참여하는 어떤 주제나 논쟁에 대해서도 즉시 편향적이 될 것이다. 고정관념은 추론에 앞서 이슈를 먼저 제시하게 된다.

고정관념은 사실일 경우, 많은 시간을 절약할 수 있기 때문에 흔하게 사용된다. 모든 정치인들이 실제로 교활하고 탐욕스럽다면, 정치적 대화에 참여할 때 고정관념을 이용하는 것이 우리를 더 효과적인 독자나 청자로 만들어 줄 것이다.

하지만 고정관념은 거의 맞지 않는다. 그리고 공정하지도 않다! 모든 사람은 존중 받아야 하고, 그의 논증에 관심을 가져야 한다. 고정관념은 평가 과정의 어려움을 지름길로 피해 가려 하며 비판적 사고를 방해한다. 비판적 사고를 이용하는 우리는 호기심과 개방성을 모델로 삼아야 한다. 고정관념은 다른 사람들이 말하는 것을 신중하게 고려하지 못하게 한다. 고정관념은 조급하게 우리의 정신을 닫아 버려 귀중한 정보를 무시하게 만든다.

우리를 배반하는 정신적 습관들

우리의 인지 능력은 다양하지만, 일련의 정신적 습관들은 우리를 제한하고 배신하기도 한다. 이런 인지 편향(cognitive biases)을 잘 감아서 제대로 작용하게 묶어 두지 않으면 우리를 이리저리 밀고 당긴다. 이들은 비판적 사고의 기술들을 잘 활용한다면 절대 받아들이지 않을 결론으로 우리를 몰고 간다. 여기에서는 인지 편향의 몇 가지만을 다루고 있으나, 이를 이해하고 이에 저항하고자 노력한다면 여러분의 결론의 질을 크게 향상시킬 수 있을 것이다.

후광 효과

후광 효과(halo effect)는 어떤 사람의 긍정적이거나 부정적인 한 가지의 특성을 그 사람의 다른 모든 것과 연관시켜 인식하는 경향을 뜻한다.

타인에 대해 우리가 갖는 인식은 그들의 논증을 어떻게 받아들이고 평가하는지에 영향을 미친다. 만약 누군가가 어떤 한 가지 측면에 능숙하다면, 우리는 그를 머릿속에서 매우 높게 평가한다. 우리는 그가 다른 영역에서도 모두 다 뛰어날 것이라고 추정한다. 따라서 우리는 그의 논증을 과도하게 받아들인다.

예를 들어, 어떤 유명한 연예인은 노래할 때 엄청나게 좋은 목소리이고 기부도 많이 한다. 그런데 그녀가 마약 중독으로 재활원에 가게 됐다는 소식을 들으면 우리는 매우 놀라게 될 것이다. 우리는 그녀의 선함을 지나치게 과장했던 것이다. 후광 효과로 인해 우리는 그녀가 삶의 다른 모든 측면에서도 매우 훌륭할 것이고, 아마 그녀의 생각도 그럴 것이라고 추측했던 것이다.

이와 비슷하게 어떤 사람이 우리가 끔찍하다고 생각되는 일을 한다면 우리는 그가 다른 모든 점에서도 끔찍할 것이라고 생각하고 그의 논증을 차단해 버린다. 그가 무슨 말을 할지 단어조차 들어 보지 않고 우리는 그가 좋은 사람인지 나쁜 사람인지 성급하게 결정을 내린다. 즉 빠르게 생각해서 그들의 의견에 반응하는 것이다.

믿음 보존 편향(belief perseverance)

우리는 모든 대화에 커다란 짐을 짊어지고 들어간다. 우리에게는 이미 우리를 어떤 방식으로 형성한 다양한 경험들이 있다. 보고 듣는 것들을 특정 방향으로 이끌어가는 꿈이 있고, 특정 방식으로 생각하게끔 하는 문화적 전통이 있다. 다시 말해, 여러분은 의견을 갖고 출발한다. 채금식 접근법의 비유를 다시 들어 보면, 여러분이 자갈 속에 체를 집어넣기도 전에 여러분은 이미 체 속에 금이 있다고 생각하고 있는 것이다. 그 믿음은 여러분의 것이기에 가치 있다. 당연히 여러분은 그것을 지키고 싶을 것이다. 여러분의 일부라고 할 수 있는 그 의견들을 만들어 온 과정에서 여러분의 많은 것들을 투자해 왔다.

개인적 믿음을 고수하거나 지키려는 이런 경향은 비판적 사고의 주요 장애물이다. 우리는 시작점에서부터 우리의 현재 의견과 결론으로 편향되어 있다.

만약 내가 시장 후보로 민주당을 선호한다면, 내 근거가 얼마나 얄팍한지와는 관계 없이 나는 계속해서 공화당 후보를 지지하는 상대방을 거부할 것이다. 내 판단에 흠이 있다는 것을 인정해야 한다면 나는 매우 기분이 나쁠 것이다. 개인적 믿음에 대한 이런 과장된 충성심은 확증 편향(confirmation biases)의 원인 중 하나다. 확증 편향은 자신의 신념과 일치하는 근거만을 받아들이는 경향을 말한다. 이런 방식으로 믿음 보존 편향은 약한 의미의 비판적 사고로 이어진다.

믿음 보존 편향에서 일어나는 일 중 하나는 우리 자신의 능력에 대한 과장된 감각이다. 우리는 객관적으로 평가했을 때보다 포커, 문법, 또는 시간 관리 등에서 자신을 더 능숙하다고 평가하는 경향이 있다. 이 불행한 정신적 습관은 우리 역시 편향되어 있으면서, 우리가 놀라울 정도로 편향된 사람들 한가운데서 살아가고 있다는 느낌을 받게 하는 원인 중 하나일 것이다. 다른 사람들은 흐릿한 색안경을 끼고 세상을 바라보지만 우리는 세상을 있는 그대로 바라본다고 스스로에게 말한다. 우리의 가장 큰 편향은 바로 우리는 편향되어 있지 않지만, 우리에게 동의하지 않는 사람들은 편향되어 있다고 생각하는 것이다.

믿음 보전 편향을 깨기 위해서 판단은 일시적이거나 앞뒤로 연결되어 있다는 것을 인식하는 것이 강한 의미의 비판적 사고에 필요하다는 것을 기억하는 것이 좋다. 유명한 과학자 프랜시스 베이컨이 1620년에 아래와 같이 기술했듯이 어떤 것에 대해서든 너무 강한 확신을 가져 더 나은 것을 찾는 시도를 멈춰서는 안 된다. "더 뛰어난 논증의 빛으로 우리의 정신을 바꾸면, 우리는 오래된 믿음을 지키고자 했던 유혹에 저항한 자신에 대해 자랑스러워할 수 있다. 이와 같은 정신의 변화는 보기 드문 힘으로 비춰질 만하다."

가용성 휴리스틱

시스템 1 사고와 연관된 게으름의 일부는 우리가 더 나은 결정을 내리기 위해 필요한 정보가 아니라 우리가 자연적으로 갖고 있는 정보에 의존한다는 것이다, 추가적인 정보를 얻고 처리하는 것은 시간과 에너지를 필요로 한다. 가용성 휴리스틱(Availability Heuristic)은 우리가 반복해서 사용하는 일종의 정신적 지름길로서 즉각적으로 우리가 사용할 수 있는 정보에 의존하여 결론을 내리는 것을 말한다.

인류에게 가장 큰 위협이 테러리즘인지 아니면 굶주림인지 여러분에게 묻는다고 가정해 보자. 가장 많이 들어 본 것이 무엇인가? 거대한 정부 단체들이 그 영향을 줄이기 위해 노력하고 있는 것이 어느 문제인가? "테러리즘"이라고 생각하는가? 여러분은 몇 천 퍼센트의 확률로 틀렸다. 매일 굶주림과 안전하지 않은 식수로 인해 6만 명 이상의 사람들이 죽는 것에 비하면 테러리즘으로 죽는 사람은 매우 적은 편이다. 이 정보는 우리가 어떤 문제를 해결해야 하는지 결정하는 데 중대하다.

여기 가용성 휴리스틱의 또 다른 예가 있다. 인류에게 가장 큰 위협은 무엇인가: 말라리아 아니면 폭력? 어떤 그림이 떠오르는가? 여러분이 뉴스에서 두 가지 치명적인 현상을 목격한 횟수를 생각해 보자. 말라리아 아니면 폭력을 예방하는 일을 하는 공무원이 얼마나 될지 고려해 보자. 이제 어떤 것이 더 위협적인 적인지 맞출 수 있겠는가? 그렇다, 말라리아다. 매년 물리적 폭력보다 말라리아로 죽는 사람들의 수가 약 33퍼센트 많다.

가용성 휴리스틱은 또 다른 유해한 정신적 습관인 최신 효과(recency effect)와 밀접하게 연관된다. 생각의 근거로 사용할 수 있는 것은 대개 우리가 접한 가장 최신의 정보다. 예를 들어, 비행기는 무척 안전하지만, 비행기 사고가 발생한 이후 몇 달 간은 많은 여행객들이 비행기 탑승을 꺼려한다. 한 번의 비행기 사고는 그런 사고가 얼마나 드물게 일어나는지 보여 주는 체계적인 안전 통계보다 여행객들의 생각에서 더 큰 비중을 차지한다.

잘못된 질문에 답하기

다른 사람과 효과적으로 소통하는 데 실패하는 것 중 일부는 우리가 능숙하게 비판적 사고를 하기 위해서는 반드시 피해야 할 불행한 정신적 습관들이 있다는 것이다. 어떤 이가 우리에게 질문을 하면, 우리는 즉각적으로 머릿속에 떠오르는 자동적인 대답을 해서 받은 질문에 대한 답을 하지 못한다. 잘못된 질문에 답하는 것이다. 우리는 받은 질문을 무의식적으로 자신의 질문으로 대체한다.

이런 예를 살펴보자. 마이클 조던은 전무후무한 베스트 플레이어인가? 여러분은 다음의 답을 어떻게 생각하는가? 그는 자신이 300번 이상의 프로 경기에서 졌다고 말했다. 어느 누가 마이클 조던이 몇 경기나 졌는지 물어 볼 생각을 했겠는가? 우리는 조던이 300 경기를 졌다면, 다른 베스트 플레이어 후보로 오른 선수들은 몇 경기나 졌을지 궁금하다.

여러분이 최근의 《롤링스톤(Rolling Stone)》에 실린 인터뷰에서 이 장애물을 빠르게 찾아낼 수 있는지 살펴보자. 키스 리처드(Keith Reichards)는 그와 믹 재거(Mick Jagger) 사이의 불화가 끝났는지 묻자 이렇게 대답했다.

"믹과 나는 프로예요. 우리는 우리 음악을 만들기 위해 필요한 것을 할 뿐입니다."

명백히 리처드에게는 그가 받은 질문에 답하는 것이 감당하기 힘든 일이었던 듯하다. 그의 머리는 재빠르게 답을 회피했는데, 롤링스톤 같은 공적인 자리에서 내놓고 싶지 않은 답이었을 것이다.

비판적으로 생각하는 사람에게 중요한 것은 누군가가 물어 보지 않는 것에 답을 하면 그 행동은 논의가 출발한 지점에서 방향을 다른 곳으로 돌리게 된다는 것이다. 그리고 아예 다른 논의가 시작된다. 어쨌든 천천히 생각하기는 매우 어렵다. 만약 어떤 사람이 우리로 하여금 하나의 질문에 집중하지 못하게 할 때면, 효과적이고 필수적인 질문을 던지는 우리의 능력은 급격히 줄어든다.

자기중심주의

과속 방지턱들을 떠올리며 그 중 얼마나 많은 것들이 같은 원인을 갖는지 생각해 보자. 우리는 자신에게 매혹되고 충실하다. 자기중심주의는 우리가 다른 이들의 경험과 의견이 아니라 스스로를 세계의 중심에 놓는 것을 말한다. 식료품이 일시적으로 떨어진 것이 우리에게는 매일 지구상의 3만 5천여 명의 사람들이 굶주림으로 죽어 간다는 것보다 중요하다. 우리의 경험, 의견, 욕구가 세계를 움직이거나 아니면 적어도 그럴 자격이 있다고 생각한다.

실제로, 여러분의 생각뿐 아니라 다른 사람들의 생각에도 관심을 갖고 과속 방지턱들을 하나하나 되돌아보는 것은 좋은 시스템 2 활동이 될 수 있다. 여러분과는 꽤 다른 많은 사람들의 삶에 밀접하게 다가서 볼 필요도 있다. 여러분은 다른 사람들의 이야기를 들으며 묻고 또 물어야 한다. "그러니까 당신이 말하는 게 이런 의미이고, 이것이 당신이 이런 말을 하고 있는 이유인 거죠?" 여러분은 다른 사람들의 결론이 강한 근거를 바탕으로 하는지 알기 위해 그들의 머릿속에 들어가 보아야 한다.

믿음 보존 편향을 예로 들어 보자. 우리의 새로운 관점으로 보건대 우리의 믿음만큼이나 다른 사람들의 것도 마찬가지로 존중받아야 한다. 우리와 가까운 사람들이나 가족들의 의견이 아니라는 걸 알아채는 순간 관심을 가지지 않았을 다양한 이유와 관점을 정말로 깊은 수준으로 듣는다. 단지 자신의 믿음이라는 이유만으로 우리가 얼마나 많은 것들을 믿고 있는지 알게 된다면 매우 놀랄 것이다.

논증을 하거나 혹은 논증을 평가할 때, 우리는 우리가 아는 것과 어떻게 하는지 아는 것에 너무 집중한 나머지 종종 청중을 잊는다. 우리의 자기중심주의가 발휘된 것이다.

청중을 인식하는 것은 비판적 사고의 기술과 중요성을 알지 못하는 사람들과 상호 작용할 때 특히 중요하다. 다른 사람들과 마찬가지로 비판적 사고를 사용할 줄 아는 사람들도 지식의 저주(curse of knowledge)에 허우적거린다. 지식의 저주란 우리가 지금 알고 있는 것들을 알지 못했을 때 어떠했는지 떠올리지 못하는 것이다.

우리가 지식의 저주의 위험성을 간과한다면, 다른 사람들과 나누는 대화는 빅뱅 이론(The Big Bang Theory)의 쉘든(Sheldon)과 페니(Penny)가 하는 대화와 같이 진행되고 말 것이다.

  쉘든 : 기호학에 관한 문제로 네 도움이 필요해.
  페니 : 뭐라고?
  쉘든 : 기호학 말이야, 철학에서 파생되어서 언어학과 관련된 기호와 상징들
       을 연구하는 학문.
  페니 : 음, 그래, 지금 네가 제대로 설명하고 있다고 생각하겠지만, 아니거든.

페니가 어떤 사람인지를 잘 생각해 보았다면 충분히 가능했을 합리적인 대화에 쉘든의 자기중심주의가 끼어든 것이다.

소망적 사고(wishful thinking), 아마도 비판적 사고로 가는 길의 가장 큰 과속 방지턱

2005년, 스티븐 콜베어는 트루시니스(truthiness: 직감으로 무언가가 사실일 것이라고 믿는 믿음. 인생의 경험을 이용하여 사실인 것처럼 보이도록 함-역주)라는 위험한 정신적 습관을 상기시켜 주었다. 진실이라고 알려진 사실이나 개념이 아닌, 자신이 진실이길 바라는 사실이나 개념들을 선호하는 사람은 트루시니스에 충실한 사람이다. 우리는 세계가 어떤 특성 – 더 공평하거나 서로에게 더 친절하거나 더 생산적인 것과 같은 특성 – 을 갖길 원한다. 하지만 어떤 것이 과연 현실에서 일어나는 일일까 궁금해하는 대신 우리는 우리가 만들어낸 세상에 맞아 떨어지는 믿음을 만들어 나간다. 우리가 진실일 거라고 바라는 것을 진실이라고 간단하게 선언한다. 상품의 라벨이 정직하고 단순하길 원한다. 그래서 우리는 라벨에 씌어 있는 단어들이 상품의 질을 정확하게 반영한다고 믿으며 상품을 산다.

이와 같이 우리의 믿음을 사실에 맞추는 것이 아니라 사실을 우리의 믿음에 맞춘다. 여기에서 명확하게 문제를 파악할 수 있다고 확신한다. 어떤 것들이 실제로 그러한 것과 다르길 원하면, 우리는 실제로 그들이 다르다고 믿는다. 우리에게 존재하는 이런 경향성을 알아채고 질문을 던져야 한다. "내가 이것이 진실이길 원하기 때문에 진실인가? 아니면 이것이 진실이라고 확증하는 근거들이 있는가?" 아니면 우리는 《해리 포터와 혼혈 왕자(Harry Potter and the Helf-Blood Prince)》에서 해리 포터가 시스템 1에 기반하여 말한 것과 같은 잘못을 범하게 될지도 모른다.

해리: 말포이가 한 짓이에요.
미네르바 맥고나걸 교수: 이건 매우 심각한 혐의다, 포터.
세베루스 스네이프 교수: 그렇죠. 증거는?
해리: 그냥 알아요.
세베루스 스네이프 교수: 그냥… 안다고? (냉소적으로) 또 한 번, 네 재능에 감탄을 금치 못하겠군, 포터.

소망적 사고의 힘은 우리의 부정 패턴의 빈도에 있다. 무의식적으로 우리는 사실과 싸우며, 현실의 지평 너머 장밋빛 세상을 반복해서 그리려고 한다. 우리가 함께 그리고 개인적으로 마주하는 문제들에서 겪는 근심과 공포가 우리가 사는 실제 세계를 바라보는 것을 방해하는 보호막 역할을 한다.

여러분이 살아가면서 얼마나 자주 국가 지도자들이 전쟁이 곧 끝나고 승리를 거둘 것이라고 말하는 것을 듣는지 생각해 보자. 그러나 이런 예측은 보통 부질없는 약속으로 드러나기 마련이다. 전쟁이 계속될 수도 있고, 또는 확실한 승리로 끝나지 않을 수도 있다는 사실을 마주하는 것은 고통스럽다. 그렇기에 머리에서 지워 버린다.

소망적 사고의 한 가지 형태는 마술적 사고(magical thinking)이다. 사람들은 과학이 아직 명확하게 밝혀내지 못한 것들을 설명할 때 마술과 같은 것들에 의존하면서 과학이 통제할 수 없는 것을 통제하려고 한다. 바트 심슨이 마술적 사고를 끌어내리는 것을 들어 보자.

> 마지: 좋아, 내게 편지를 주렴. 그러면 북극에 있는 산타의 작업장에 보내 줄게.
>
> 바트: 아, 제발요, 우리에게 선물을 주는 뚱뚱한 남자는 딱 한 명이지만 그 사람 이름은 산타가 아니에요.

마술적 사고는 사람들이 상황을 이해하거나 바꾸기엔 너무 무력하다고 느낄 때 가장 큰 힘을 발휘한다. 강한 욕구 앞에 삶의 우연성이나 돌발적인 측면에 대한 어떤 믿음이라도 암울하게 느껴지고 마술적인과 관계가 주는 확신으로 바꿔치기 된다. 누군가 또는 어떤 새로운 생각이 모든 것을 멋지게 만들어 줄 것이다. 정치인 후보자들의 약속만 들어 봐도 알 수 있다. 우리가 그들을 믿는 것은 그들이 하는 주장의 근거 때문이 아니라, 그저 그들을 너무나 믿고 싶기 때문이다.

만약 어떤 특정한 것들만이 사실이라면 우리는 더 좋아질 것이다. 예를 들어, 누군가 남성과 여성의 상대적인 정서적 안정이나 다양한 국가별 시민의 지적 능력 또는 숙련도에 있어서 나이의 영향을 논의한다면, 우리는 각자 이미 논의의 결과에 대해 결정된 관심을 갖고 있다. 우리에겐 특정 결론이 사실이어야 한다. 특정 결론에 도달해야 더 나아지는 사람들의 그룹에 우리가 속해 있기 때문이다.

예를 들어, 정당한 세계에 대한 소망은 종종 우리 머릿속에서 공정한 세계에 대한 믿음으로 탈바꿈한다. 공정한 세계에 대한 이 믿음은 여러 가지 사안에 대한 우리의 추론을 왜곡할 수 있다. 주택을 건설할 때 라돈 가스 정도를 정부가 규제할 필요성이 있는지 평가하는 데 공정한 세계에 대한 믿음을 끌고 들어가는 경우를 상정해 보자. 위험할 정도의 라돈 가스가 함유된 곳에 주택을 지으려 하는 이는 아무도 없을 테니 규제하는 것이 공정하지 않다는 식으로 잘못 추정할 수 있다.

또 다른 공정한 세계에 대한 믿음의 위험성은 때때로 사람들이 강한 사랑의 표현으로 그들을 실제로 조종하는 사람을 믿는 데서 찾아볼 수 있다. "하지만 그는 나를 사랑한다고 했어요." 공정한 세계에서는 어느 누구도 우리의 감정을 갖고 장난을 치지 않는다. 그래서 어떤 이들은 사랑 표현을 자연스럽게 믿을 수 있다고 생각하기도 한다.

소망적 사고의 해독제는 이 책에서 배우는 비판적 질문들을 능동적으로 사용하는 것이다. 과속 방지턱들은 비판적 사고 곳곳에 있으며 우리의 일부이기도 하기에 그저 무시할 수는 없다. 하지만 우리는 호기심과 비판적 사고의 원리에 대한 깊은 이해로 장애물들을 뛰어넘을 수 있다.

CHAPTER
03

이슈와 결론은 무엇인가?
What Are the Issue and the Conclusion?

다른 사람의 추론을 평가하기 전에 우선은 그 추론을 발견해내야 한다. 이 말은 단순하게 들리지만, 실은 그렇지 않다. 여러분이 비판적으로 생각하는 사람으로서 첫 발을 내딛기 위해서는 이슈와 결론을 확인하는 연습을 해야한다.

> 휴대폰은 오늘날 사회의 중요한 부분이 되어 가면서 편리함과 문제점을 가져왔다. 그것은 빡빡한 일정을 챙겨야 하는 사람들에게 그리고 긴급 상황에서 도움을 준다. 또한 부모들이 아이가 어디에 있는지 알려고 할 때도 편리하다. 휴대폰이 장점을 갖고 있지만, 부적절하게 사용될 때는 문제도 일으킨다. 강의실이나 연주회에서 휴대폰으로 통화를 하거나 휴대폰이 울리면 어쩔 수 없이 다른 사람들에게 방해가 된다. 교양 있는 사람들은 휴대폰을 꺼 놓자는 제안을 하기도 한다. 휴대폰을 사용하는 사람들이 점점 많아지므로 그것을 무분별하게 사용하는 일과 관련해서는 더욱 강한 제재가 필요할지도 모른다.

휴대폰을 이렇게 평가하는 글을 쓴 사람은 여러분이 무언가를 믿기를 대단히 원하고 있다. 그러나 그 무언가라는 것이 도대체 무엇이고 우리는 왜 그런 것을 믿어야 하는가?

일반적으로 웹페이지를 만들고 사설, 책, 잡지 기사나 연설문을 쓰는 사람들은 여러분의 이해나 믿음을 바꾸려고 노력한다. 그들의 설득력 있는 노력에 합당한 반응을 하려면 그들이 주장하는 논제(thesis)나 결론, 이슈를 우선 확인해야 한다. (누군가의 결론은 그가 여러분에게 전달하고자 하는 메시지이다. 결론의 목적은 여러분의 믿음과/믿음이나 행동을 형성하는 것이다.) 그렇게 하지 않으면 여러분은 그들이 시도한 의사소통에 왜곡하여 반응할 것이다.

여러분은 이 장을 끝내게 되면 첫 번째의 비판적 질문에 성공적으로 대답할 수 있을 것이다.

❓ 비판적 질문: 이슈와 결론은 무엇인가?

주의: 이슈는 대화나 토론을 일으킨 문제 또는 논쟁사안(controversy)이다. 우리는 이것에 자극을 받아 어떤 말을 하는 것이다.

이슈의 종류

이쯤에서 여러분이 전형적으로 접하게 되는 두 종류의 이슈를 알아보자. 다음 질문은 그런 이슈들 중 하나를 예시해 준다.

음악 훈련이 수학 학습 능력을 향상시키는가?

가정학대의 가장 일반적인 원인은 무엇인가?

팍실(Paxil)은 우울증을 치료하는 데 가장 효과적인가?

이 모든 질문에 공통된 것이 한 가지 있다. 이 질문들은 세계가 어떠한지, 어떠했는지, 어떨 것인지를 서술하는 대답을 요구한다. 예를 들어, 첫 두 질문에 대한 대답은 "일반적으로 음악으로 훈련된 아이들이 그렇지 않은 아이들보다 수학을 더 쉽게 배운다"와 "만성적인 알콜 섭취가 가정학대의 가장 일반적인 원인이다"와 같을 것이다.

이런 이슈는 기술적 이슈(descriptive issue)이다. 기술적 이슈는 교과서, 잡지, 인터넷, 텔레비전에서 흔히 등장한다. 이것은 세상의 양상이나 질서에 대한 우리의 호기심을 반영한다. 밑줄 친 부분에 주목해 보면, 이런 식의 질문은 아마도 기술적인 질문일 가능성이 높다.

주의: 기술적인 이슈는 과거, 현재, 미래에 대한 서술이 정확한지를 묻는다.

이제 두 번째 종류의 질문을 보자.

지적 창조를 공립학교에서 가르쳐야 하는가?

의료보장제도 남용에 대해 무엇을 해야 하는가?

천식의 증가율을 낮추기 위해 SUV를 금지해야 하는가?

이런 질문은 세계가 어떠해야 하는지를 제시하는 대답을 요구한다. 예를 들면, 첫 두 질문에 대해 "지적 창조는 공립학교에서 가르쳐야 한다"와 "의료보장제도 남용에 대해 더 엄격한 벌을 내려야 한다"와 같이 대답할 수 있다.

이런 이슈는 윤리적이거나 도덕적이다. 이 이슈들은 무엇이 옳은지 그른지, 바람직한지 아닌지, 좋은지 나쁜지에 관한 질문을 제기한다. 이 이슈들은 규범적인(prescriptive) 대답을 요구한다. 따라서 우리는 이런 이슈를 규범적 이슈라 지칭할 것이다. 사회적 논쟁은 종종 규범적 이슈이다.

우리가 어느 정도 지나치게 단순화한 것일 수도 있다. 때때로 어떤 종류의 이슈가 토론되고 있는지를 판단하는 것이 어려울 수 있다. 그러나 이런 식으로 구분하는 것을 기억하고 있으면 도움이 될 것이다. 여러분이 궁극적으로 내리게 되는 비판적 평가의 종류는 여러분이 반응하는 논쟁의 종류에 따라 달라질 것이기 때문이다.

주의: 규범적 이슈는 우리가 무엇을 하는 것이 좋은지, 또는 무엇이 옳은지 그른지, 또는 좋은지 나쁜지에 대한 질문을 제기하는 것이다.

이슈 찾기

기본적인 질문이나 이슈를 결정하려 할 때 어떻게 하는가? 때때로 이 일은 대단히 간단하다. 저자나 화자가 여러분에게 그것이 무엇인지를 말해 줄 것이다. 다른 방법으로는 이슈가 텍스트의 주요 부분에서, 대개는 도입 부분에서 확인될 수도 있다. 또는 이슈가 제목에서 드러날 수도 있다. 이슈가 분명히 언급될 때는 다음과 같은 어구로 나타날 것이다.

내가 제기하는 문제는 다음과 같다: 우리는 왜 담배 생산품을 규제하는 법을 가져야 하는가?
법적인 음주 연령을 낮추기: 그것은 올바른 일인가?
성교육이 학교에서 이루어져야 하는가?

공교롭게도 문제가 항상 분명하게 진술되는 것은 아니다. 그래서 의사소통 과정에서 다른 실마리로부터 추리되어야(inferred) 한다. 예를 들면, 많은 저자나 화자는 그들의 관심을 끌고 있는 현재의 어떤 사건들, 가령 학교에서 일어나는 일련의 폭력 행위와 같은 사건들에 반응하고 있다. "저자는 무엇에 반응하고 있는가?"라고 묻게 되면 종종 의사소통의 중심 이슈가 드러날 것이다. 또 다른 실마리는 저자가 속해 있는 단체 등의 정보, 즉 저자의 배경에 관한 지식이다. 그래서 이슈를 결정하고자 할 때에는 저자에 관한 배경 정보를 조사해 보는 것이 좋을 것이다.

이슈를 확인할 때 그 이슈를 진술하는 방식이 한 가지만 있다는 생각을 갖지 않도록 하라. 일단 에세이나 말 전체가 제시하는 문제를 알게 되고 그들이 그 문제와 어떻게 결합되는지를 보여 줄 수 있다면, 이슈를 찾아낸 것이다. 여러분이 이슈라 부르는 것이 이런 생각에 대한 명확한 기준을 충족시키는지를 반드시 확인하라.

이슈가 분명하게 진술되지 않을 때 이슈를 발견하는 가장 확실한 방법은 결론을 알아내는 것이다. 많은 경우, 이슈를 확인할 수 있기 전에 결론을 발견하게 되는 것이 사실이다. 따라서 그런 경우 비판적 평가에서 첫 번째 단계는 결론을 찾는 것이다. 이것은 종종 어려운 단계이다.

우리는 결론을 발견한 후에야 비로소 비판적으로 평가할 수 있다!

그런 식의 매우 중요한 구조적 요소를 어떻게 찾는지 살펴보자.

주의 : 결론은 저자나 화자가 여러분이 받아들이길 바라는 메시지이다.

저자나 화자의 결론 찾기

비판적으로 생각하는 사람은 결론을 확인하기 위해서 다음과 같이 물어야 한다. "저자나 화자가 무엇을 증명하려고 노력하는가?" 또는 "무엇이 의사소통을 하는 사람의 주요 요점인가?" 이 질문들 중 어느 하나에 대한 대답이 결론이 될 것이다. 즉, 화자나 저자가 이 질문에 대해 제시하는 대답은 어느 것이나 결론이 되는 셈이다.

여러분은 결론을 찾는 과정에서 저자나 화자가 여러분이 믿기를 바라는 하나의 진술(statement)이나 일련의 진술들을 확인할 것이다. 저자나 화자는 자신의 다른 진술을 토대로 여러분이 결론을 믿기를 원한다. 간단히 말하면, 설득력 있는 의사소통이나 논증의 기본 구조는 다음과 같다: 저것 때문에 이것이다. 이것은 결론을 가리키고 저것은 결론에 대단 뒷받침을 가리킨다. 이 구조는 추리(inference) 과정을 나타낸다.

결론은 추리된다. 결론은 추론으로부터 도출된다. 결론은 그것을 뒷받침하는 다른 생각들을 필요로 하는 생각이다. 따라서 누군가가 어떤 것이 참이라고, 또는 행해져야 한다고 주장하면서도 이 주장을 뒷받침하는 진술을 제시하지 않을 때는 언제나 이 주장은 결론이 아니다. 이 주장을 믿어야 할 토대를 제시하지 않았기 때문이다. 우리는 뒷받침되지 않은 주장을 단순한 의견에 불과하다고 말한다.

결론의 본질을 이해하는 것은 비판적 읽기와 듣기를 향해 나아가는 필수적인 단계이다. 결론과 그 결론으로 나아가는 추리 과정을 자세히 살펴보자. 여기에 간단한 글이 하나 제시되어 있다. 결론을 확인할 수 있는지 살펴본 다음, 결론을 뒷받침하는 진술들을 확인할 수 있는지 생각해 보라.

기업형 사육장은 법적으로 허용되어서는 안 된다. 필요한 식량을 공급할 수 있는 더 자연 친화적인 다른 방식들이 있다.

"기업형 사육장은 법적으로 허용되어서는 안 된다." 이것이 "기업형 사육장은 합법화되는 것이 좋은가?"라는 질문에 대한 저자의 대답이다. 즉, 그것이 저자의 결론이다. 저자는 이 믿음을 다른 믿음으로 뒷받침하고 있다. 다른 믿음이란 "필요한 식량을 공급할 수 있는 더 자연

친화적인 다른 방식들이 있다"는 것이다.

여러분은 뒷받침하고 있는 믿음이 왜 결론이 아닌지 알겠는가? 그 믿음이 결론이 아닌 이유는 다른 무언가를 증명하는 데 사용되었기 때문이다. **기억하라**: 여러분이 한 진술이 다른 믿음에 의해 잘 뒷받침되기 때문에 그 진술(결론)을 믿는 것은 추리를 하고 있음을 의미한다. 사람들이 이 과정에 참여하면 그들은 추론을 하고 있는 것이다. 결론은 이 추론의 결과이다.

사람들은 곧잘 자신의 결론을 분명히 밝히지 않는다. 그런 경우 여러분은 저자가 일련의 생각들을 제시하면서 증명하려고 애쓰고 있다고 여겨지는 것으로부터 결론을 추리해야 한다.

비판적 질문 사용하기

일단 결론을 발견하게 되면 그것을 평가의 초점으로 사용하라. 그것이 바로 저자나 화자가 여러분이 선택하길 원하는 목적지이다. 여러분이 지속적으로 관심을 갖고 있는 것은 다음과 같은 것이다: 결론에 대한 뒷받침을 토대로 그 결론을 받아들여야 하는가?

발견의 실마리: 결론을 찾는 방법

실마리 1 이슈가 무엇인지 질문하라. 결론은 항상 이슈에 대한 반응이다. 그렇기 때문에 이슈를 알면 결론을 찾는 데 도움이 된다. 우리는 결론을 어떻게 확인하는지 앞에서 논의했다. 첫째, 제목을 보라. 그 다음,

글을 여는 첫 단락을 보라. 이 기술이 별 도움이 되지 않는다면, 몇 쪽을 대충 넘어가는 것도 괜찮을 것이다.

실마리 2 지시어를 찾아라. 결론을 알려 주는 지시어가 종종 결론에 앞서 나타난다. 이 지시어를 보게 되면 적어 두라. 지시어는 결론이 따라올 수도 있음을 말해 준다. 지시어의 목록은 다음과 같다.

결과적으로 (consequently)	~임을 암시한다 (suggests that)
그러므로 (therefore)	따라서 (thus)
그리하여 (it follows that)	내가 주장하고자 하는 점은 (the point I'm trying to make is)
~라는 점을 보여준다 (shows that)	~임을 증명한다 (proves that)
~라는 점을 나타낸다 (indicates that)	문제의 진실은 (the truth of the matter is)

불행히도 글과 말을 통해 이루어지는 많은 의사소통에서 결론이 항상 지시어와 함께 나타나는 것은 아니다. 그러나 글을 쓸 때는 지시어로 논제에 주의를 끌도록 하는 것이 좋다. 지시어는 독자가 받아들였으면 하는 주장에 주의를 끌기 때문에 네온사인과 같은 역할을 한다.

실마리 3 가능한 위치를 살펴보라. 결론은 일정한 위치에서 제시되는 경향이 있다. 살펴보아야 할 첫 두 곳은 처음과 끝이다. 많은 저자가 자신들이 증명하고자 하는 것을 포함하고 있는 진술, 즉 목적에 대한 진술로부터 시작한다. 어떤 사람들은 마지막 부분에서 결론을 요약한다. 길고 복잡한 단락을 읽을 때 이 단락이 어떤 방향으로 진행되고 있는지 알기 어렵다면 단락의 끝 부분으로 건너뛰어라.

실마리 4 무엇이 결론이 아닌지를 기억하라. 다음과 같은 것은 결론이 아닐 것이다.

- 예
- 통계
- 정의(definition)
- 배경 정보
- 증거

실마리 5 의사소통의 맥락과 저자의 배경을 조사하라. 종종 저자나 화자 또는 인터넷 사이트는 이슈에 관하여 예측할 수 있는 입장을 취한다. 결론이 분명하지 않을 때 저자의 배경과 원천에 관한 정보를 안다면 이것이 특히 가치 있는 실마리가 될 수 있다. 저자나 화자가 연관되어 있을 수 있는 조직에 대한 정보에 각별히 주의를 기울여라.

비판적 사고와 글쓰기 및 말하기

여러분은 친구가 쓴 글을 읽고는 의아해한다. "흠, 요점이 뭐야?" 사람들은 알쏭달쏭한 생각을 갖고 있는데, 그것이 당신이 갖고 있는 것의 전부이기도 하다. 글을 쓸 때 우리는 흔히 우리의 의도가 수정처럼 맑다고 생각한다. 결국 우리 논증은 우리에게는 완전히 명확해 보인다. 불행하게도 몇몇 장벽들은 독자들이 어떤 것이 우리에게 투명한지를 쉽게 이해하지 못하게 한다. 독자들은 우리의 내적 생각이나 감추어져 있는 많은 믿음들을 알 수 없다. 그들은 우리의 가치와 배경을 모른다. 우리의 연구와 창조적인 노트들에 접근할 수 없다. 그들이 갖고 있는 모든 것은 자기들 앞에 놓여 있는 페이지나 스크린이다. 이런 이유로 우리는 여러분에게 글을 쓰는 것에 명확하고 투명하게 노력을 기울이라고 말하는 것이다. 글쓰기에 대한 제안 과정에서 이 메시지를 우리에게서 다시 들을 수 있을 것이다. 비판적 사고의 가장 큰 장애물 중 하나는 의사소통 차이에 다리를 놓는 것에 실패하는 것이다.

글을 쓰기 전에 이슈를 좁히기

고등학교 작문 수업 이후 여러분은 아마도 작문 숙제에 바로 들어가기 전에 자신의 생각에 대해 미리 그림을 그려 보라는 말을 들었을 것이다. 당신은 브레인스토밍이나 자유 작문과 같은 별도의 작문 기술을 배웠을 수도 있다. 아마도 당신은 이런 제안을 매우 신중하게 받아들이겠지만 대부분의 사람들은 우리가 생각하기에 어떤 작업 속으로 바로 들어갈 충동을 많이 느낄 것이다. 사람들은 그냥 생각대로 하는 경향이 있다.

미리 작문하는 것이 힘들거나 또는 즉흥적이라도 우리는 당신이 작문에 바로 들어가기 전에 주제를 정하는 절차를 갖기 원한다. 능숙한 작가와 미숙한 작가를 구분하는 것 중의 하나는 미리 주제를 분명하게 하는 것이다.

우리는 또 다른 이유로 당신이 작문을 하기 전에 주제를 생각하는 시간을 갖기 바란다. 작가들은 그렇게 자주는 아니지만 자신도 모른 채 감당하기 어려운 주제를 다룬다. 예를 들어 3-5페이지의 작문 숙제에서 한 젊은 작가는 어쩌면 독자들에게 기후변화가 일어나고 있으며, 기후변화의 원인이 무엇이고, 기후변화를 비판하는 것은 잘못이고, 독자들이 왜 기후변화에 관심을 가져야 하는지를 전달하고 싶어한다. 이 모든 주제는 중요하고 흥미로우나 이런 작은 작문에서 다루기에는 너무 힘들다.

독자에게 미리 결론을 암시하기

글을 쓸 때 당신은 독자에게 논쟁에 대해서 완전하게 아무런 의심도 하지 않게 하고 싶어한다. 즉 논쟁을 통해서 독자를 설득하려고 한다. 당신의 결론과 그 근거는 쉽게 알 수 있어야 한다. 어떤 특별한 결론을 전달하려는 목적으로 글을 쓰거나 연설을 할 경우 당신의 독자나 듣는 사람은 그것을 기대할 것이다. 그들에게 분명하게 그것을 전달해야 한다. 그것이 바로 당신이 전달하고 싶어하는 중심 메시지이다. 그것을 강조하라. 즉 그것이 실제로 무엇인지에 대해 의심을 남기지 마라. 당신의 결론을 쉽게 알게 함으로써 독자의 임무는 쉬워지고 당신의 논리는 더 개선된다.

　우리가 한 작문 제안은 가장 중요한 주제이다. 우리를 포함해서 저자들은 그들의 생각을 구성하기 위해 특별한 노력을 하고 그것을 분명하게 표현할 필요가 있다. 전달하려는 것이 우리에게는 대낮과 같이 분명해도 독자에게는 친밀한 주제가 아닐 수 있다. 우리가 이런 노력을 들인다면 저자와 독자 사이에 의사소통을 위한 다리를 놓는 것이며, 비판적 사고 토론을 가능하게 하는 것이다.

Practice Exercises

❓ 비판적 질문: 이슈와 결론은 무엇인가?

다음 제시문에서 이슈와 결론을 찾아보라. 그 과정에서 반드시 지시어를 찾도록 하라. 비판적 사고 과정의 소리내어 생각하기(thinking aloud) 모델은 처음 문장에 따른다. 이런 문장에 어떻게 접근할지를 자문자답해 보면 앞으로 비판적 질문에 묻고 답하기가 좀 쉬워질 것이다. 두 번째 문장을 위해 샘플 답은 더 압축된 버전을 제시한다. 세 번째 실전 문장에 대해서는 스스로가 이슈와 결론을 찾도록 남겨두었다.

제시문 1

부모가 교육을 자신의 전일제 직업처럼 여기고, 교육을 할 수 있는 통찰과 지식 및 인내심을 지니고 있다면 홈스쿨링은 타당한 개념이다. 그러나 문제의 진실은 자신의 아이들에게 홈스쿨링을 시키는 부모 중 그렇게 할 수 있는 부모가 거의 없다는 점이다.

    부모가 잘못된 이유 때문에 자기 아이들을 공립학교에 보내지 않을 수도 있다. 때때로 아이들의 훈육이 문제가 될 경우, 부모들은 처벌과 관련된 교칙을 받아들이기보다는 아이들을 학교에 가지 못하게 할 것이다. 이러한 동기로 홈스쿨링을 선택하게 되면 좋은 결과를 가져오기 어렵다. 게다가 집에서 무슨 일이 일어나고 있는지를 감시할 다른 어른이 없다면, 가정에서 아동학대가 있을 경우 그런 일을 알지 못할 가능성이 있다. 사회는 이런 아이들이 제대로 된 교육과 대우를 받고 있는지 알 필요가 있다.

제시문 2

많은 연구가 설탕음료의 소비를 비만, 당뇨와 같은 건강문제와 연결한다. 많은 중등학교와 고등학교에서 청소년들은 이런 설탕음료에 접근한다. 불행히도 많은 청소년들이 일상생활에서 설탕을 먹는 문제에 충분히 교육받지 못하고 있다. 설탕음표와 스낵 식품에 언제나 노출되어 있어 청소년들의 비만율이 하늘 높이 올라가고 있다. 설탕음료를 파는 자판기가 학생들이 이런 음료에 접근하는 것을 높이고 청소년 비만에 기여한다. 이런 문제를 해결하기 위해 스포츠 음료나 소다수 같은 설탕음료를 파는 자판기를 학교에서 금지해야 한다.

제시문 3

아이들이 폭력 비디오 게임에 노출되도록 허용해야 하는가? 아이들이 폭력 비디오 게임을 하면 실제 생활에서 폭력적인 경향이 높아진다. 비디오 게임은 행위자에게 폭력 행동을 하면 점수와 보상을 준다. 행위자는 폭력에 길들여진다. 그가 점수와 보상을 받으면 행복과 성취감을 맛보기 때문이다. 이런 보상과 점수는 가상의 폭력 행동을 함으로써 얻어지고 그래서 폭력을 행복과 연결하게 된다. 그 아이가 많은 시간을 폭력 비디오 게임으로 보낸다면 그 게임에서 나오는 폭력은 그 아이의 실제 행동으로 들어가게 된다. 많은 연구에 따르면 비디오 게임은 아이들을 폭력에 둔감하게 만들고 실제 생활에서 폭력을 못마땅하게 여기지 않게 되고 거절하지 않게 된다.

Sample Responses

제시문 1

- 주제는 찾기가 쉽다. 왜냐하면 논증에서 주제가 분명히 나타나기 때문이다. 나는 이 논증이 이슈를 분명하게 언급하고 있다고 생각하지 않는다. 저자는 논증을 불러일으키는 질문을 한번도 말하지 않고 있다. 나의 다음 움직임은 결론을 찾는 것이어야 한다. 그러면 나는 그 이슈를 더 쉽게 발견할 수 있을 것이다. 《비판적 사고력 연습》은 문장에서 분명하게 밝히지 않은 이슈를 발견하는 가장 확실한 방법은 결론을 찾는 것이라고 했다.

- 암시하는 단어를 찾아보면 결론을 찾는 데 도움이 된다. "그 문제의 진실"이라는 문장이 결론을 암시하는 것으로 올라와 있고 논증에서 사용되었다. 어쩌면 결론은 "부모들이 아이들을 홈스쿨링하는 것은 많은 경우 실수이다"가 될 것이다. 이 문장은 실제로 결론이 될 것이다. 그 결론을 찾는 또 다른 방법은 도입부와 결론부를 찾아보는 것이다. 도입부에 그 문장이 들어 있다.

- 《비판적 사고력 연습》은 나에게 결론이 아닌 몇 개의 논쟁거리를 제공했다. 나는 다음 문장을 확실하게 조사해야 했다. "그들의 아이들을 홈스쿨링하는 부모들 중 그런 능력을 지닌 사람들은 드물었다"란 문장은 통계가 아니다. 하나의 예이며, 정의이고, 정보의 배경이거나 다른 증거이다. 분명이 그것은 아니었다.

- 이 점에서 나는 "그들의 아이들을 홈스쿨링하는 부모들은 자주 실수를

한다"라는 문장이 결론이라는 것을 거의 확신한다. 지시어가 그것을 제시하며, 그 위치가 이 믿음을 확인하며, 이것은 자주 결론이라고 실수하는 논증의 구성 요소들 속으로 빠지지 않았다.

- 다음으로 어떤 질문이 이 토론 또는 이슈를 자극했는지 알 필요가 있다. 만약 결론이 "그들의 아이들을 홈스쿨링하는 부모들은 자주 실수를 한다"라면, 이 토론을 자극한 이슈는 아마도 "부모가 그들의 자녀를 홈스쿨링하는 것이 바람직한가?"가 될 것이다. 이 이슈는 결론으로부터 추론할 수 있으며, 모든 하부 문장들은 홈스쿨링과 관련된 잠재적 문제들을 토의하고 있다.

- 결론을 내기 전에, 나는 이 이슈가 규범적인지 아니면 기술적인지를 판단해야 한다. 그러기 위해서는 스스로에게 물어 볼 필요가 있다. 즉 그 저자가 어떤 상황을 기술하기 위해서인지, 아니면 옳고 그른지, 바람직한지 아닌지, 선한지 나쁜지를 규정하기 위해서인지를 알아야 한다. 그 저자는 홈스쿨링에 관한 몇 가지 문제를 자세히 기술하고 이 아이들이 "그들이 받을 만한 교육과 대접"을 받고 있다는 것을 사회가 알아야 한다는 것을 암시한다. 이 진술은 어떤 상황-홈스쿨링-이 바람직한지를 결정하는 데 의문을 던진다. 그래서 이 이슈는 규범적인 주제일 것이다.

제시문 2

결론을 가리키는 지시어가 없지만 결론을 찾을 수 있는 좋은 장소가 제시문의 처음이나 끝에 있다. 이런 경우에 바로 마지막 서술이 결론이며, 그것을 결론이라고 말할 수 있는 것은 그것이 "~이어야만 한다"라는 구를 사용하여 제시문에 최종적인 것을 주기 때문이다. 또한 이 구는 이것이 규범적 이슈임을 나타낸다. 상황이 실제로 그런지 아닌지를 얘기하는 게 아니라 어떻게 그래야만 하는지를 얘기하는 것이다. 그 이슈는 결론으로부터 그리고 저자가 왜 그런 결론에 도달하게 되었는지를 설명하는 앞의 진술로부터 상정된 것이다.

이슈: 설탕음료를 판매하는 자판기를 학교에서 금지해야 하는가?
결론: 설탕음료를 판매하는 자판기를 학교에서 금지시켜야 한다.

CHAPTER
04

이유는 무엇인가?
What Are the Reasons?

■
■
■

이유(reason)는 사람들이 왜 독특한 판단을 하고 개인적인 견해를 갖는지, 그 호기심에 답을 해준다. 다음 문장들을 보자.

1. 정부는 위험에 빠진 종들을 멸종으로부터 보호해야 한다.
2. 지네가 쏘는 것이 대부분의 뱀이 무는 것보다 더 위험하다.
3. 학교는 약물과 무기를 찾기 위해 학생들의 사물함을 뒤질 권한을 가져야 한다.

이 세 주장에는 무언가가 빠져 있다. 우리는 이 주장들에 동의할 수도 동의하지 않을 수도 있다. 그러나 이 주장들은 현재의 형태로는 약하지도 강하지도 않다. 이들 주장 중 어느 것도 우리가 왜 동의해야 하는지에 대한 설명이나 일련의 근거를 포함하고 있지 않다. 따라서 이런 주장을 듣게 되면 더 많은 것을 묻고 싶어진다.

위의 세 주장에서 빠져 있는 것은 각 주장의 근거가 되는 이유 또는 이유들이다. 이유는 결론을 지지하거나 정당화하기 위해 제시되는 믿음, 증거, 은유, 유추 및 기타의 진술들이다. 이들은 결론의 신뢰성을 만들어낼 때 토대가 된다. 2장에서는 논증의 구조에서 대단히 중요한 두 부분, 즉 이슈와 결론을 찾아내기 위한 지침을 배웠다. 여기에서는 논증의 세 번째 본질적 요소인 이유를 확인하는 기술에 초점을 맞춘다.

저자는 독자가 자신의 결론을 받아들이길 원할 경우 그가 옳다는 것을 설득하고 왜 그런지를 보여 줄 수 있는 이유를 제시해야 한다.

자신의 믿음을 적절한 증명을 통해 뒷받침하는 것은 합리적인 사람의 특징이다. 특히 믿음이 논쟁적인 성격을 띨 때 그렇다. 예를 들어, 누군가 중국이 곧 세계의 강대국으로서 미국을 추월할 것이라고 주장하면 이 주장은 "왜 그렇게 생각하죠?"라는 도전에 직면하게 될 것이다. 그 사람의 이유는 강할 수도 있고 약할 수도 있다. 그러나 여러분은 위의 질문을 하고 그 이유를 확인할 때까지는 이유의 강도를 알지 못할 것이다. 만일 대답이 "내가 그렇게 생각하기 때문입니다"라고 한다면, 여러분은 이 논증이 불만스러울 것이다. 그 "이유"는 주장을 단지 반복해서 말한 것에 지나지 않기 때문이다. 그러나 대답이 두 나라의 군사와 교육에 투여된 비용에 관련된 증거라면, 여러분은 결론을 평가할 때 그런 증거를 고려할 것이다. **기억하라**: 이유를 확인할 때까지는 결론의 가치를 결정할 수 없다.

이유를 확인하는 것은 비판적 사고에서 특히 중요한 단계이다. 한 의견이 주장되는 이유를 물어서 만족스러운 답을 얻지 못한다면 그 의견을 공정하게 평가할 수 없다. 이유에 초점을 맞추려면 우리 자신의 의견과 다른 견해들에 열려 있어야 하고 관대해야 한다. 추론보다 결론에 반응한다면, 토론이나 에세이에서 다루고 있는 결론에 집착하는 경향을 보일 것이다. 그리고 우리의 결론과 일치하는 것에 재빨리 동의하게 될 것이다. 스스로의 의견을 다시 검토하려면 우리와 다른 의견을 가진 사람들이 제시하는 이유에 대해 호기심을 갖고 개방적 태도를 보여야 한다.

❓ 비판적 질문: 이유는 무엇인가?

이유와 결론의 결합이 우리가 "논증"으로 정의한 것이다.

때로는 논증이 하나의 이유와 하나의 결론으로 이루어질 수 있다. 그러나 보통은 여러 이유들이 논증을 뒷받침하기 위해 제시된다. 그래서 논증이라고 말할 때는 하나의 이유와 이 이유와 관련된 결론을 가리키거나, 이유들의 전체 집합과 이 이유들의 집합이 입증하고자 하는 결론을 가리킨다.

주의: 이유는 우리가 특정한 결론을 왜 믿어야 하는지에 관한 설명이나 일련의 근거들이다.

우리가 논증(argument)과 추론(reasoning)이라는 용어를 사용할 때 이들은 동일한 것을 의미한다. 즉 다른 생각을 뒷받침하기 위해 하나 이상의 생각을 사용함을 일컫는다. 따라서 의사소통에서 이유가 빠진다면 그것은 논증도 아니고 추론의 예도 아니다. 결과적으로 논증과

추론만으로는 논리적으로 결함이 있을 수 있다. 또한 이유는 자체만으로는 독립된 생각이 아니기 때문에 논리적 관계를 반영할 수 없다.

논증의 몇 가지 특징에 주목해 보자.

- 논증을 제시하는 사람들은 의도를 가지고 있다. 그들은 우리가 어떤 것을 믿거나 어떤 방식으로 행동하도록 설득되기를 원한다. 즉 그들은 반응을 요구한다. 우리는 스펀지식이나 채금식을 행하는 사람을 모방할 수 있지만 어쨌든 일상적으로는 우리가 그들의 주장에 반응해야 하는 것이 사실이다.
- 논증의 질은 다양하다. 비판적 사고는 한 논증의 질이 어느 정도인지를 결정하기 위해 필요하다.
- 논증은 눈에 보이는 두 가지 본질적인 요소, 즉 결론과 이유로 이루어진다. 이 구성 요소 중 어느 하나도 확인하지 못하면 논증을 평가할 수 있는 기회를 잃게 된다. 확인할 수 없는 것을 평가할 수는 없는 법이다.

마지막 지적은 반복하여 강조할 만한 점이고 설명도 필요하다. 우리가 결론과 이유를 확인하지 않고 무작정 비판적 사고로 돌진하게 되면 어떠한 논증도 평가할 수 없게 될 것이다. 철학자 비트겐슈타인(Wittgenstein)은 똑똑한 사람이라면 다른 사람에게 말할 때 우선 "잠깐만"이라고 말해야 한다고 했다. 우리가 상대방이 말한 의미를 평가하기 전에 시간을 들여 논증을 살펴보아야만 그 논증을 제시한 사람을 공정하게 대우하는 것이다.

질문하는 과정을 어떻게 시작하는가?

이유를 확인하는 첫 번째 단계는 질문하는 태도로 논증에 접근하는 것이다. 여러분이 물어야 하는 첫 번째 질문은 왜라는 것이다. 여러분은 결론을 확인했다. 이제 결론이 왜 말이 되는지를 알고 싶어한다. "저자나 화자는 왜 그것을 믿는가?"라는 질문에 대답하지 못하는 진술은 이유가 아니다. 한 진술이 (또는 일련의 진술들이) 이유로 기능하기 위해서는 결론을 뒷받침해야 한다.

질문하는 태도를 다음 문단에 적용해 보자. 우선은 결론을 찾을 것이다. 그리고 나서 왜라는 질문을 적절하게 구사할 것이다. 결론을 확인하기 위한 지침을 기억하라(결론에 대한 지시어에는 밑줄이 그어져 있다).

(1) 비행기 조종사들은 호신용 스프레이를 갖고 있어야 하나? (2) 비행기 조종사들의 의견을 조사했다. (3) 많은 조종사들은 승객들이 어떻게 행동할지 전혀 예상할 수 없음을 지적했고, 호신용 스프레이가 승객들의 안전을 확보하는 데 도움이 될 것이라고 생각했다. (4) 57퍼센트의 조종사들은 호신용 스프레이가 안전을 높인다는 데 동의했다. (5) <u>따라서</u> 항공사는 조종사들에게 호신용 스프레이를 지닐 것을 요구해야 한다.

"따라서" 다음에 오는 것은 진술 (1)이 제기하는 문제에 대한 대답이다. 따라서 결론은 "… 항공사는 조종사들에게 호신용 스프레이를 지닐 것을 요구해야 한다"라는 진술 (5)이다. 결론을 강조하라!

우리는 결론을 찾고 나서 "저자나 화자가 이 결론을 왜 믿는가?"라는 질문을 던진다. 이 질문에 대한 대답이 이유가 된다. 위의 사례에서 저자는 우리에게 증거를 이유로 제시한다. 진술 (3)과 (4)는 모두 증거를 제시한다. 즉, 이 두 진술은 함께 결론을 뒷받침하는 것이다. 이들이 함께 결론에 대한 이유로 기능한다. 따라서 우리는 이 이유를 다음과 같이 바꿔 말할 수 있다: 조사에 참여한 대부분의 조종사들은 호신용 스프레이가 승객들의 안전을 높일 것으로 믿는다.

주의: 논증은 결론과 결론을 뒷받침한다고 주장되는 이유들로 이루어진다.

이제 다음 단락에서 이유를 찾아보라. 다시 말하자면, 결론을 먼저 찾아서 강조한 다음 왜라는 질문을 하라.

(1) 태아에 대한 유전자 검사는 허용되어서는 안 된다. (2) 사람들은 태아가 기대하는 성별과 다르거나 어떤 결함을 지니고 있을지도 모른다는 이유만으로 한 생명을 없앨 권리는 없다. (3) 나는 두 명의 자폐아를 두었는데, 둘다 행복하다. (4) 한 사람의 삶의 질이 선천적 장애(birth defect)에 의해 크게 바뀐다고 말할 수는 없다.

첫번째 문장의 지시어(should)가 결론을 가리킨다. 저자는 태아의 유전자 검사에 반대한다. 저자는 왜 그렇게 믿는가? 위에서 제시된 주요 이유는 "사람들은 태아가 기대하는 성별과 다르거나 어떤 결함을 가지고 있을지도 모른다는 이유만으로 한 생명을 없앨 권리는 없다"이다. 문장 (3)과 (4)는 이 이유를 추가로 뒷받침한다. 즉 자폐아를 가진 개인의 긍정적 경험이 보여 주는 것은 한 사람의 삶의 질은 선천적 장애에 의해 크게 바뀌지 않는다는 것이다.

의견을 주장하는 사람의 추론 구조가 어떠한지를 판단할 때, 여러분은 그의 결론을 뒷받침하기 위해 사용되는 것으로 보이는 모든 생각을 이유로 간주해야 한다. 설령 여러분이 그 생각이 결론을 뒷받침한다고 믿지 않더라도 말이다. 이 단계의 비판적 사고에서 여러분은 논증을 확인하려고 노력한다. 논증을 만든 사람에게 공정하기를 원하기 때문에 여러분은 자비의 원리를 사용하고 싶어한다. 저자나 화자가 결론을 뒷받침하는 증거나 논리를 제공하고 있다고 믿는다면, 우리는 최소한 그 추론을 고려해 보아야 한다. 나중에 그 추론을 주의 깊게 평가할 시간이 많이 있을 것이다.

이유를 확인시켜 주는 단어들

결론의 경우처럼, 이유가 뒤에 나온다는 것을 전형적으로 지시하는 단어들이 있다. **기억하라**: 추론의 구조는 "이것은, 저것 때문이다"로 되어 있다. 따라서 "~ 때문에"라는 단어와 이 단어와 유사한 기능을 하는 단어들이 종종 이유가 등장할 것임을 나타내 준다. 이유에 대한 지시어들은 다음과 같다.

~의 결과로서   ~라는 이유로

~라는 사실 때문에   ~라는 점에서 보아

~에 의해 뒷받침된다   증거가 ~이기 때문에

연구에 의하면   첫째로 ~ 둘째로 ~ 셋째로 ~

이유의 종류

논쟁의 종류에 따라 많은 다른 종류의 이유가 있다. 많은 이유들은 증거를 제시하는 진술이 될 것이다. 증거란 어떤 사람이 자신이 주장하려고 하는 것을 "증명"하기 위해 사용하는 특정한 정보를 의미한다. 의견을 주장하는 사람은 "자신의 주장을 증명하기" 위해 많은 종류의 증명에 호소한다. 이것은 사실, 연구에서의 발견, 실제 생활에서의 예, 통계, 전문가나 권위자에게 호소하는 것, 개인적 증언, 은유, 유추 등을 포함한다. 어떤 상황에서는 한 종류의 증거가, 다른 상황에서는 또 다른 종류의 증거가 더 적절하다. 주어진 상황에서 어떤 종류의 증거가 적절한지 결정할 수 있도록 여러분 스스로 규칙을 개발하면 도움이 될 것이다.

여러분은 "이 주장을 뒷받침하기 위해 어떤 종류의 증거가 필요한가?"라고 묻고 싶게 되고, 그때 그런 증거가 제시되었는지를 판단하고 싶을 것이다. 하지만 진지한 추론을 하는 모든 경우에 적용될 수 있는 획일적인 "증거에 관한 일련의 규칙"은 없음을 알아야 한다. 증거를 다루는 더 상세한 방법은 7~8장에 나온다.

화자나 저자가 기술적 결론을 뒷받침하려고 애쓰는 경우, 이들이

왜라는 질문에 대해 내놓는 대답이 전형적으로 증거가 된다.

다음은 기술적 논증의 예이다. 저자의 이유를 찾아보라.

미국에서 불법 이민자의 수가 급격히 떨어지고 있다.
연구에 의하면 2013년에서 2014년까지 거의 백만 명 정도가 떨어졌다.

여러분은 첫 번째 진술을 결론으로 확인했을 것이다. 그것은 불법 이민자의 수가 감소한다는 데 대한 기술적인 진술이다. 나머지는 증거를, 즉 결론에 대한 이유를 제시해 준다. **기억하라**: 결론 그 자체는 증거가 아니다. 결론은 증거나 다른 믿음들에 의해 뒷받침되는 믿음이다.

규범적 논증에서 이유는 일반적이고 규범적인 진술들이거나 또는 기술적인 믿음이나 원칙들인 경우가 많다.

이유와 결론을 체계적으로 정리하기

많은 추론이 장황하며 또한 제대로 짜여 있지도 않다. 때로는 일련의 이유들이 한 결론을 뒷받침하며 그 결론은 또 다른 결론에 대한 주요 이유로 기능할 수 있다. 이유들은 다른 이유들에 의해 뒷받침될 수 있다. 특히 복잡한 논증에서 읽은 내용을 비판적으로 평가하고자 할 때는 논증의 구조를 마음속에서 질서정연하게 만드는 것이 어렵다. 이 문제를 극복하기 위해서는 이유와 결론을 나누어 논리적 형태로 체계화하는 과정을 개발해야 한다.

우리는 여러분이 추론 구조에 대해 명확한 그림을 그릴 때 사용할 수 있는 많은 기술을 언급했다. 다른 기술이 더 도움이 된다면, 어떻게든 그 기술을 사용하라. 중요한 점은 평가 준비를 할 때 이유와 결론을 체계적으로 정리하는 것이다.

비판적 질문 사용하기

일단 이유를 찾았어도 더 읽거나 듣게 되면 그 이유로 반복해서 되돌아갈 필요가 있다. 결론은 이유의 가치에 달려 있다. 약한 이유는 추론을 약하게 만든다!

이유가 먼저, 결론은 그 다음

첫 장에서는 약한 의미의 비판적 사고가 지닐 수 있는 위험에 대해 경고했다. 이유들이 저자가 원래 갖고 있던 의견을 옹호하려는 의도로 (심지어는 즉석에서) 만들어진 것처럼 보인다면 여러분은 약한 의미의 비판적 사고에 주의하라는 경고 신호를 거두어도 될 것이다. 누군가 한 의견이 결론인 양 그것을 공유하고자 하면서도 이유를 대달라는 요청에 당황해 하거나 화가 난 듯이 보인다면 이는 아마도 약한 의미의 비판적 사고 때문일 것이다.

틀림없이 여러분은 광범위한 일련의 최초 믿음을 가지고 있을 것이다. 이 믿음은 여러분이 논쟁을 접하게 되면 최초의 결론으로 작동한다. 이유의 중요성에 점점 더 주의를 기울이면 그러한 결론들이 뒷받침되는지의 여부에 따라 유지되거나 무너지리라는 것을 기대하게 될 것이다. 가장 강력한 결론은 이유 및 그 이유가 의미하는 것에 대해 숙고할 때 나온다.

이런 점에서 스스로가 감시자가 되어라. 금을 찾으려 할 때는 자신의 체를 흔들어야 한다. "거꾸로 된 논리"나 "배경적 추론"을 피하라. 이런 것을 따르게 되면 이유는 결론을 선택한 후에 급조된 사후적인 생각이 되어 버린다. 이상적으로 말하면, 이유는 결론을 형성하고 수정하는 도구이다.

비판적 사고와 글쓰기 및 말하기

여러분의 추론은 틀림없이 학문적 글쓰기의 가장 중요한 측면이다. 이유의 범위를 잡고 의존하는 것은 글쓰기의 많은 비중을 차지할 것이다. 이유의 질은 대체로 당신이 독자를 설득할 수 있는지를 결정한다. 이유가 특별히 중요하기 때문에 저자들은 글 쓰기 전과 글 쓰는 과정에서 그들의 이유에 주목한다. 그렇게 하기 위해서 우리는 당신이 다음의 제안을 고려하기를 바란다.

결론에 도달하기 전에 가능한 이유들을 탐구하기

이 장 앞에서 우리는 "역논리"(reverse logic) 또는 "뒤에서 추론하기"(backward reasoning)를 사용하지 말기를 제안했다. 저자가 비판적 사고를 걱정하여 대신에 가능한 이유들(possible reasons)을 사용하면

한 가지 결론에 이르게 된다.

　당신이 작문 과제를 시작하기 전에 수행한 초기 연구의 양은 다양하다. 어떤 경우에는 작문 과제를 위해 한 주제를 결정할 것이다. 그 과제는 당신이 연구의 표면부터 시작하기를 요구한다. 예를 들면 당신은 현대 무용에 대해 간단한 언급을 할 것이고, 당신이 듣는 예술 과목의 도서 목록에서 안무가 앨빈 에일리(Alvin Ailey)를 만날 것이다. 그것은 관심을 촉발시켜 당신은 그 작문 과제를 계기로 더 많이 배우기로 결정했다. 다른 상황에서 당신은 연구 과제를 약간의 사전지식을 가지고 시작할 것이다. 당신은 그것에 평생의 관심을 가졌기에 그 주제를 선택할 수도 있다. 당신은 〈스타워즈(Star Wars)〉에 지속적인 관심을 갖고 있으므로 그래서 한 주제의 출발점으로 그 관심을 이용하기로 결정했다.

　아마도 당신은 사회관계망, 당신 나이의 사람들이 갖는 선거행동, 또는 대안 음악에 약간의 전문지식이 있을 수도 있다. 그것은 당신이 더 많은 연구를 하지 않아도 된다는 생각을 하게 할 수도 있다. 우리는 당신이 더 많이 생각하기를 바란다. 비록 과거에 연구를 한 경험이 있다 하더라도 당신은 또 다른 가능한 이유를 찾아야 한다. 예를 들면, 과거 연구는 당신이 비판적 사고의 표준을 받아들이기 전에 한 것이다. 그것은 아마도 한 쪽으로 기울어져 있을 것이다. 더욱이 당신은 그 연구를 비공식적으로 수행했을 것이다. 폭넓은 이유와 증거를 사용하지 않고서 말이다. 또 다른 가능한 이유를 찾아야 하는 근거는 당신의 이전 연구가 가장 최근의 것이 아닐 수 있기 때문이다.

당신의 이슈를 포함하는 주요 출판물 확인하기

만약 당신의 이슈가 지금 일어나고 있는 사건들, 예를 들면 공공 교육 개혁이나 테러와의 전쟁 같은 정치적 사회적 주제라면 주요 신문에서 시작하라. 〈뉴욕 타임즈〉, 〈워싱턴 포스트〉, 〈월스트리트 저널〉 그리고 〈유에스에이 투데이〉는 미국에서 높은 독자층을 갖고 있다. 대학과 공공 도서관에서는 그것들을 구독하고 있다. 렉시스넥시스(LexisNexis) 같은 학문적 데이터베이스는 그런 신문에 실린 자료에 접근할 수 있다. 많은 신문은 그들의 홈페이지에 일정한 양의 자료에 무료로 접근할 수 있도록 한다.

거의 모든 분야에서 주요 발간물이 있다. 음악(롤링 스톤, 피치 포크, 스핀)에서 사업(포브스, 포춘, 블룸버그 마켓)까지. 당신의 주제를 포함하는 몇 개의 주요 발간물에 약간의 시간을 들이면 최근의 토론에 접근할 수 있다. 당신은 또한 그 논쟁에 들어갈 수 있고 다른 저자들이 관심을 갖거나 거부하는 주제들이 무엇인지도 알게 된다. 또한 더 많은 연구를 위해 처음에 포함하지 않았던 논문을 출발점으로 사용할 수도 있다. 예를 들면, 당신이 2010년 델라웨어 상원선거에서 티파티의 일원인 크리스틴 오도넬(Christine O'Donnell)에 관심이 있다고 하자. 오도넬이 젊은 시절에 마술에 관심이 있었다는 기사를 읽고 당신이 그 주제를 더 깊이 들어가 보기로 결정했다. 즉 "후보자의 개인적 경험사가 어느 정도로 투표자에게 영향을 줄까?"라는 주제 말이다.

독자가 당신의 이유들을 확인하도록 돕기

글을 쓰거나 말을 할 때, 당신은 청중이 당신의 생각에 최대한 기울어지기를 원한다. 그들은 당신의 결론이 무엇이며 왜 그런 결론에 도달했는지 알고 싶어한다. 당신의 이유들을 공개적으로 밝혀라.

독자가 당신이 문장 속에서 사용한 단어와 구절을 이용해서 당신의 추론을 발견하도록 도와라. 특정한 단어는 "나의 이유들 중 하나는 여기서 나온다"는 신호를 보낸다. 당신의 글에서 이유들을 확인하도록 돕기 위해서 우리는 당신에게 이 장의 앞에서 이런 신호 단어 묶음을 알려 주었다.

독자가 당신의 추론을 확인하도록 돕는 다른 방법은 그들에게 청사진을 주는 것이다. 청사진이란 무엇이 나올까를 미리 알려 주는 요약이며 개요이다. 당신은 글에서 미리 이유들을 간략하게 소개하여 무엇이 나올 것인지를 밝힐 수 있다. 그러면 독자들은 당신으로부터 무엇이 나올 것인지 알 수 있을 것이다.

Practice Exercises

❓ 비판적 질문: 이유는 무엇인가?

도움이 되는 지시어를 사용하라. 결론과 이유를 분리시켜라. 이유를 다른 말로 바꿔 표현하도록 하라. 즉, 이유를 여러분 자신의 말로 바꿔 표현하는 것은 그것의 의미와 기능을 명확하게 하는 데 도움이 된다.

제시문 1

대중적인 여성 잡지들이 여성 미에 대해 부당한 기대감을 불러일으킨다. 잡지의 표지에 등장하는 거의 모든 여성 사진들이 더 매력적으로 보이기 위해 여성의 신체 치수와 빛을 조작하여 디지털적으로 고양되어 있다. 연구에 의하면 여성들이 잡지 표지에 나타나는 여성들의 신체 특징을 모방하기가 불가능하다고 한다. 이런 특징들이 말 그대로 컴퓨터에 의해 조작되기 때문이다. 잡지 표지에서 우리가 보는 "미"라는 것은 실제적인 것이 아니라 컴퓨터화된 것이다.

제시문 2

학교들이 전국적으로 지역봉사 활동 프로그램을 만들고 있다. 학생들에게 지역봉사 활동을 하도록 요구하는 것은 바람직한 일인가? 그런 봉사를 요구하는 데에는 많은 단점이 있다.

학생들이 자비와 자선을 의무적으로 해야 하는 것이라면, 그들은 자비와 자선의 개념을 이해할 수 없을 것이다. 강제된 자비는 자선 개념에 모순적으로 보일 것이다. 그러면 학생들은 지역 봉사 활동 개념에 분개할 것이고 나중에는 그런 일에 자발적으로 참여하지 않을 것이다.

게다가 이런 지역봉사 활동이 강요된 것이기 때문에 학생들의 수행 정도도 높지 않을 수 있다. 그들은 그저 요구되는 최소한만을 하겠다고 생각할 수도 있다. 학생들은 또한 자신들이 도와주는 사람들을 원망하거나 그들에게 무례해질 수도 있는데, 이것은 지역봉사 활동의 발전을 저해할 것이다. 여러분도 알 수 있듯이 강제된 지역봉사 활동은 학교가 선택할 수 있는 최선의 프로그램이 아닐지도 모른다.

제시문 3

고등학교에서 금요일 밤 일정은 보통 남학생들의 농구와 풋볼로 채워진다. 이것이 바람직한가? 이런 경기들은 고등학교 학창 시절의 경험에서 중요하다. 그러나 학교 측에서 다른 운동을 희생할 정도로 중요한 것은 아니다. 이것이 전통이 되어 버렸다고 해서 운동 체제가 이런 식으로 유지되어야 함을 의미하지는 않는다.

대부분의 학부모와 팬들은 금요일 밤에 경기를 볼 수 있는 시간을 내기가 쉬운 편이다. 즉 그들이 자녀들의 농구나 풋볼 경기를 보러 올 수 있다는 것이다.

여학생 농구 팀이나 수영 팀은 어떤가? 그들의 경기를 항상 평일 오후와 저녁에 끼워 넣는 것은 좋지 않다. 가족들은 대부분 오후에 일을 하기 때문에 경기를 보러 올 시간을 내기가 어렵다. 이런 "비인기" 종목의 운동을 하는 학생들은 공정하게 조명을 받지 못하고 있다. 이런 운동을 수용할 수 있도록 일정을 바꾸는 것이 바람직하다.

Sample Responses

제시문 1
이슈: 여성 잡지들이 여성의 미에 대해 부당한 기대를 만들어내는가?
결론: 그렇다.
이유: 1. 우리가 잡지 표지에서 보는 미는 실제적인 것이 아니라 컴퓨터화된 것이다.

(뒷받침하는 이유들)

      a. 잡지 표지를 장식하는 여성들의 사진은 사진 속 여성들의 신체를 더 매력적으로 보이게 하기 위해 빛과 수치를 조작함으로써 디지털적으로 고양되었다.

      b. 여성들이 잡지 표지에 나타난 신체 특징을 모방하기가 불가능하다. 그들이 말 그대로 컴퓨터로 조작되었기 때문이다.

우리가 결론을 뒷받침하는 시스템을 찾고 있다는 것을 상기하라.

  자문할 것: 왜 이 사람은 여성 잡지가 여성의 미에 대해 부당한 기대감을 불러일으킨다고 주장하는가? 기술적 결론은 두 가지 이유에 의해 타당하다. 하나는 여성들의 사진이 여성 신체 수치에 변화를 줌으로써 표지에서 디지털적으로 고양되었다고 단언하는 것이고, 다른 하나는 이렇게 컴퓨터로 조작되어 고양된 신체를 여성들이 모방하기가 불가능하다고 단언함으로써이다. 이유를 뒷받침하는 지시어는 "연구에 의하면"이다.

제시문 2

이슈: 학교가 지역봉사 활동을 요구하는 것은 바람직한가?

결론: 아니다. 학교가 지역봉사 활동을 요구하는 것은 바람직하지 않다.

이유: 1. 강제된 자선은 말이 안 된다.

(뒷받침하는 이유들)

  a. 지역봉사 활동을 요구하는 것은 자기모순이다.
  b. 학생들은 지역봉사 활동이라는 개념에 분개할 것이고, 나중에는 그와 같은 일은 하지 않을 것이다.
  c. 학생들의 수행 수준이 높지 않을 것이다.
    1) 학생들은 수혜자에게 많은 이익을 주는 일을 하는 것이 아니라 그저 최소한의 일만을 할 것이다.
    2) 학생들은 자신들이 도와주는 사람들에게 무례할지도 모른다.

학교가 지역봉사 활동을 요구하는 것이 왜 바람직하지 않은가? 이 질문에 대한 대답이 저자의 이유이다. 첫 번째 이유는 예와 주장이 모여 뒷받침된다. 이들 모두는 강제된 지역봉사 활동이 모순임을 보여 준다. "게다가"는 두 번째 이유에 우리가 주목하도록 만드는 지시어이다.

CHAPTER
05

어떤 단어나 어구가 애매한가?

What Words or Phrases Are Ambiguous?

3장과 4장의 내용은 논증의 기본 구성요소를 확인하는 데 도움을 준다. 이 시점에서 저자나 화자의 결론과 이유를 알 수 있다면 여러분은 합리적인 결정이라는 궁극적 목적을 향해 빠르게 나아가고 있는 셈이다. 다음 단계는 이런 구조적 그림을 더 분명히 하는 것이다.

결론과 이유를 확인해내면 기본적인 구조를 알 수 있게 된다. 그러나 제시된 생각에 공정하게 반응하려면 먼저 이들 결론과 이유의 정확한 의미를 검토해야 한다. 이제는 언어의 세세한 표현에 특별히 주의할 필요가 있다.

핵심 단어(words)나 어구(phrases)의 정확한 의미를 파악하는 것은 다른 사람의 의견에 동의할지를 결정할 때 꼭 필요하다. 중요한 용어(terms)나 어구의 의미를 검토하지 않으면 저자가 의도하지 않은 의견에 반응할 수 있다.

의사 전달자가 사용하는 용어의 의미가 왜 그렇게 중요한지 살펴보자.

관광은 점점 통제할 수 없게 되고 있다. 관광이 경제에는 이익을 주겠지만 관광지와 그곳 주민에게는 해를 줄 수도 있다. 관광을 규제하기 위해서 더 많은 조치들이 필요하다. 관광객들이 원하는 것은 무엇이든지 계속해서 허용한다면 관광지 주민인 우리는 틀림없이 고통을 받을 것이다.

이 글의 저자가 염두에 두고 있는 규제의 종류에 대해 더 많이 알기 전에는 이 논증을 어떻게 생각해야 할지 판단하기가 매우 어렵다는 점을 주목하라. 저자가 말하는 규제가 관광객 할당제인가? 우리가 관광객에게 기대하는 일련의 행동 규칙인가? 관광객이 방문할 수 있는 지역에 대한 제한인가? 우리는 이 저자가 제시하는 규제에 대해 더 많이 알기 전에는 이 논증을 어떻게 생각해야 할지 모른다.

이 예는 중요한 점을 보여 준다. 핵심적인 용어와 어구의 (분명하거나 함축된) 의미를 이해하지 못한다면 논증에 반응할 수 없다. 핵심적인 용어와 어구가 어떻게 해석되는지가 추론을 어떻게 받아들일지에 영향을 준다. 따라서 이러저러한 결론을 어느 정도 받아들일지를 결정하기 전에, 우선은 결론과 이유의 정확한 의미를 발견해야 한다. 보통 그것들의 의미가 분명하게 보이기도 하지만, 종종 그렇지 않을 때도 있다.

의미를 발견하고 명확하게 하는 일에는 의식적이고 단계적인 절차가 필요하다. 이 장에서는 다음 질문에 초점을 맞추면서 그런 일련의 절차를 제시할 것이다.

❓ 비판적 질문: 어떤 단어나 어구가 애매한가?

말의 유연성이 야기하는 혼동

언어는 대단히 복잡하다. 각 단어가 우리 모두 동의할 수 있는 단 하나의 잠재적 의미만을 갖는다면 의사소통은 더욱 효율적으로 이루어질 것이다. 그러나 대부분의 단어에는 한 가지 이상의 의미가 있다.

자유, 외설, 행복과 같은 단어의 다양한 의미를 생각해 보자. 이 단어들의 다양한 의미는 논증의 질적 수준을 결정하는 데 심각한 문제를 초래할 수 있다. 예를 들어, 한 사람이 어떤 잡지가 외설적이기 때문에 출판해서는 안 된다고 주장한다면, 여러분은 이 사람이 사용한 "외설적"이라는 말의 의미를 알기 전에는 이 논증을 평가할 수 없다. 이런 간단한 논증에서 결론과 이유를 찾는 것은 쉽다. 하지만 외설적이라는 말이 애매하게 사용되었기 때문에 이 추론의 질적 수준을 판단하기가 어렵다. **경고**: 우리는 읽고 들을 때 종종 오해한다. 그것은 단어의 의미가 분명하다고 간주하기 때문이다.

읽거나 들을 때는 항상 애매성(ambiguity)을 찾도록 하라. 그렇지 않으면 요점을 놓칠 수 있다. 검토하는 논증의 맥락에서 용어나 어구의 의미가 너무 불확실해서 좀 더 명료해져야 우리가 추론의 적절성을 판단할 수 있을 때 그 용어나 어구가 애매하다고 할 수 있다.

애매한 표현 모두가 불명료하거나 부적절한 것이라고 볼 수는 없다. 사실 헌법 같은 문서들은 의도적으로 애매하게 표현되어 있다. 그런 문서들은 "자유"나 "무장하다"와 같이 핵심 용어 의미의 실제적 필요성에 따라 발전한다. 사실 의사 소통을 할 때 요점을 이해시키기 위해 말에 의존하기 때문에 애매성을 피할 도리는 없다. 그러나 논증에서 애매성은 피할 수 있고 피해야 한다. 어떤 사람이 우리가 무언가를 믿도록 또는 행하도록 설득하려 한다면, 우리가 추론의 가치를 고려하기 전에 애매할 수도 있는 표현을 분명하게 해야 할 책임은 그에게 있다.

핵심 용어와 어구 찾아내기

어떤 용어나 어구가 애매한지를 결정하는 첫 번째 단계는 진술된 이슈를 핵심 용어를 찾기 위한 실마리로 사용하는 것이다. 핵심 용어나 어구는 이슈의 맥락에서 하나 이상의 의미를 가질 수 있다. 즉, 용어는 여러분이 화자에게 동의하는지의 여부를 결정하기 전에 분명해져야 한다. 진술된 이슈에서 용어의 의미를 검토할 때의 장점을 몇 가지 예로 살펴보자.

1. 고소득이 행복을 낳는가?
2. 리얼리티 쇼는 우리가 어떻게 살아야 하는가에 대해 잘못된 그림을 만들어내는가?
3. 대학 기숙사에서 강간 사건이 증가하고 있는가?

주의: 애매성은 한 단어나 어구에 다양한 의미가 있을 수 있음을 가리킨다.

위에서 진술된 이슈에는 각 이슈에 대한 저자나 화자의 반응을 평가하기 전에 명확해져야 하는 어구가 포함되어 있다. "고소득", "행복",

"잘못된 그림", "강간 사건" 등이다. 따라서 이들 이슈에 반응하는 에세이를 읽을 때에는 저자가 이 용어를 어떻게 정의하는지에 주의를 기울여야 한다.

어떤 용어나 어구가 애매한지를 결정할 때의 다음 단계는 저자가 제시하는 이유들이 그의 결론을 얼마나 잘 뒷받침하는지를 결정하는 데 어떤 단어나 어구가 핵심적인 역할을 하는지 확인하는 것이다. 즉 추론 구조에서 핵심 용어를 확인하는 것이다. 이 용어를 알아내기만 하면 그것의 의미가 애매한지 알 수 있다.

핵심 용어나 어구를 찾을 때 그것을 왜 찾는지 명심해야 한다. 누군가가 여러분이 결론을 받아들이길 원하므로 여러분은 결론을 받아들이는 것에 영향을 주는 용어나 어구만을 찾을 것이다. 따라서 이유와 결론에서 그것들을 찾아라. 추론의 기본 구조에 포함되어 있지 않은 용어와 어구를 "여러분의 채로 걸러낼 수 있다."

핵심 용어와 어구를 찾아내는 데 유용한 또 다른 지침은 다음의 규칙을 명심하는 것이다. 단어나 어구가 추상적이면 추상적일수록 더 더욱 다양한 해석이 가능하다.

추상적이라는 용어를 분명하게 사용하기 위해 여기에서는 다음과 같이 정의한다. 한 용어가 특정하고 명확한 예시를 가리키지 못할수록 그 용어는 더 추상적이다. 따라서 평등, 책임, 포르노그래피, 공격 등의 단어는 "삶의 필수품을 평등하게 얻을 수 있음", "사건을 직접적으로 야기함", "남녀 성기 사진", "다른 사람에게 고의로 신체적 해를 입힘" 등의 어구보다 훨씬 더 추상적이다. 뒤의 어구들이 훨씬 더 구체적인 그림을 제시하며 따라서 덜 애매하다.

역할 바꾸기를 통해 중요하지만 애매할 수 있는 어구를 알아낼 수 있다. 여러분이 저자의 입장과 반대되는 입장을 취하려 한다면 어떤 용어나 어구를 다르게 정의할 것인지 스스로에게 물어 보라. 그 용어나 어구를 다르게 정의하게 된다면 여러분은 애매할 수 있는 가능성을 확인한 셈이다. 예를 들어, 미인 선발대회를 바람직하다고 생각하는 사람은 "여성을 비하하는"이라는 어구를 미인 선발대회를 바람직하지 않다고 생각하는 사람과는 매우 다른 방식으로 정의할 가능성이 있다.

> 핵심 용어가 될 수 있는 것을 찾기 위해 이슈를 다시 검토하라.
>
> 이유와 결론 내에서 결정적인 단어나 어구를 찾아내라.
>
> 추상적인 단어와 어구에 주의하라.
>
> 단어와 어구를 어떻게 다르게 정의할 수 있는지 판단하기 위해 역할 바꾸기를 해보라.

핵심 용어를 알아내기 위한 실마리 요약

애매성 검사하기

자, 여러분은 이제 애매한 용어나 어구를 어디에서 찾아야 할지를 알고 있다. 다음 단계는 각 용어와 어구에 초점을 맞추면서 스스로에게 "내가 그 의미를 이해하는가?"라고 질문을 던지는 것이다. 매우 중요한 이 질문에 대답할 때 몇 가지 주요 장애물을 극복해야 한다.

한 가지 장애물은 여러분과 저자가 같은 것을 의미한다고 가정하는 것이다. 따라서 저자의 마음을 읽는 "독심술"을 피하면서 시작해야 한다. "나는 네가 무엇을 의미하는지 알아"라고 생각하지 말고, "저것은 무엇을 의미하지?"라고 질문하는 습관을 들여야 한다. 두 번째 장애물은 한 용어가 단일하고 분명한 정의를 갖는다고 가정하는 것이다. 많은 용어들은 그렇지 않다. 따라서 "단어나 어구들 중 어떤 것이 다른 의미를 가질 수 있는가?"라고 항상 질문하라.

다음 테스트를 해보면 특별히 중요하지만 불분명한 용어를 확인할 수 있다. 한 용어에 대해 두 가지 이상의 대안적 의미를 표현할 수 있다면, 그 의미 각각이 논증의 맥락에서 말이 된다면 그리고 어떤 의미가 가정되는지가 이유가 결론을 뒷받침하는 정도에 영향을 준다면, 여러분은 중대한 애매성을 찾아낸 것이다. 따라서 중요한 애매성을 확인했는지 판단할 때 한 가지 좋은 테스트는 대안적 의미를 추론 구조 속에 대체시켜 보고, 한 이유가 결론을 뒷받침하는 데 의미의 변화가 차이를 낳는지 살펴보는 것이다.

비판적 질문 사용하기 (1)

여러분은 앞 단락에 주의해야 한다. 앞 단락은 애매성이 작동하는 것에 관해 비판적 질문을 던지기 위한 절차를 설명하고 있다. 그 절차를 따르기만 하면 한 추론이 왜 더 많은 작업을 필요로 하는지 자신이나 다른 사람에게 증명할 수 있을 것이다. 듣는 내용을 아무리 믿으려 애쓰더라도, 여러분은 비판적 사고를 하는 사람으로서 추론에 영향을 주는 애매성이 수정될 때까지 그 추론에 동의할 수 없을 것이다.

애매성 결정하기

의견을 전달하는 사람이 사용하는 핵심 용어가 불분명하게 남아 있는지를 판단하는 데 도움이 되도록 이제 위에서 제시된 힌트를 적용해 보자. **기억하라**: 우리가 이 연습을 하면서 "저자는 저것으로 무엇을 의미하는가?"라고 계속해서 질문하고 추상적인 용어에 특별히 주의를 기울여라.

우선 단순한 추론 구조로 시작하자.

아워브랜드(OurBrand) 수면제: 단 30분이면 대단한 효능을 발휘합니다.
이슈: 여러분은 어떤 수면제를 사야 좋을까?
결론(함축된): 아워브랜드 수면제를 사라.
이유: 30분이면 대단한 효능을 발휘한다.

"아워브랜드 수면제"와 "30분이면"이라는 어구는 아주 구체적이고 자명한 듯이 보인다. 그러나 "대단한 효능을 발휘한다"는 어떤가? 의미가 분명한가? "대단한 효능을 발휘한다"가 하나 이상의 의미를 가질 수 있는가? 그렇다. 그것은 약이 졸림을 유발할 수 있다는 의미일 수도 있고, 이 약이 다음날 일어나기 힘들 정도로 잠에 취하게 만든다는 의미일 수도 있다. 혹은 다른 많은 의미를 가질 수도 있다. 약이 대단히 잘 듣는다면, 즉 여러분이 원하는 대로 정확히 약이 작용한다는 점을 의미한다면 광고의 권유를 더 따르고 싶지 않겠는가? 따라서 광고에 포함되어 있는 애매성은 그 광고가 여러분을 설득하는 정도에 영향을 주기 때문에 중요하다.

광고는 종종 애매성으로 가득 차 있다. 의도적으로 애매성을 이용하여 자기 제품이 다른 경쟁사들 것보다 더 낫다고 여러분을 설득한다. 여기에 애매한 주장을 담고 있는 광고 예가 있다. 밑줄 친 단어나 어구에 대체할 수 있는 의미가 있는지 살펴보라.

노페인(No-Pain)은 강력한 진통제이다.
좋은 사람을 발견하고 관계를 유지하는 방법을 알려 주는 책이 마침내 나왔다.

각 경우 광고주는 여러분이 애매한 단어에 가장 매혹적인 의미를 부여하길 희망한다. 비판적 읽기는 나중에 후회할 수 있는 구매 결정을 하지 않도록 도와 준다.

이제 애매성에 관해 더 복잡한 예를 살펴보자. 이슈, 결론, 이유를 확인하는 것으로 시작해 보자. 모든 단어의 불분명한 의미를 메모하고 싶다는 유혹을 뿌리쳐라. 비판적으로 생각하는 사람에게는 일단은 추론 내에서의 애매성만이 핵심이다.

피부를 태우는 것에 엄격한 제한을 가해야 한다. 피부를 태우는 것은 심각한 결과를 가져올 수 있기 때문에 실제로 건강상 위험하다. 여러 연구에 의하면 피부를 태우는 사람들의 경우 피부 질환의 위험이 더 높다고 한다.

어떤 단어나 어구가 이 추론을 받아들이는 우리의 자세에 영향을 주는지 살펴보자.

첫째, 저자가 분명하게 정의해 주길 원하는 용어에 관한 이슈를 검토해 보자. 분명한 것은 저자가 "피부를 태우는 것"으로 무엇을 의미하는지를 나타낼 때까지 우리는 저자의 결론에 동의할지 여부를 결정할 수 없을 것이다. 피부를 태우는 것이 자연적으로 태우는 것을 말하는가, 아니면 인공적으로 태우는 것을 말하는가? 따라서 우리는 저자가 자신의 추론에서 피부를 태우는 것을 얼마나 분명히 정의했는지 검토해야 한다.

다음으로, 결론과 이유에서 나타나는 모든 핵심 용어와 어구를 열거해 보자. "피부를 태우는 것에 제한을 가해야 한다", "심각한 결과", "건강상 위험", "여러 연구에 의하면", "피부를 태우는 사람들의 경우 피부 질환의 위험이 더 높다", "피부질환" 등등. 이것들이 다른 의미를 가짐으로써 우리가 이 추론에 반응하는 방법에 차이가 생기는지 알아보자.

첫째, 저자의 결론은 애매하다. "피부를 태우는 것에 제한을 가한다"는 것이 정확히 무엇을 의미하는가? 사람들이 인공적으로 태우는 장치를 이용하지 못하게 하는 것인가? 아니면 피부를 태우는 시간의 양을 제한하는 것을 의미하는가? 화자나 저자에게 동의할지를 결정하기 전에 우선 그들이 우리에게 무엇을 믿도록 하고 싶은지 결정해야 한다.

다음으로 저자는 "피부를 태우는 사람들의 경우 피부 질환의 위험이 높다"고 주장한다. 우리는 이미 저자가 "피부를 태우는 사람들"로 무엇을 의미하는지 확신하지 못하게 된 이유를 말했다. 그런데 저자는 "피부 질환"으로 무엇을 의미하는가? 저자는 태양에 노출됨으로써 일어날 수 있는 가려움을 의미할 수 있다. 또는 피부암같이 심각한 것을 의미할 수도 있다. 저자가 여러분에게 피부 태우기의 위험성과 피부 태우기를 제한하자는 결론을 납득시키길 원한다면, 그가 문제로 제기하는 것이 이들 중 어느 것인지를 분명하게 아는 것이 중요하다. 이 어구들이 무엇을 나타내는지 마음속으로 그려 보라. 그렇게 할 수 없다면 이 어구들은 애매한 것이다. 만일 서로 다른 이미지들이 이유들에 대해 달리 반응하도록 만든다면, 여러분은 중요한 애매성을 발견한 것이다.

이제 위에 나열한 다른 어구들을 검토해 보라. 그것들 역시 분명해져야 하지 않겠는가? 저자가 이런 애매한 어구들을 분명하게 하지 않은 상태에서 여러분이 이 논증을 받아들인다면, 여러분은 동의한 것이 무엇인지를 이해하지 못한 셈이다.

맥락과 애매성

저자나 화자가 자신이 쓴 용어를 정의하는 일은 대단히 드물다. 따라서 애매한 진술의 의미를 결정할 때 전형적인 지침으로 작용하는 것은 애매한 단어들이 사용되는 맥락(context)이다. 맥락이란 저자나 화자의 배경, 특정한 논쟁 내에서 용어의 전통적인 사용법, 애매한 단어의 전후에 있는 단어와 진술을 의미한다. 이 세 가지 요소는 잠재적인 핵심 용어나 어구의 의미에 대한 실마리를 제공한다.

어떤 에세이에서 인권(human rights)이란 용어를 보게 된다면 즉시 "그것은 어떤 권리인가?"라고 자문해야 한다. 맥락을 검토한 후에 저자가 노르웨이 정부의 지도자 중 한 사람임을 안다면, 그가 염두에 두고 있는 인권이란 일할 권리, 무료 건강관리를 받을 권리, 적절한 주택을 취득할 권리 등이 유망한 후보일 것이다. 저자가 미국의 상원의원이라면 인권으로 아주 다른 것을 의미할 수도 있다. 그는 언론, 종교, 여행, 평화로운 집회의 자유를 염두에 둘 것이다. 인권에 대한 두 이해가 반드시 일치하는 것은 아니다. 한 국가가 한 형태의 인권을 보장할 수 있지만 동시에 다른 형태의 인권은 침해할 수 있다. 여러분은 맥락을 검토함으로써 그런 용어들을 명확하게 하도록 애써야 한다.

저자들은 가정해서 사용한 용어의 의미를 논증에 의해 분명하게 만든다. 다음 단락이 그 예이다.

놀이공원은 이용객 대부분을 매우 만족시켜 왔다. 조사에 응한 사람들 중 반 이상이 놀이공원에 매우 다양한 게임과 놀이기구가 있다고 생각했고, 조만간 놀이공원에 다시 올 것이라고 밝혔다.

"매우 만족시켜 왔다"라는 어구는 애매할 수 있다. 이 어구가 다양한 의미를 가질 수 있기 때문이다. 그러나 저자의 논증은 이 맥락에서

"매우 만족시켜 왔다"가 다양한 게임과 놀이기구가 있음을 의미한다고 분명하게 밝히고 있다.

이런 경우조차도 여러분은 이 놀이공원에 놀러가기 전에 좀 더 분명한 것을 원할 것이다. "다양한 게임이 있다"는 것은 애매하기 때문이다. 얼마나 많은 탈것이나 게임이 있는지, 그것들이 어떤 것인지를 알고 싶지 않겠는가? 다양한 게임이 있을 수 있지만, 그것 모두가 유행에 뒤진 것이거나 더 이상 인기가 없는 것일 수도 있기 때문이다.

비판적 질문 사용하기 (2)

애매성에 초점을 맞추는 비판적 질문은 추론에 동의하지 않을 수 있는 공정한 토대를 제공한다. 여러분과 여러분을 설득하려고 애쓰는 사람이 추론에서 핵심 용어의 의미를 달리 사용한다면, 여러분은 주어진 추론을 받아들이기 전에 먼저 그러한 불일치를 제거해야 할 것이다.

핵심 용어와 어구의 의미를 결정하려면 맥락을 주의 깊게 검토하라. 의미가 불확실하게 남아 있다면, 여러분은 중요한 애매성을 알아낸 것이다. 의미가 분명한데도 여러분이 그것에 동의하지 않는다면, 그 용어나 어구를 포함하고 있는 어떤 추론에도 주의하는 것이 좋다.

애매성과 정의 그리고 사전

애매성을 알아내고 분명하게 하려면 단어의 여러 의미를 알아야 한다는 점이 앞서의 논의에서 분명해졌을 것이다. 의미는 일반적으로 다음 세 가지 중 한 형태를 띤다: 동의어와 예, 그리고 우리가 "특정한 기준에 의한 정의(definition)"라고 부르는 것. 예를 들어, 불안에 대해 최소한 세 가지 다른 정의가 제시될 수 있다.

1. 불안은 안절부절 못하는 느낌이다. (동의어)
2. 불안은 후보가 선거 결과를 보기 위해 텔레비전을 켤 때 경험하는 것이다. (예)
3. 불안은 자율신경계의 민감성 증가에 동반되는 주관적인 불쾌함이다. (특정한 기준)

논란의 여지가 있는 대부분의 이슈를 비판적으로 평가하는 상황에서 동의어와 예는 적절치 않다. 그들은 용어를 분명하게 이해하는 데 핵심적인 특징을 알려 주지 못한다. 유용한 정의는 언제 그 용어가 사용되는지 기준을 명확히 밝히는 것이다. 그리고 구체적일수록 더 좋은 정의이다.

여러분은 정의를 알아내기 위해 어디에 의존하는가? 한 가지 분명하고 아주 중요한 원천은 사전이다. 그러나 사전의 정의는 종종 동의어나 예 또는 사용상의 기준에 대한 불완전한 명시들로 이루어져 있다. 이런 정의는 에세이에서 사용된 용어를 적절하게 정의하지 못하는 경우가 많다. 그런 경우에는 제시된 글의 맥락에서 또는 그 주제에 관해 알고 있는 그 밖의 다른 것에서 가능한 의미를 발견해야 한다. 여러분은 사전을 바로 쓸 수 있도록 가까이에 두는 것이 좋다. 그러나 적절한 정의가 항상 사전에 있는 것은 아님을 명심하라. 사전적 정의가 부적절한 경우를 좀 더 자세히 살펴보자.

이 대학의 교육의 질은 떨어지고 있는 것이 아니다. 내가 학생과 교수들을 인터뷰했을 때 그들 중 대다수는 이 대학의 교육의 질이 떨어지고 있다고 생각하지 않는다고 응답했다.

위 단락에서 "교육의 질"이 무엇을 의미하는지를 아는 것이 단연 중요하다. 사전에서 질이라는 단어를 찾아본다면 그 단어에 많은 의미가 있는데, 위 맥락에서 가장 적절한 것은 탁월함과 우월함임을 알게 될 것이다. 탁월함과 우월함은 질의 동의어이다. 게다가 이것들은 똑같이 추상적이다. 여러분은 여전히 탁월함이나 우월함이 무엇을 의미하는지 정확히 알 필요가 있다. 교육의 높은 질, 즉 탁월성은 어떻게 알 수 있는가? 이상적으로는 저자가 "교육의 질"이라는 어구로 어떤 행동을 가리키는지를 정확히 말해 주길 원할 것이다. 이 어구가 정의될 수 있는 다른 방법을 생각할 수 있는가? 다음의 목록은 교육의 질에 관한 가능한 몇몇 정의를 제시해 준다.

학생들의 평균 성적
학생들이 비판적으로 생각할 수 있는 능력

박사 학위를 가진 교수의 수

시험을 통과하기 위해 일반적으로 필요한 공부의 양

　　이들 정의 각각은 교육의 질을 측정하는 다른 방법을 제시한다. 각각은 다른 기준을 명시하고 있다. 각각은 교육의 질이라는 용어가 사용될 수 있는 구체적인 방법을 제시한다. 이 정의들 각각이 여러분이 저자의 추론에 동의하는 정도에 영향을 주리라는 점 또한 주목하라. 예를 들어, 여러분이 "교육의 질"이란 학생들이 비판적으로 생각할 수 있는 능력을 의미한다고 생각하는 반면, 인터뷰에 응한 대부분의 학생들은 이 용어를 시험을 통과하기 위해 얼마나 많은 양의 공부가 요구되는지로 정의한다면, 그 이유가 결론을 반드시 뒷받침하는 것은 아닐 것이다. 시험은 비판적으로 생각할 능력을 요구하지 않을 수도 있기 때문이다.

　　따라서 많은 논증에서 여러분은 적절한 사전적 정의를 발견할 수 없을 것이고, 맥락은 그 의미를 분명하게 만들지 못할지도 모른다. 가능한 대안적 의미를 발견하는 한 가지 방법은 단어들이 표현하는 것을 마음속으로 창조해 보는 것이다. 그렇게 할 수 없다면, 아마도 중요한 애매성을 확인한 셈이다. 이 테스트를 다음 예에 적용해 보자.

　　우리 회사에는 능력 있는 일꾼이 많습니다. 당신이 우리 스태프에 참여한다면 추가 혜택은 물론 우리가 논의한 비율로 보수를 받으며 일을 즉시 시작할 수 있습니다. 저는 당신이 직업을 결정할 때 이 모든 요소를 고려하길 바랍니다.

이것은 분명히 누군가가 어떤 일자리를 선택하도록 설득하는 논증이다. 그 이유는 봉급과 "추가 혜택"이다. 여러분은 "추가 혜택"에 관하여 단 하나의 분명한 심상을 떠올릴 수 있는가? 우리 각자는 그런 관념을 가지고 있지만, 그 관념이 동일할 가능성은 대단히 낮다. 실제로 그 관념은 상당히 다를 수 있다. "추가혜택"이 의료보험이나 새로운 별도의 사무실을 가리키는가? 이 논증을 평가하려면 저자가 "추가 혜택"으로 의미하는 것에 대해 좀 더 알아야 할 것이다. 따라서 우리는 중요한 애매성을 알아낸 셈이다.

애매성과 감정이 실린 언어

당신이 생각하기에 어느 것이 더 사회에 위협적인가, <u>지구 온난화</u>인가 <u>기후 변화</u>인가?
<u>세금 감면</u>보다 <u>면세</u>에 찬성표를 던질 것인가?
<u>부동산세</u>보다는 <u>상속세</u> 감면에 찬성표를 던질 것인가?

연구에 따르면 사람들은 밑줄 친 단어들처럼 비슷한 의미를 가져도 다른 정서적 반응을 하는 것으로 밝혀졌다. 미국 시민들은 감세보다 면세에 더 긍정적인 반응을 보이며, 재산세보다 상속세의 감세를 지지하는 것 같다. 선택된 단어와 구절에 대해 정서적으로 다르게 반응하는 것은 우리가 논쟁에 어떻게 반응하는지에 크게 영향을 준다.
단어와 구절은 외적 그리고 내적 의미 둘을 모두 가진다. 외적 의

미는 그 단어의 사용에서 동의한 분명한 서술적 지시물을 가리키며, 우리가 지금까지 이 장에서 강조해 온 것과 같은 종류의 의미이다. 그러나 또 다른 중요한 의미가 있다. 그것에 당신이 주목할 필요가 있다. 내적 의미란 우리가 단어 또는 구절에 대해 갖는 정서적 연관을 말한다. 예를 들면, "세금을 올린다"는 구절은 사람들에게 비슷한 외적 의미를 주지만 각각의 의미는 아주 다른 정서적 반응을 촉발한다. 강한 정서적 반응을 촉발하는 단어는 감정 단어(loaded terms)라고 불린다. 그런 단어들은 그것이 갖는 서술적 의미 이상으로 우리를 끌고 간다. 그런 단어들은 비판적 사고에는 부적절하다. 왜냐하면 그런 단어들은 생각은 단번에 하게 만들고 마음을 바로 정서적 회로로 연결해서 서술적 의미 회로를 지나치게 만든다.

모호함이 언제나 문제가 되는 것은 아니다. 당신을 설득하려는 사람들은 자주 단어들이 여러 가지 의미를 갖는다는 것을 안다. 나아가서 그들은 그런 의미 중 어떤 것은 강한 정서적 무게를 지닌다는 것을 안다. 희생(sacrifice) 그리고 정의(justice) 같은 단어들은 여러 가지 의미를 지니며, 어떤 의미는 그 의미들이 우리에게 특정한 감정을 자극하는 분위기에 빠지게 한다. 언어를 사용해서 우리를 정서적으로 이끌려는 사람들은 이러한 가능한 감정을 이용할 수 있다. 그들은 언어를 사용해서 아이디어에 대해 우리의 긍정적인 정서적 반응을 높이거나 또는 우리의 부정적인 정서적 반응을 만들어 식혀 버릴 수도 있다.

정치적인 언어는 종종 감정을 담고 있으며 애매하다. 예를 들면, 복지는 때로 정부가 우리가 좋아하지 않는 사람들을 도와주는 상황을 가리킬 때 구사하는 용어이다. 우리가 좋아하는 집단이 정부로부터 도움을 받을 때는 그것을 보조금이라 부른다.

애매성을 어느 정도 분명히 할 수 있는가

애매성을 확인하고 분명히 하려고 한 후에도 일부 핵심 생각의 의미가 여전히 불확실하다면 어떻게 해야 할까? 이 경우에 합당한 다음 단계는 무엇인가? 어떤 이유가 애매하여 그것을 받아들여야 할지 판단할 수 없다면 무엇이든지 무시하는 게 좋다. 여러분은 적극적인 학습자로서 애매성을 분명하게 할 질문을 던질 책임이 있다. 그러나 그 책임은 거기에서 끝난다. 여러분에게 무언가를 확신시키려 노력하는 사람은 바로 저자나 화자인 것이다. 그들이 설득자로서의 역할을 다 하려면 애매성에 대해 여러분이 우려하는 것에 대답해야 한다.

　불분명한 생각이나 선택지들에 반응할 필요는 없다. 친구가 여러분에게 어떤 수업이 "정말로 다르기" 때문에 그 수업에 등록해야 한다고 말하면서도 그 수업이 어떻게 다른지를 말하지 않는다면, 여러분은 그 조언에 동의하거나 반대할 아무런 근거가 없다. 누구라도 자신의 추론에 대해 분명한 그림을 제시할 수 없다면 신뢰 받을 자격이 없다.

애매성과 글쓰기 및 말하기

당신이 친구와 "너는 모를 거야. 너희 가족은 충분히 잘 살고 있어"라는 결론적인 말을 두고 적극적인 토론 중에 있다고 상상해 보라. 이 장을 다 읽고 나면 당신은 잘 산다는 그 말이 감정 단어이며 모호함으로 가득 차 있다는 것을 알게 것이다. 그 말을 사용하는 사람들은 모두 각자 자신의 문화, 이데올로기 그리고 경험적 의미를 그 말에 붙일 것이다. 막 새로 귀화한 난민자 가족에게는 잘 산다는 말이 정기적인 직업과 기본 욕구를 충족시키는 능력을 의미할 것이다. 또 다른 사람에게 그 말은 안정적인 봉급자를 의미할 것이고, 또 다른 사람에게는 연간 수입이 수백만 달러 이상의 의미일 것이다. 이 말이 갖는 수많은 의미와 함께 왜 진정한 대화가 어려운지를 잘 알 수 있다. 대화 중에 두 사람은 최소한 잠재적인 모호함을 즉각 들고 나와 토론을 더 진행하기 전에 의미의 모호함을 분명히 해야 한다. 작가에게는 그렇지 않다.

랩탑을 가지고 스스로 말동무가 되어 혼자서 글을 쓸 때 당신은 큰 도전을 맞게 된다. 혼자서 글을 쓸 때는 어떤 정의가 스스로 그러하다고 믿는 유혹을 넘어서야 한다. 당신은 문화, 경험, 이데올로기의 엄청난 다양함을 극복해야 한다는 것을 잊어버리기 쉽다. 이런 다양함은 단어의 의미에 여러 층을 만든다. 당신이 이런 어려움을 넘도록 돕기 위해서 우리는 몇 가지 제안을 한다.

항상 모호함에서 눈을 떼지 마라

뛰어난 작가는 명확한 것을 추구한다. 그들은 자신이 말하고 싶어 하는 것을 여러 번 검토하고 혹시나 모호하지 않은지 살펴본다. 작가에게는 의미가 분명하기 때문에 독자에게 분명하지 않은 것을 찾아내기는 쉽지 않다.

이런 작업에서 도움을 받기 위해 역할 바꾸기(reverse role-playing)를 적용해 보라. 이 과정은 우리가 앞에서 다루었던 것이다. 잠재적 모호함이 걱정되면 역할 바꾸기를 해보면 창조적이 될 수 있는 기회가 온다. 다른 문화에서 왔거나 다른 정치적 이데올로기를 가진 사람의 마음의 틀을 받아들여 보라. 다른 사람의 관점에서 당신의 주장을 살펴보면 전에는 알지 못했던 모호한 점을 알게 된다.

당신의 처음 연구에서 우리는 당신이 주제를 대중적이고 학문적인 출판물에서 계속 토론하기를 요구했다. 당신의 주요 구절이 모호한지 검사하는 또 다른 방식은 이 연구로 되돌아오는 것이다. 작가들은 특별한 단어에 대해 계속 논쟁하거나 혹시 같은 단어를 다르게 사용하는가? 어떤 단어에 대한 논쟁을 알아내면 당신의 쓰기 프로젝트를 확인하라. 그 단어나 비슷한 단어를 사용했는가? 그렇다면 이제 당신이 그 단어를 어떻게 사용하는지 분명히 말할 때 조심해야 한다는 것을 알게 되는 것이다.

글쓰기가 완전히 혼자서 하는 작업일 필요는 없다. 당신의 주요 단어가 분명하다고 간주하는 것을 피할 수 있는 우리의 마지막 제안은 대화를 시작하는 것이다. 당신의 결론과 이유들을 친구나 동료같이 다른 사람들과 공유하는 것이다. 그들에게 질문을 하게 하라. 그리고 그들이 그 단어를 당신과는 아주 다르게 사용하는지를 관찰하라.

잠재적 모호성이 분명해졌는지를 결정하기 전에 청중들을 잠시 생각해 보라. 어떤 청중들은 일련의 생각과 언어를 공유할 것이다. 당신이 토크(torque)라는 단어를 물리학자와 같이 사용한다면 그 단어는 특별하게 잘 알려진 정의, 즉 특별하고 측정가능한 힘의 한 유형이 될 것이다. 당신이 같은 단어를 모터사이클 열광자 그룹과 사용한다면 그 단어는 또 다른 특별하고 관련된 의미를 가질 것이다. 이들과는 그 단어가 싸이클 엔진의 힘이라는 아주 제한된 의미가 될 것이다. 한 모터싸이클 선수가 자기 바이크의 장점을 다른 선수에게 설명할 때 이 말의 의미를 설명할 필요는 없다.

청중의 특성을 생각하면 모호함을 분명히 해야 할지 결정하는 데 도움을 준다. 글쓰기가 특별한 청중을 대상으로 한다면 그들은 전문용어 또는 특별한 약어를 충분히 이해할 것이다. 물론 일반 청중에게는 아주 모호하지만 말이다. 이 말은 공동작업을 하는 과정에도 적용된다. 예를 들어, 고급 심리학 세미나에서 심리분석이나 회귀분석(regression)을 이런 공동 작업에 참여하지 않은 청중에게 하듯이 머리 아프게 정의 내릴 필요는 없다.

이와 달리 글쓰기가 일반 청중을 대상으로 한다면 그들은 전문용어를 알지 못하므로 당신은 아주 빨리 독자를 잃어버리게 되고 다시는 그들의 관심을 끌지 못하게 될 것이다.

일단 어떤 단어가 논쟁에서 모호하다는 생각이 들면 당신은 그것을 분명히 해야 한다. 당신의 결론과 이유를 그들에게 강요할 것이 아니라 청중이 그와 같은 결론과 이유에 반응하도록 해야 한다. 표현의 모호함이 걱정되면 단어들을 주의 깊게 정의하라.

Practice Exercises

❓ 비판적 질문: 어떤 단어나 어구가 애매한가?

다음 제시문에서 애매성의 예를 확인하라. 그 예가 왜 추론을 손상시키는지 설명하라.

제시문 1
학교의 복장 규정은 집중이 요구되는 학습 환경을 해치는 복장을 제한하는 것이다. 한 아이가 부적절한 옷을 입는다면, 이는 다른 학생들의 주의를 산만하게 할 수 있다. 학교에서 복장 규정을 정하는 것은 표현의 자유를 침해하는 것이 아니다. 교복을 필수적으로 착용하라는 규정과는 달리 복장 규정은 부적절하다고 생각되지 않는다면 학생들이 복장을 선택할 수 있도록 허용한다.

제시문 2
초등학교에서는 전자 교과서가 종이 교과서를 대신해야 한다. 전자 교과서의 사용을 찬성하는 사람들은 전자 교과서가 비용이 적게 들고 시간을 절약하고 공간을 적게 차지한다고 주장한다. 예를 들어, 전자 교과서는 종이 교과서보다 비용이 적게 들고 인쇄와 종이 사용량을 절약하여 환경에 긍정적으로 작용한다. 게다가 캘리포니아에서 수행된 한 연구에 따르면 상호작용하는 전자 교과서를 사용한 학생들의 성적이 종이 교과서로 공부한 학생들보다 표본조사에서 훨씬 더 높은 점수를 받았다고 한다.

제시문 3

정부는 미국으로 오는 이민을 극적으로 줄일 필요가 있다. 미국은 이미 인구 과잉이며 우리는 그 결과로 높은 실업과 심각한 수질 오염과 같은 것에 고통받고 있다. 또한 이민은 우리 미국 문화를 위태롭게 한다.

Sample Responses

제시문 1에 대해 우리의 샘플 응답은 비판적 사고 과정의 깊이 있는 "소리내어 생각하기"(thinking aloud) 모델을 공유한다. 이것은 이번 장과 앞 두 장에서 서술한 것이다.

제시문 1

- 혹시 이 제시문이 어떤 심각한 모호함을 갖는다면 "비판적 사고력 연습"(ARQ)은 내가 그것을 이슈, 결론 혹은 이유에서 발견할 것이라고 했다. 그래서 나의 첫 걸음은 논증에서 그것들을 발견하는 것이 될 것이다. 이슈도 결론도 제시문에서는 분명하게 기술되지 않았다. 어떤 지시어도 없었다. 나는 이슈와 결론을 확인하기 위해 다른 도구를 사용해야 했다. 이슈를 찾기 위해 ARQ는 "저자는 무엇에 반응했는가?"라고 물으라고 했다. 나는 복장 규정(Dress codes)이라고 추측한다. 복장 규정은 좋은 아이디어인가? 그렇다. 그래서 나는 그 아이디어를 하나의 질문으로 표현할 것이다. "학교는 복장 규정을 갖추어야 하는가?" 이 제시문에 나온 모든 문장은 나를 확신시켜서 우리가 복장 규정을 갖추어야 하고 그래서 결론은 다음과 같아야 한다. "예, 학교는 복장 규정을 갖추어야 한다."

- 이유를 찾도록 나를 도와주는 지시어는 없었다. 그래서 나는 다른 무엇을 할 것이다. 이유를 찾기 위해 나를 저자의 입장에 놓을 필요가 있다. 그리고 묻는다. "왜 학교는 복장 규정을 갖추어야 하는가?" 제시문에서 두 가지 이유를 찾을 수 있다. 첫째는 부적절한 복장은 학습을 방해한다. 둘째는 복장 규정은 표현의 자유를 침해하지 않는다.

- 이제 나는 그 논증을 가장 기본적인 요소로 분해하였으므로 분명한 모

호성을 찾는 과정을 시작할 수 있다. 이슈, 결론, 이유에서 사용한 핵심 단어, 구절을 확인하는 것에서부터 시작할 것이다. 왜냐하면 이들 단어와 구절은 그 논증에 핵심이기 때문이다. 그들은 문맥 안에서 하나 이상의 그럴듯한 의미를 가질 것이다. 예를 들면, 그들은 추상적인 단어 또는 감정 언어일 수도 있다. "부적절한 복장"이란 분명히 그 논증에서 중요한 요소이다. 그리고 저자는 나에게 무엇이 부적절한 것인지 전혀 말하지 않았다. 나는 그 단어에 대해 또 다른 의미가 있지 않을까 의심한다.

- "부적절한 복장"이란 내가 아는 한 해롭거나 모욕을 주는 복장이다. 나 역시 그런 것은 학교에서 금지할 것이다. 사람들을 놀리는 티셔츠는 완전히 부적절한 것이다. 그것은 나에게 분명하다. 물론 ARQ는 내가 어떤 단어의 정의를 그렇지 않음에도 불구하고 분명한 것으로 생각한다고 말했다. 그래서 나는 계속 질문해야 한다. 이 구절은 다른 의미를 가지는가?

- ARQ가 제안한 하나의 해결책은 외설과 책임감 같은 추상적인 단어에 관심을 두는 것이다. 이런 단어들은 추상적이고 또한 모호하다. 왜냐하면 그런 단어들은 우리에게 특정한 정의나 일정한 기준을 주지 않는다. 부적절이라는 말 역시 이 질문에서 비슷하게 특별한 정의나 기준을 갖지 않았다. 저자는 부적절이라는 말이 티셔츠에 새긴 해로운 문장을 의미한다고 말하지 않았다. 나는 그런 티셔츠가 부적절하다고 생각하기 때문에 단지 그런 의미일 거라고 추정한다. 저자는 부적절이라는 말이 일정한 길이의 스커트이거나 바지를 내려 입어서 팬티가 보일 정도라는 의미의 말을 하지 않았다. 그 말은 내가 원래 생각했던 것보다 덜 분명해지기 시작했다.

- 더 확실하게 하기 전에 나는 역역할극을 제안해 보고 싶다. 이 결론을 반대하는 사람은 부적절한 복장이라는 말을 어떻게 정의할까? 이 논증에 반대하는 사람은 아마도 복장 규정은 표현의 자유를 방해한다고 주장할 것이다. 학생들은 복장으로 무엇을 표현하고자 하는가? 정치적 메시지가 가끔

티셔츠에 보인다. 나는 10대들이 전쟁 반대 주장이나 그들이 지지하는 대통령 후보의 주장을 새긴 티셔츠를 입는 것을 보았다. 복장 규정 반대자들은 아마도 학생들이 중요한 이슈에 대한 의견을 낼 권리를 거부당할까봐 두려운 것이다.

- 자, 이제 나는 꽉 잡혔다. 저자가 사람들의 마음을 상하게 하는 메시지를 티셔츠에 새긴 것을 말한다면 나는 그 의견에 동의한다. 그건 것을 못하게 하자. 그러나 저자가 학생들이 정치적인 의견을 말할 능력을 제한하는 것이라면 나는 강하게 반대한다. 나는 이 이슈에 대해 모호함이 해결될 때까지 결론을 내릴 수 없다.

제시문 2

주제: 초등학교에서 전자 교과서가 종이 교과서를 대체해야 하는가?
결론: 그렇게 해야 한다.
이유: 1. 전자 교과서가 값이 더 싸다.
　　　2. 종이를 사용하지 않으므로 더 환경친화적이다.
　　　3. 표준 시험 성적은 학생들이 종이 교과서보다 전자 교과서를 사용할 때 더 높다.

어떤 단어와 구절이 또 다른 의미를 가지고 있어 우리를 학교위원회 모임에 달려갈 정도로 바꿀수 있을까? 그 모임에서는 학생들이 종이 대신 전자 기기를 사용해야 한다고 주장하는 모임이다. 먼저 "비용이 적다"라는 문장부터 보자. 이 주장은 처음 비용을 말하는 것인가 아니면 나중 비용까지 말하는 것인가? 다른 말로 하면 전자 기기는 종이 교과서만큼 오래 가는 것인가? 다음은 전자 기기는 "종이를 적게 사용한다"고 들었다. 우리에게 전자 기기를 주장하는 사람은 단순히 종이 교과서는 종이로 만들었고 전자 기기는 아니라는 의미인가? 그 주장은 맞는 말이다. 혹은 "적게"라는 말이 학교에서 전자 기기를 사용한 이후 일어나는 추가적인 프린트물까지 고려하더라도 전자 기기는 종이를 적게 사용한다는 말인가? 만약 나중의 의미라면 비용 논쟁은 더 강해진다.

CHAPTER
06

가치 가정과 기술적 가정은 무엇인가?

What Are the Value and Descriptive Assumptions?

누군가가 여러분이 특정한 입장을 믿도록 납득시키려 한다면 그는 그 입장과 일관된 이유를 제시하려 할 것이다. 그러므로 거의 모든 논증은 얼핏 보면 "말이 통하는" 것 같다. 겉으로 보이는 구조는 훌륭해 보인다. 그러나 겉으로 보이는 진술된 이유가 결론을 증명하거나 뒷받침하는 유일한 생각인 것은 아니다. 숨어 있거나 진술되지 않은 믿음도 논증을 이해하는 데 중요할 수 있다. 다음의 짧은 논증을 통해 진술되지 않은 생각이 중요함을 검토해 보자.

> 쓰레기 무단투기에 대해 책임을 지우도록 지역의 법 집행을 강화할 필요가 있다. 분명히 사람들은 솔선해서 그 법을 따르지는 않을 것이다. 따라서 시 경찰은 무언가를 해야 한다. 어떻게 강제 없이 변화를 기대할 수 있는가?

이 글에서 언뜻 보면 이유는 결론을 지지한다. 시가 시민들의 행동이 변하기를 기대한다면, 법 집행을 통해 강제로 변화시켜야 한다는 것이다. 그러나 주어진 이유가 참일 수도 있지만 결론을 반드시 뒷받침하는 것은 아니다. 만일 쓰레기 무단투기에 책임을 져야 하는 것이 정부의 집단적 책임이 아니라 개인의 책임이라고 믿는다면 어떻게 되는가? 그렇다면, 그러한 관점에서는 위의 이유가 더 이상 결론을 뒷받침하지 않는다. 저자는 당연하게 여기지만 진술하지 않은 생각에 여러분이 동의할 경우에만 이 추론은 설득력이 있을 것이다. 이 경우 당연시되는 한 생각은 집단의 책임이 개인의 책임보다 더 바람직하다는 것이다.

모든 논증에는 저자가 당연시 하는 생각이 있기 마련이다. 보통 이런 생각이 진술되지는 않는다. 여러분은 행간을 읽으면서 그것을 찾아야 한다. 이 생각은 추론 구조에서 보이지 않는 중요한 연결 요소로서 전체 논증을 하나로 묶어 주는 접착제이다. 여러분이 이 연결을 밝혀내야 논증을 진정으로 이해한 것이다.

숨겨진 연결을 놓친다면 좀 더 숙고했더라면 받아들이지 않았을 어떤 것을 믿게 될 것이다. **기억하라**: 논증을 제시하는 사람은 여러분이 그 논증을 여러분 자신의 것으로 삼도록 유도하기 때문에 겉으로 드러나 보이는 부분은 거의 항상 최선의 옷으로 치장되어 있다. 이 장은 논증의 유혹적인 특징뿐만 아니라 논증 전체를 볼 수 있도록 해주기 때문에 비판적 사고에 특히 도움이 될 것이다.

또 다른 사례로서, 왜 이 책에 포함된 기술과 태도를 숙달하기 위해 열심히 공부해야 하는지를 생각해 보라. 비판적 사고를 배우지 않는 것이 오히려 나을 수 있는 많은 이유들이 있다. 무엇을 생각하고 무엇을 해야 할지 결정할 때 신중한 사고는 자신감 넘치는 전문가에게 물어보는 것이나 동전을 던지는 것과 같은 의사결정 방법보다 더 까다롭다.

그러나 이 교재는 비판적 사고를 배울 것을 권장하며, 그것이 여러분에게 도움을 줄 것이라고 말한다.

우리의 조언은 보이지 않는 어떤 믿음에 토대를 두고 있다. 여러분이 그런 믿음을 공유하지 않는다면, 우리의 조언을 따르지 않는 것이 좋을 것이다. 비판적으로 사고하는 사람은 자율성, 호기심, 분별심이 인간이 지향하는 것들 중 가장 중요한 것이라고 믿는다. 비판적 사고를 체득한 사람은 다양한 관점에 열려 있는 태도를 취하면서 그 관점을 이성적으로 평가한 후에 어떤 것을 믿을지, 어떤 행동을 취할지를 결정하는 사람이다. 우리는 여러분이 그런 사람을 좋아하고, 결과적으로 여러분이 비판적으로 생각하는 사람이 되고 싶어하리라 믿는다.

여러분의 과제는 마술사가 속임수를 어떻게 썼는지를 보지 않고서도 그 속임수를 재생산해내야 하는 많은 방법과 유사하다. 여러분은 손수건이 모자 속으로 들어가 토끼로 변해 나오는 것을 보기는 하지만 마술사의 숨겨진 기교를 알지는 못한다. 그 속임수를 이해하려면 기교를 발견해야 한다. 마찬가지로 논증에서도 숨겨진 기교를 발견해야 한다. 그 기교는 실제로는 진술되지 않은 생각이나 믿음이다. 진술되지 않은 이러한 생각을 우리는 가정(assumption)이라 부를 것이다. 논증을 완전히 이해하기 위해서는 가정을 확인해야 한다. 가정은,

1. (많은 경우) 숨겨져 있거나 진술되지 않고
2. 당연하게 여겨지며
3. 결론을 결정하는 데 영향을 끼치면서
4. 속임수일 수 있다.

이 장에서는 가정을 발견하는 방법을 알게 될 것이다. 가정을 확인하는 과정은 추론에 긍정적인 영향을 끼치지만 그것 이상으로 가치가 있다. 비판적 사고는 여러분의 이슈와 동일한 이슈에 관심을 갖고 있는 다른 사람들과 반드시 관계된다. 다른 사람들과의 상호작용에서 가정을 확인하고 그것을 분명하게 드러내는 경우 여러분은 공동체에서 이루어지는 추론의 질에도 엄청난 기여를 하게 된다.

❓ 비판적 질문: 가정은 무엇인가?

가정을 확인하기 위한 일반적 지침

가정을 찾을 때 어디에서 어떻게 찾아야 하는가? 책, 토론, 기사 어디에든 많은 가정이 존재한다. 그러나 여러분이 관심을 가져야 하는 가정은 상대적으로 적다. 기억하겠지만 논증에서 겉으로 드러나는 구조는 이유와 결론으로 이루어져 있다. 따라서 여러분은 이 구조의 질에 영향을 주는 가정에만 관심을 가질 것이다. 가정을 찾는 일을 여러분이 이미 확인하는 법을 배운 구조에만 한정할 수 있다.

특히 가정을 찾을 수 있는 곳은 두 군데이다. 결론을 뒷받침하는 이유(들)에 필요한 가정(연계 가정)을 찾고, 이유가 참이기 위해 필요한 가정을 찾아라. 우리는 우선 규범적 논증에서 크게 영향을 끼치는 가정, 즉 가치 가정을 소개하겠다.

> 주의: 이유에서 결론으로 옮겨가는 과정에서 가치 가정을 찾아라.

이유와 결론은 중요한 애매성을 찾는 장소이기도 하다. 다시 한 번 우리는 말과 글에서 이유와 결론의 중요성에 관심을 가질 것이다.

> **주의:** 가정은 겉으로 드러난 추론을 뒷받침하는 진술되지 않은 믿음이다.

가치 갈등과 가치 가정

매우 분별 있는 일부 사람들은 임신중절이 살인이라고 외친다. 하지만 똑같이 분별 있는 다른 사람들은 임신중절을 인간적이라고 생각한다. 그 이유는 무엇인가? 여러분은 왜 미국의 모든 역대 대통령들이 자신들의 정치적 신념과는 상관없이 공개하고 싶지 않은 정부 정보를 발표하는 문제에 대해 언론과 논쟁하게 되었는지 궁금한 적이 있는가? 지성적인 사람들은 성적으로 노골적인 잡지의 발행을 어떻게 공격할 수 있는가? 반면 다른 사람들은 이런 출판을 권리장전이 명시한 권리라고 어떻게 옹호할 수 있는가?

이처럼 결론이 서로 달라지는 매우 중요한 이유 중 하나는 가치 갈등이 존재하기 때문이다. 윤리적이거나 규범적인 논증의 경우 한 개인의 가치는 자신이 제시하는 이유에 영향을 주고 결과적으로 결론에 영향을 끼친다. 사실, 이유들은 가치 가정이 추론에 추가되는 경우에만 결론을 논리적으로 뒷받침할 것이다. 아래의 짧은 논증은 규범적 논증에서 가치 가정의 역할을 보여 준다.

기분전환용 약물을 합법화해서는 안 된다. 불법 약물은 너무나 많은 길거리 폭력과 범죄를 낳는다.

가치 가정은 이런 논증에서 매우 중요한 가정이다. 이것이 장막 뒤에서 추론의 방향을 정해 주기 때문이다. 여러분과 의사소통을 하려고 하는 사람은 이런 가정을 알 수도 있고 모를 수도 있다. 여러분은 이유가 토대로 삼고 있는 가치 가정을 확인하는 습관을 키워야 한다.

가치 가정은 경쟁적인 가치들 중 특정한 가치가 상대적으로 더 바람직하다고 당연하게 믿는 것이다. 저자가 사회적 논쟁에서 한 가지 입장을 취할 때 전형적으로 한 가치를 다른 가치보다 선호한다. 즉 가치 우선성이나 가치 선호도를 갖는다. 이 장의 나머지는 의견이나 결론을 정하는 일에서 가치 갈등과 가치 우선성의 역할을 이해하도록 도와줄 것이다. 이것은 중요한 유형의 가정을 알아내고 평가하는 데 유용하다.

가치에서 가치 가정으로

가치 가정을 확인하려면 가치의 단순한 나열 이상으로 나아가야 한다. 사람들은 여러분이 생각하는 가치와 많은 것을 공유한다. 거의 모두가 융통성, 협력, 정직 등이 바람직하다고 주장하지 않겠는가?

정의(definition)를 다시 살펴보라. 정의로 보면 대부분의 가치가 모든이들의 가치 목록에 올라갈 것이다. 많은 가치가 공유되기 때문에 가치 자체는 무언가를 이해할 때 강력한 지침이 되지는 못한다. 규범적 질문에 대해 여러분을 누군가와 다른 답변을 하게 만드는 것은 여러분이 특정한 가치에 상대적으로 다른 비중을 두고 있기 때문이다.

특정 가치에 서로 다른 수준의 비중을 부여한다는 점은 가치의 쌍들이 충돌하거나 갈등할 때 우리가 논쟁에 반응하는 것을 생각하면 이해될 수 있다. 대부분의 사람들이 경쟁과 협력 모두를 가치 있다고 생각한다 해도 그것은 그다지 설명력이 없다. 그러나 이 두 가치가 갈등하는 경우 누가 협력보다는 경쟁을 선호하는지를 알게 되면 규범적 선택에 대하여 더 완벽하게 이해할 수 있다.

저자가 특정 가치를 선호한다는 사실은 종종 진술되지 않는다. 그러나 그러한 가치 선호는 저자의 결론과 그 결론을 옹호하는 방식에 중요한 영향을 줄 것이다. 가치에 대해 진술되지 않은 주장이 가치 가정으로 기능한다. 어떤 사람은 이런 가정을 가치 판단이라 부른다. 갈등 관계에 있는 가치들 중 어느 쪽에 상대적인 비중이 있는지를 알게 되면 읽고 있는 내용을 더 잘 이해하게 되고, 동시에 규범적 논증을 최종적으로 평가할 수 있는 토대를 얻게 된다.

> **주의:** 가치 가정은 특정한 맥락에서 한 가치보다 다른 가치를 암묵적으로 선호하는 것이다. 우리는 가치 선호와 가치 우선성을 동의어로 사용한다.

특정한 논증에서 어떤 사람의 가치 선호를 발견했을 때 그가 다른 이슈에 대해 논의할 때에도 동일한 가치 선호를 갖는다고 기대해서는 안 된다. 사람들이 논의되는 이슈와 무관하게 똑같은 가치 선호를 갖는 것은 아니다. 한 논쟁과 연관되어 있는 맥락과 사실적 이슈 또한 우리가 특정한 가치 선호를 어느 정도까지 따를지에 매우 많은 영향을 준다. 우리는 가치 선호를 단지 일정한 지점까지만 주장한다. 따라서 이를테면, 대부분의 상황에서 공동체의 복지보다 선택의 자유를 선호하는 (가령 국기 그림이 있는 옷을 입는 것과 같은) 사람들도 그것이 공동체의 복지에 매우 큰 타격을 입힐 수 있다고 생각할 때에는(가령 사람들에게 인종차별적 발언을 할 수 있게 하는 경우) 가치선호를 바꿀 수 있다. 달리 말하면, 가치 가정은 맥락에 의존하는 경우가 많다. 즉 그것은 일정한 조건 하에서 적용된다. 그러나 우리가 규범적 이슈의 세부 사항을 바꾸게 되면 매우 다른 가치 우선성을 갖게 된다.

전형적인 가치 갈등

전형적인 가치 갈등에 대해 알게 된다면 저자가 특정한 결론에 도달할 때 사용한 가정을 좀 더 빨리 알아차릴 수 있다. 우리는 윤리적 이슈에서 빈번히 발생하는 가치 갈등 몇몇을 목록으로 만들었고, 이 가치 갈등들이 분명해질 수 있는 논쟁의 예를 아래에 제시했다. 중요한 가치 가정을 확인하고자 할 때 이 목록을 출발점으로 사용할 수 있다.

가치 갈등을 확인하면서 특정한 논쟁과 관련하여 결론을 형성하는 데 중요해 보이는 몇몇의 가치 갈등이 있음을 종종 발견할 것이다. 논쟁을 평가할 때 몇 개의 가치 갈등을 알아내려고 노력하라.

전형적인 가치 갈등과 논쟁의 예시

1. 충성-정직	여동생의 마약 사용을 부모님께 말해야 하는가?
2. 경쟁-협력	점수제를 지지하는가?
3. 언론자유-국가안보	대통령의 기자 회견이 매주 열리는 것은 현명한 일인가?
4. 질서-표현의 자유	급진적 생각을 가진 사람을 감옥에 보내는 것은 바람직한가?
5. 합리성-자발성	내기를 걸기 전에 가능성을 검토해야 하는가?

가치 가정의 실마리가 되는 화자의 배경

앞에서 가치 가정을 찾을 때 저자의 배경을 검토하는 것이 좋은 출발점이 된다고 했다. 저자와 같은 사람들이 통상 주장하는 가치 선호에 대해 가능한 한 많은 것을 찾아내라. 저자가 기업의 임원인가, 노동조합 위원장인가, 공화당 당직자인가, 의사인가, 아파트 세입자인가? 이러한 위치에 있는 사람은 어떤 이익을 보호하고 싶어하는가? 자기 이익을 추구하는 것은 본래 잘못된 것이 아니다. 그러나 특정 저자가 자기 이익을 추구하게 되면 자신이 허용할 수 있는 가치 가정을 제한하게 된다. 예를 들어, 자동차 회사의 대표가 안정성보다 효율성을 선호하더라도 자신의 직장을 잃게 되는 상황에서는 효율성에 높은 가치를 둘 가능성은 별로 없다. 결과적으로 비판적 독자나 청자 입장에서 저자와 같은 사람들이 할 법한 가정들을 생각하게 되면, 종종 가치 선호를 재빨리 발견할 수 있을 것이다.

    한 가지 주의할 점이 있다. 어떤 사람이 한 집단의 구성원이라고 해서 그가 그 집단의 특정한 가치 가정을 반드시 공유하는 것은 아니다. 주어진 집단에 속하는 모든 개인이 동일하게 생각한다고 추정하는 것은 잘못이다. 사업가, 농부, 소방수 등이 특정 논쟁에 대해 논의할 때 때때로 그들 사이에서 불일치가 일어난다. 가치 가정을 찾기 위한 실마리로서 저자의 배경을 탐구하는 것은 단지 실마리일 뿐이다. 저자의 배경이 다른 실마리들과 마찬가지로 주의 깊게 활용되지 않는다면 오해를 일으킬 수 있다.

가치 가정에 대한 실마리로서의 결과

규범적 논증에서 한 이슈와 관련된 각각의 입장은 서로 다른 결과에 이른다. 잠재적인 결과 모두는 일정한 가능성을 지니고 있고, 그 각각은 또한 어느 정도는 바람직하거나 바람직하지 않을 수 있다.

    한 결과가 얼마나 바람직한지는 저자나 독자의 개인적인 가치 선호에 달려 있다. 그런 경우 바람직한 결과는 잠재적인 결과의 가능성과 중요성에 따라 결정된다. 따라서 개인의 가치 가정을 결정하는 중요한 한 가지 방법은 결론을 뒷받침하는 이유를 검토하는 것이다. 그런 다음 어떤 가치 우선성을 따랐기에 그 이슈의 다른 입장에서 제시되었을 이유보다 주어진 이유가 더 바람직하다고 생각되는지를 판단한다. 구체적인 예를 살펴보자.

핵발전소는 우리의 환경을 오염시킬 것이므로 건설하지 않는 것이 낫다.

여기에서 제시된 이유는 핵발전소를 건설할 때 나타나는 어느 정도는 명확한 잠재적 결과이다. 이 저자는 환경오염을 정말로 원하지 않는다. 이 결과가 저자의 사고에서 왜 그렇게 중요한가? 오염 예방은 더 일반적인 어떤 가치를 얻는 데 도움을 주는가? 추측하건대, 이 사람은 아마도 건강이나 환경보존을 특히 중요하게 생각하고 있다. 다른 사람은 이 논증에서 소비자들에게 전기를 공급하는 것과 같은 다른 결과를 강조한다. 왜 그런가? 그것은 아마도 효율성에 매우 높은 가치를 부여하기 때문이다. 따라서 만약 환경보존이 효율성보다 더 중요하다는 가치 가정이 이루어지면 이 이유는 결론을 지지한다.

결과의 중대성이 가치 선호에 중요한 영향을 줄 수 있다는 점에 유의하라. 사람들은 효율성이 환경에 "중대한" 해를 끼칠 수도 있는 경우에만 보존을 효율성보다 더 가치 있게 생각할 것이다. 사람들은 실업이 일정 수준 이하로 유지되는 한에서만 경제적 안정보다 경제적 자유를 더 가치 있다고 생각할 것이다. 동일한 가치 가정을 하면서도 다른 결론으로 나아가는 것이 가능하다. 왜냐하면 그들은 결과의 가능성이나 중대성에 대해 일치하지 않기 때문이다.

가치 가정을 결정하는 한 가지 중요한 수단은 "이유로 제시된 특정 결과가 저자나 화자에게 왜 그렇게 바람직해 보이는가?"라고 질문해 보는 것이다.

기억하라: 가치 가정을 확인할 때는 항상 가치 우선성을 밝혀내도록 노력해야 한다. 논쟁적인 주제와 관련해서 이런 방식으로 가치 가정

을 진술하면 저자가 무엇을 포기하고 무엇을 취하고 있는지 알 수 있다. 화자나 저자의 가치를 단순히 확인했다고 해서 분석하는 일을 조기에 중단하려는 유혹에 넘어가지 않도록 하라. 그런 가치를 확인하는 것은 가치 가정을 발견하는 것으로 나아가는 한 단계이기는 하지만 그 자체로는 논증 이해에 거의 도움이 되지 않는다. 가치는 본질적으로 우리 모두가 소유한 것이다.

가치 가정을 찾기 위한 더 많은 힌트

가치 갈등을 찾아내는 또 다른 유용한 기술은 역할 바꾸기이다. "진술된 논증과 다른 입장을 취할 것 같은 사람들은 무엇에 관심을 갖는가?" 누군가가 실험 연구에서 원숭이를 사용해서는 안 된다고 주장할 때 여러분 스스로는 "내가 원숭이 사용을 옹호하길 원한다면 나는 무엇에 관여하고 있는 것인가?"라고 물어야 한다.

마지막으로, 여러분은 불일치가 특정한 방식으로 행동할 수 있는 개인의 권리와 문제가 되는 행위로부터 영향을 받는 집단의 복지에 관한 가치 갈등으로부터 나온 것인지를 항상 검토할 수 있다. 많은 논증들은 이런 지속적인 가치 갈등과 관련하여 암묵적으로 한 입장에 의존한다. 흔한 다른 가치 갈등처럼 두 가지 중요한 가치와 그들의 결과를 비교해야 할 때 우리는 수많은 실례를 떠올릴 수 있다.

예를 들어, 공립학교에서 금속 탐지기를 사용하는 문제에 대해 생각해 보자. 이 경우 한 학생이 무기를 학교에 가져오려 한다면 우리는 그 학생 개인의 사생활권과 학생 전체에 대한 위협을 고려하는 측면에서 논증을 구성하기 시작한다. 그러면서 다른 가치들에 기대서 이 가치들 사이의 균형을 잡으려 한다: 이 사례에서 개인의 사생활권은 다른 학생들의 복지보다 보호 받을 만큼 더 중요한가? 다른 이슈들이 이런 가치 갈등을 포함하는가?

> 저자의 배경을 탐구하라.

> "저자의 입장이 가져올 결과가 저자에게 왜 그렇게 중요해 보이는가?"라고 질문을 던져라.

> 유사한 가치 가정을 찾기 위해 비슷한 사회적 논쟁을 찾아라.

> 역할 바꾸기를 활용하라. 저자의 입장과 반대되는 입장을 취하고 그 반대 입장에서 어떤 가치들이 중요한지를 확인하라.

> 개인의 책임 대 공동체의 책임과 같이 통상적인 가치 갈등을 찾아라.

가치 가정을 찾는 데 도움이 되는 실마리들

다른 것들의 가치 우선을 아는 가치

언론, 대학, 그리고 친구와 같은 많은 정보원들이 그들 의견의 배경에 있는 가치 가정을 알려 주는 경우는 드물다. 많은 경우 정보원들은 그런 가치 가정을 인식하지도 못한다. 우리는 "나의 가치 가정에 의하면 …"이라는 말을 거의 듣지 못한다. 그것은 매우 나쁜 일이다. 다른 사람의 가치 가정과 우선 순위의 근거를 알게 되면 사람들의 배경을 더 잘 알 가능성이 높아진다. 조너선 하이트(Jonathan Haidt)의 《올바른 마음(The Righteous Mind)》은 미국 정치의 내용을 암시하는데, 공화당과 민주당은 서로 상대방의 핵심 우선 가치를 평가함으로써 건설적인 논쟁을 한다. 그는 주장하기를 자유주의자의 핵심 가치는 보호, 즉 억압의 희생자들에 대한 특별한 보호이다. 한편 사회 보수주의자들의 핵심 가치는 권위인데, 도덕적 공동체라는 제도와 전통의 유지라는 의미에서의 권위이다. 하이트의 희망은 양쪽이 서로 상대방의 핵심 가치를 잘 알아서 서로의 주장에 더 많은 관심을 기울이자는 것이다.

비판적 질문 사용하기

일단 가치 가정을 발견하면 여러분은 어떻게 하는가? 우선, 모든 비판적 질문의 목적, 즉 추론에 대한 평가로 옮겨가라! 여러분은 사려 깊은 사람들이 서로 다른 가치 가정을 하고 있음을 알기 때문에 단 하나의 가치 가정이라도 그게 왜 가정되고 있는지 궁금해할 수 있다. 따라서 비판적으로 생각하는 사람으로서 여러분은 논증을 구성하는 사람 누구에게든지 그 논증에 암묵적으로 존재하는 특정한 가치 가정을 여러분이 왜 받아들여야 하는가를 설명해 달라고 요구하고 싶을 것이다.

가치와 상대주의

이번 장에서 가치 우선성이 아이스크림 같다는 인상을 주고 싶지는 않다. 내가 입맛에 따라 블루베리 치즈 케이크를 고를 때 여러분이 레몬 쉬폰이 더 좋은 선택이라고 나를 설득하려 할 근거는 없다. 그러나 가치 선호는 그런 것이 아니다. 아이스크림은 개인 선호의 문제일 뿐이다.

그러나 가치 선호의 선택에는 추론이 요구된다. 다른 것과 마찬가지로 우리는 이 추론에 정보를 이용할 수 있고, 깊이 생각하며 주의를 기울일 수 있다. 그러나 이 추론은 또한 적당히 얼버무려지고 자기도취적인 것이 될 수도 있다. 따라서 가치 선호에는 비판적으로 생각하는 사람이 고려할 수 있는 어떤 정당화가 요구된다. 가치 선호는 다른 모든 결론들이 그런 것처럼 뒷받침하는 이유들을 필요로 한다.

기술적 가정을 확인하고 평가하기

이제는 가치 가정, 즉 규범적 논증에 숨어 있는 아주 중요한 구성 요소를 확인할 수 있어야 한다. 가치 가정을 발견하면 저자나 화자가 세계가 어떠하길 바라는지, 어떤 목적을 가장 중요하게 생각하는지를 잘 알게 된다. 그러나 그들이 세계의 본질과 이 세계에 살고 있는 사람들의 본성에 대해 무엇을 당연한 것으로 여기는지는 알지 못한다. 세상 사람들은 기본적으로 나태한가 아니면 성취 지향적인가, 협력적인가 아니면 경쟁적인가, 합리적인가 아니면 변덕스러운가? 겉으로 보이는 추론은 그들의 가치뿐만 아니라 이러한 생각들에 의존한다. 진술되지 않은 그러한 생각들이 기술적 가정(descriptive assumptions)이다. 그리고 그것 역시 논증에 있어서 숨겨진 본질적인 요소이다.

자동차에 대한 다음의 간단한 논증은 숨겨진 가정에 의존한다. 여러분은 그 가정을 찾을 수 있는가?

이 자동차는 목적지가 어디든 여러분을 그곳까지 데려다 줄 것입니다. 저는 이 모델을 여러 번 운전해 보았습니다.

❓ 비판적 질문: 기술적 가정은 무엇인가?

기술적 가정은 세계가 어떠한가에 대한 믿음이다. 여러분이 기억하기에 규범적 가정, 즉 가치 가정은 세계가 어떠해야 하는지에 대한 믿음일 것이다.

기술적 가정의 예

기술적 가정이 무엇을 의미하는지 더 분명하게 밝히기 위해 위의 자동차 논증을 검토해 보자. 추론 구조는 다음과 같다.

결론: 이 자동차는 여러분을 원하는 곳으로 데려다 줄 것이다.
이유: 이 모델의 차는 다양한 상황에서 잘 작동했다.

지금까지의 추론은 불완전하다. 이유 자체만으로는 결론을 뒷받침할 힘을 갖지 못한다. 이 이유는 (주로 진술되지 않은) 다른 생각에 의해 결론과 결합되어야 한다. 이 생각이 참이라야 그 이유가 결론을 뒷받침할 수 있다. 따라서 이유가 결론을 뒷받침하는지, 또는 결론과 적절한 관계를 맺고 있는지의 문제는 이유를 결론과 논리적으로 연결해 주는 진술되지 않은 생각을 찾아낼 수 있느냐에 달려 있다. 진술되지 않은 생각이 기술적일 때 그것을 기술적 가정이라 부른다. 위 논증에 대해 그런 가정 두 가지를 살펴보자.

가정 1: 매년 특정한 모델의 자동차만 일정한 품질을 유지한다.

우선, 위의 가정이 논증 자체에서 제공되지는 않았다. 그러나 이유가 참이라면 그리고 이 가정이 참이라면, 그 이유는 결론을 뒷받침한다. 그러나 매년 새로 출시된 모델이 똑같은 수준의 신뢰성을 유지하지 못한다면(그리고 우리가 그런 사정을 안다면), 이전 연도에 나온 모델에 대한 경험은 이번 모델의 자동차를 사는 것이 좋은지에 대한 신뢰할 만한 지침이 되지 못한다. 이 가정은 사물이 어떠한지에 대한 진술이지 사물이 어떠해야 하는지에 대한 진술이 아니다. 따라서 이것은 연결의 역할을 하는 기술적 가정이다.

가정 2: 우리가 새 자동차로 하게 될 운전은 그 자동차를 추천하는 사람이 해본 운전과 동일한 것이다.

자동차 "운전"에 대해 말할 때 이 운전이라는 용어를 분명히 하지 않는다면 이 용어의 애매성은 우리를 곤란하게 만들 수 있다. 그 자동차를 추천하는 사람의 "운전"은 언덕이 없는 한적한 교외 도로를 따라 정기적인 식료품 쇼핑을 하러 가는 것을 가리킬 수 있다. 그렇다면, 그러한 운전 경험은 새 자동차를 콜로라도에서 무거운 트레일러를 끌면서 운전하는 것과 적절히 비교될 수 없다. 따라서 이 결론은 운전에 대한 일정한 정의가 내려질 경우에만 그 이유에 의해 뒷받침된다.

이런 종류의 기술적 가정을 정의에 의한 가정(definitional assumption)이라 부른다. 그 이유는 한 가지 이상의 의미를 지닐 수 있는 용어에 대해 우리는 일정한 한 가지 의미를 당연한 것으로 간주하기 때문이다. 따라서 우리가 찾아야 하는 한 가지 중요한 종류의 기술적 가정은 정의에 의한 가정(한 용어의 의미가 다양할 수 있는데, 한 가지 의미를 당연하게 여기는 것)이다. 논증의 형식에서 이 과정이 어떤 형태를 띠는지 보자.

연결 역할을 하는 가정을 일단 확인했다면, "결론이 어떤 토대 위에서 이유로부터 도출되었는가?"라는 질문에 대답한 셈이다. 다음 단계는 자연스럽게 "그 가정을 받아들이기 위한 토대가 있는가?"라고 묻는다. 여러분이 볼 때 그런 토대가 없다면, 이유는 결론을 뒷받침하지 못한다. 반대로 그러한 토대가 있다면, 이유는 결론을 논리적으로 뒷받침한다. 따라서 연결시키는 가정을 확인했을 때 그리고 그러한 가정을 믿을 충분한 이유가 있을 때, 그 추론은 타당하다고 말할 수 있다.

주의: 기술적 가정은 세계가 어떠했는지, 현재 어떠한지 또는 앞으로 어떻게 될 것인지에 대한 진술되지 않은 믿음이다.

여러분이 가정을 확인한다면, 의견을 전달하는 사람이 당연하게 여기는 생각을 확인한 것이다. 즉 그는 그 생각을 당연하게 여겨서 이유가 결론을 뒷받침한다고 생각하는 것이다. 저자와 화자가 자신들의 가정을 인식하지 못하는 일이 빈번하기 때문에, 그들의 의식적인 믿음은 여러분이 암시적 가정이라고 확인한 생각들과는 꽤나 다를 것이다.

일반적인 기술적 가정

가정은 중요한 만큼이나 수가 많다. 가정은 어떤 주장에서도 요구되는 요소이다. 그것들은 미리 주어지는 것이며 논증을 제시하는 사람이 우리와 공유하지 않는 밝히지 않은 믿음이다. 가정은 존재하며 힘이 있으니 여러분은 한 사람의 독자나 듣는 사람으로서 그것들을 파고 들어가야 한다.

가정이 지지하는 논증을 평가하는 데 도움을 주기 위해 가정을 밝히고 사용하는 기술을 개발하는 효과적인 한 가지 방법은 당신을 더 일반적인 가정에 민감하게 만드는 것이다. 이런 가정들은 우리 사고 과정에서 너무 자주 나타나기 때문에 일단 당신이 그것을 찾는 것을 배우면 그것이 우리의 사고 일반에 주는 힘을 평가하기 시작할 것이다. 일단 당신이 그들이 가지는 영향을 알아내는 기술을 갖게 되면 비판적 사고의 많은 부분에서 주요 가정을 확인하려고 더 많은 노력을 기울일 것이다.

- 사람들에게 일어나는 사건은 주로 개인적 선택의 결과이다. 이 가정은 우리가 언제 또는 누구를 비난하거나 지지할 때 그 뒤에 숨어 있는 코끼리(엄청난 놈-역자)이다.
- 화자나 저자는 전형적인 인간이다. 누군가가 이런 가정을 한다면 그 사람은 자신의 경험이나 일에서 그렇게 생각하는 것이다.
- 세상은 공평하다. 이 가정은 그 배경에서 하나의 전형적인 추론에 근거하고 있다. 무엇이 진실이어야만 한다는 것은 그것이 진실일 것이라는 의미이다. 우리가 생각하기에 당신은 왜 이런 추론이 자주 낭만적 오류(the romantic fallacy)라고 불리는지를 이해할 것이라 본다.
- 무엇이 과거에 일어났기 때문에 그것이 미래에도 일어날 것이다. 이런 가정은 개인이나 한 나라의 역사에 대한 무비판적이고 지나친 단순 반응이다.
- 내 세상이 우주의 중심이다. 이런 가정은 우리가 다른 사람에게 혜택을 주는 법률이나 정책을 지지하기 어렵게 만든다. 즉 이것은 약자에게 가는 동정을 금지한다. 이런 가정은 우리가 문화 다양성을 평가하기 어렵게 만든다.

이런 각각의 가정은 논쟁이 가능하고, 이성적인 사람은 그 가정의 정확성에 동의하지 않는다는 것을 의미한다. 비판적으로 사고하는 사람에게 핵심은 사람들이 이런 가정을 할 때 우리는 그들에게 왜 그런지를 물어야 한다. 그러면 우리는 단지 보이는 부문만이 아니라 전체 주장에 반응할 수 있게 된다.

가정을 알아내기 위한 실마리

가정을 알아내려 할 때 해야 할 일은 빠져 있는 연결 고리를 채워서 추론을 재구성하는 것이다. 여러분은 저자나 화자의 추론이 "의미가 통하도록" 도와주는 생각을 제공하길 원한다. 논증 전체의 그림을, 즉 보이는 것과 보이지 않는 것 모두를 그리게 되면 훨씬 좋은 위치에서 논증의 강점과 약점을 결정할 수 있을 것이다.

빠져 있는 중요한 연결 고리를 찾는 일을 어떻게 시작하는가? 이 일에는 고된 작업과 상상 그리고 창의력이 필요하다. 중요한 가정을 찾는 것은 어려운 일이다. 이번 장 앞에서 우리는 가치 가정을 발견하기 위한 몇 가지 힌트를 주었다. 이제 여기에는 기술적 가정을 성공적으로 찾을 수 있는 몇 가지 실마리가 있다.

결론과 이유들 사이의 간극에 대해 계속 생각하라. 일차적으로 왜 가정을 찾으려 하는가? 이유들이 결론을 얼마나 잘 뒷받침하는지를 판단하고 싶기 때문이다. 따라서 저자나 화자가 이유와 결론을 결합시키기 위해 당연하게 여겼을 것을 찾아라. "이유로부터 결론에 어떻게 도달하는가?"라는 질문을 계속 던져라. "이유가 참이라면, 결론이 따라 나오기 위해서는 그 밖에 무엇이 참이어야 하는가?"라고 질문하라. 그리고 이 질문에 대답하기 위해 "이유(들)가 참이라고 가정하면 결론이 그럼에도 불구하고 거짓일 수 있는 어떤 방법이 있는가?"라고 묻는 것이 매우 유용할 것이다.

간극을 찾는 일은 가치 가정 및 기술적 가정 모두를 찾는 데 도움이 될 것이다.

이유를 뒷받침하는 생각을 찾아라. 때때로 이유는 분명하게 뒷받침되지 않고 제시된다. 그러나 그 이유가 그럴 듯한지는 당연하게 여겨 온 생각을 받아들일 수 있는지에 달려 있다. 이 생각이 기술적 가정이다. 다음의 간단한 논증이 그런 경우를 보여 준다.

결론: 모든 고등학교 영어 수업에서 학생들은 최소한 셰익스피어의 연극 한 편은 보러 갈 것이다.
이유: 셰익스피어의 작품을 직접 경험하는 것은 유익하다.

위의 이유를 받아들이려면 어떤 생각을 당연하게 여겨야 하는가? 우리는 다음을 가정해야 한다.

(a) 공연은 잘 될 것이고 셰익스피어가 의도한 것을 잘 반영할 것이다.
(b) 학생들은 연극을 잘 이해할 것이고, 이 연극을 셰익스피어와 관련지을 수 있을 것이다.

(a)와 (b) 모두는 우리가 위의 이유를 받아들일 수 있도록, 그래서 그 이유가 결론을 뒷받침할 수 있도록 하기 위해 당연한 것으로 간주되어야 하는 생각들이다.

저자나 화자와 동일시하라. 여러분이 결론을 옹호할 것을 요청받았다고 상상하면 그 결론을 제시한 사람의 가정을 알아내는 일이 더 쉬워진다. 그렇게 할 수 있다면, 그런 결론에 도달한 사람의 머릿속으로 들어가서 그의 배경을 발견하라. 석탄 회사의 중역이 노천굴이 자연 환경의 아름다움에 심하게 해를 끼치지 않는다고 주장할 때, 그는 아마도 노천굴이 우리나라에 이롭다는 믿음으로 시작했을 것이다. 따라서 그는 자신의 논증과 일관되도록 아름다움에 대한 정의를 가정할 것이다. 반면 아름다움에 대한 다른 정의는 노천굴에 반대할 것이다.

반대 입장과 동일시하라. 화자나 저자의 역할을 취해서도 가정을 알아낼 수 없다면, 정반대의 역할을 해보라. 어떤 유형의 추론이 사람들에게 여러분이 지금 평가하고 있는 결론에 동의하지 못하게 할 것 같은가? 여러분이 그 결론을 받아들이지 않을 사람의 역할을 취할 수 있다면 분명히 드러난 논증의 구조 안에서 가정을 좀 더 쉽게 볼 수 있다.

불완전하게 설정된 이유를 가정으로 말하지 말라. 기술적 가정을 알아내려 처음 시도할 때 여러분은 진술된 이유를 찾고 있을지 모른다. 이때 그 이유가 적절하게 설정되지 않았다고 생각할 수 있다. 그래서 "그 이유는 단지 가정일 뿐이야. 너는 그것을 모르고 있어"라고 주장할 수 있다. 또는 단순히 그 이유를 가정이라고 다시 진술할지도 모른다. 여러분은 저자나 화자의 입장에서 그들의 이유가 참이라는 점을 확고히 해야 한다는 것을 확인했을 것이다. 이런 명료화는 여러분의 입장에서 중요한 통찰이다. 그러나 그것이 우리가 이 장에서 사용해 온 의미에서의 가정을 확인한 것은 아니다. 단순히 이유에 "가정"이라는 꼬리표를 달아 준 것일 뿐이다.

이렇게 말할 때 여러분이 하고 있는 것이 결국은 저자의 이유가 저자의 가정이라고 말하고 있는 것임을 아는가? 그런 경우 여러분이 정말로 강조하려고 애쓸 점은 저자의 이유가 증거에 의해 충분히 확립되지 않았다는 점이다.

사소한 가정에 대한 분석을 피하기

저자나 화자는 자명한 것은 당연하게 여기고 또 그렇게 여겨야만 한다. 여러분은 에너지를 중요한 가정을 평가하는 데 쏟고 싶을 것이다. 우리는 여러분에게 잠재적인 몇 가지 사소한 가정에 대해 경고해 주고 싶다. 사소하다는 것은 자명한 기술적 가정을 의미한다.

독자나 청자인 여러분은 의견을 주장하는 사람이 자신의 이유가 참이라고 믿는다고 가정할 수 있다. 여러분은 이유가 불충분하다고 생각해 공격하고 싶을지도 모른다. 그러나 저자나 화자가 이유를 참이라고 가정한다는 사실을 지적하는 것은 사소한 일이다.

또 다른 유형의 사소한 가정은 추론 구조와 관계된다. 여러분은 저자가 이유와 결론이 논리적으로 관련되어 있다고 믿고 있다고 말하고 싶을 것이다. 맞다. 그러나 사소하다. 중요한 것은 그것들이 어떻게 논리적으로 관련되어 있는가이다. 한 논증에는 우리가 논리를 이해할 수 있다는 점이, 우리가 그 용어법을 이해할 수 있다는 점이, 또는 우리가 적절한 배경 지식을 갖고 있다는 점이 가정된다고 지적하는 일 또한 사소하다.

사소한 가정을 분석하는 데 시간을 낭비하지 말라. 가정을 찾는 일은 숨어 있으면서 논쟁의 여지가 있는 빠진 연결 고리를 발견하게 될 때 대단히 보람 있을 것이다.

가정과 글쓰기 및 말하기

이 장의 이 정도에서 여러분은 결론을 내리고 싶을 것이다. 즉 저자로서의 목표는 당신의 가치선호와 믿음을 글 속에 집어넣는 것을 피해야 한다는 결론 말이다. 왜냐하면 우리는 비판적 평가에서 진술하지 않은 가정이 주는 위험을 토론했기 때문에 당신은 우리가 당신에게 믿음은 제껴두고 사실에 집중하기를 기대한다고 생각할 것이다.

이런 종류의 사고를 더 계속하기 전에 먼저 "사실에 주목하라"는 말을 살펴보자. 어떤 사실을 말하는가? 어떤 사실이 당신에게 더 힘이 강한지 어떻게 결정할 것인가? 당신은 어떤 사실을 버릴 것인지 어떻게 결정할 것인가? 어떻게 사실을 해석하고 그들에 대한 결정을 끄집어낼 것인가? 그 사실의 의미를 생각할 때 무엇을 고려할 것인가? 사실에 주목한다는 말은 말처럼 쉽지 않다.

이 사실을 주목하라: 대학간 경기를 할 수 있는 높은 수준에 있는 체육학과는 절반 이상이 주정부, 학생들의 입장료, 그리고 대학에서 지원을 받고 있다. 이 정보가 당신을 괴롭히는가? 쉽게 받아들일 수 있는가? 우리는 대안을 찾아야 하는가? 아니면 이 비용이 적절하다고 보아야 하나? 학생과 시민들이 성공한 축구팀이 있어서 받게 되는 혜택을 고려하면 말이다. 이 사실에 대한 당신의 반응은 당신의 가치 선호와

대학의 목적 및 우리 문화에서 단체 경기가 갖는 중요성에 대한 믿음에 따라 영향을 받을 것이다.

이 사례는 중요한 요점을 밝혀 준다: 당신은 논증에 영향을 주는 가치와 믿음 없이 글을 쓸 수는 없다. 당신이 가졌던 가정을 잊어버리면 효과적인 글쓰기와 말하기가 될 수 없다. 우리는 인간이지 프로그램된 컴퓨터가 아니다. 우리는 삶과 경험으로 인해 계속 우리의 믿음을 발전시킨다. 이런 믿음은 우리가 세상을 보는 중요한 방법에 영향을 준다.

가치와 기술적 믿음이 글쓰기 및 사고의 중요하고 피할 수 없는 부분이라면 무엇이 문제인가? 우리는 왜 비판적 사고의 전체 내용을 이 주제에 집중하고 있는가? 저자들은 분명히 이런 믿음이 글쓰기에 주는 영향을 두 가지 측면에서 기억해야 한다. 첫째는 이런 믿음은 자주 드러나지 않고 그냥 가정된다. 그래서 독자는 보통 그것들을 완전히 놓친다. 저자들은 계속해서 그 믿음들을 주목해야 한다는 것조차 알지 못한다. 저자는 보통 왜 그가 그 믿음을 갖고 있는지를 방어하거나 설명하지도 않는다. 저자는 그 주장 속으로 가정을 은근슬쩍 집어넣지도 않는다. 대신 왜 그가 집단책임이 개인책임을 이긴다고 가정하는지 또는 공교육의 질이 낮은 세금보다 더 중요하다고 가정하는지를 알지도 못한다. 그는 단지 이런 믿음을 실제로 우리 모두가 동의하는 자명한 진리라고 가정할지도 모른다. 글을 쓸 때 당신의 생각을 이끄는 가정을 밝히도록 최대한 노력해야 한다. 당신의 말을 듣는 사람에게 추론하는 배경을 충분히 이해할 수 있는 정당한 기회를 주어라. 그들과 같이 왜 이런 가정이 정당하다고 확신하는지를 나누어라.

기술적 가정을 발견하기 위한 실마리

1. 결론과 이유 사이의 간극에 대해 계속해서 생각하라.
2. 이유를 뒷받침하는 생각을 찾아라.
3. 반대 입장과 동일시하라.
4. 이슈에 대해 더 많이 배워라.

Practice Exercises

❓ 비판적 질문: 가치 가정과 기술적 가정은 무엇인가?

아래 3개의 제시문에서 저자가 만든 주요 가정의 위치를 찾아라. 먼저 기억할 것은 결론과 이유를 찾는 것이다.

제시문 1

대학생은 놀러 가거나 파티를 할 때 더 안전하게 행동해야 한다. 많은 학생들에게 대학생활이 즐거운 가장 큰 이유는 파티에 참석하고 새로운 사람을 만나고 부모나 어른의 감시 밖에서 술을 마시는 것의 흥분 때문이다. 불행하게도 이런 자유와 흥분은 자주 지나친 음주, 동료와의 다툼, 성적 사고와 같은 위험한 상황에 이르게 된다. 학생들은 대학생활을 즐길 때 안전에 초점을 맞추는 것이 중요하다.

제시문 2

대학의 여성클럽이나 남성클럽은 신입생 골리기와 파티 때문에 비난을 받는다. 그러나 그런 조직에 들어가면 많은 혜택이 오는데, 당신에게 서약하는 것을 심각하게 고려하게 만든다. 예를 들면, 아주 큰 혜택은 진정한 형제자매로 엮어서 삶에서 친구를 만들어 준다. 연관된 혜택은 넓은 연결망이다. 졸업 후 직업을 찾을 때 대부분은 당신의 미래가 당신이 아는 무엇에서부터가 아니라 당신이 아는 누군가로부터 나온다는 것을 알게 될 것이다. 형제자매 클럽에 들어감으로써 당신은 전문 직업 세계의 거대한 망에 접근할 수 있다. 또 다른 혜택은 리더십 역할에 참여할 수 있는 능력이다. 이런 역할을 통해 당신은 직업의 세계를 완성하는 능력을 갖게 된다. 형제자매 클럽은 언제나 저녁모임이나 파티와 같은 행사를 주관하기 때문에 그런 기회가 많다. 마지막으로 형제자매 클럽에 참여함으로써 많은 사람들과 가까운 친구가 되고 재미있는 기회를 많이 갖게 된다. 당신의 대학생활은 학교에 가고 공부만 하는 것 이상이어야 한다. 그것은 당신 삶의 최고의 기간이 되어야 한다.

제시문 3

여성은 원한다면 낙태를 할 권리를 가져야 한다. 또한 개인적이고 건강을 이유로 그 권리를 가져야 한다. 낙태를 거부당하는 많은 여성들은 나쁜 건강과 재정적 어려움에 고통 받는다. 비록 당신이 낙태란 한 생명을 제거하는 것이라고 생각한다 할지라도 여성은 자신이 원하지 않는다면 아이를 낳도록 강요 받아서는 안 된다. 그녀는 자신의 몸에서 일어나는 일을 통제할 수 있어야 한다.

Sample Responses

다음 논증을 위해 제시한 가정에서 우리는 단지 몇몇 가정을 열거할 것인데, 그것은 우리가 믿기에 가장 의미 있다고 생각되는 가정이다.

제시문 1
결론: 대학생들은 놀러 가거나 파티를 할 때 안전에 더 집중해야 한다.
이유: 안전 대신에 즐기기만 하고 술만 마시면 자주 위험한 상황에 빠진다.

이유로 들고 있는 것이 파티와 지나친 음주의 나쁜 결과를 강조하는 것이다. 그래서 이 주장과 관련된 한 가지 가치 갈등은 한편에는 자유와 흥분이고, 다른 한편에는 안전이다. 물론 다른 사람들은 다른 각도에서 흥분과 자유야말로 바로 대학에 가는 가장 큰 이유라고 주장할 것이다. 이 제시문에서 자유와 흥분보다 안전을 더 중요하게 여기는 것은 결론의 이유와 연결되어 있다. 대부분의 규범적 갈등에서 하나의 가치 갈등 이상이 이런 딜레마에 들어 있다. 예를 들면, 이 갈등은 우리에게 자발성보다는 이성에 더 무게를 두고 생각할 것을 요구한다.

제시문 2
결론: 대학생은 형제클럽이나 자매클럽에 가입하는 것을 고려해야 한다.
이유: 1. 학생들은 다른 사람과 강한 결속을 개발한다.
   2. 다른 사람과 상호작용은 직업을 찾는 데 도움을 준다.
   3. 형제클럽과 자매클럽은 리더십 기술을 갖추는 데 도움을 준다.
   4. 형제클럽과 자매클럽은 사회성을 증가시키고 많은 재미를 준다.

무엇이 이 이유들을 결론과 연결시켜 줄까? 참일 수는 있으나 결론을 지지하지 않는 이유도 있을까? 가치 선호가 하나의 연결 고리이다. 소속감과 재미가 자기 원칙과 학문적 성취보다 더 중요하다는 하나의 가정된 가치 선호가 그 이유들을 결론과 연결한다. 논쟁이 있을 수 있는 가정 또한 이 이유들을 결론과 연결한다. 즉 자매클럽의 혜택은 대학클럽 등과 같은 다른 선택으로는 얻을 수 없다. 우리가 그 이유에서 진리를 받아들이기에 충분한 다른 아이디어는 없을까? 첫번째 이유는 단지 잠재적 고용주가 형제클럽이나 자매클럽에 참가한 기록을 어떤 사람의 이력서에서 가점을 줄 때만 참이 된다. 예를 들면, 많은 고용주가 클럽 참가 기록을 독립심, 신중함, 그리고 욕망의 부족이라는 신호로 여길 수도 있다.

CHAPTER
07

추론에 오류가 있는가?
Are There Any Fallacies in the Reasoning?

지금까지는 저자나 화자가 제공하는 원재료를 가지고 의미 있는 전체 구조로 조립하는 작업을 해왔다. 적절한 부분을 묶어 주는 "보이지 않는 접착제", 즉 가정을 발견하는 방법뿐만 아니라 여러분의 체에서 부적절한 부분을 제거하는 방법도 배웠다. 이 모든 것은 비판적 질문을 통해서 성취한 것이다. 비판적 질문을 간단하게 다시 검토해 보자.

1. 이슈와 결론은 무엇인가?
2. 이유는 무엇인가?
3. 어떤 단어나 어구가 애매한가?
4. 가치 가정과 기술적 가정은 무엇인가?

이런 질문을 하면 논증에서 강점과 약점이 어디에 있는지를 파악하는 감각을 얻을 수 있고, 의견을 주장하는 사람의 추론을 분명히 이해할 수 있다. 남은 장에서는 주로 이 구조가 조립된 후에 얼마나 잘 지탱되는지에 초점을 맞춘다. 이제 주요 질문은 "제시된 이유의 측면에서 볼 때 결론을 얼마나 받아들일 수 있는가?"이다. 여러분은 이제 평가에 중심 초점을 둘 준비가 되어 있다. **기억하라**: 비판적 읽기와 듣기의 목적은 결론을 받아들일 수 있는지 또는 결론이 가치 있는지를 판단하는 것이다.

앞의 네 가지 질문에 대답하는 것이 평가 과정으로 가는 필수적인 시작 단계였다면, 이제는 추론의 질적 수준을 더 직접적이고 분명하게 판단할 것을 요구하는 질문으로 옮겨 간다. 우리의 과제는 진짜 금으로부터 "가짜 금"을 가려내는 것이다. 우리는 아주 진지하게 다루고 싶은 최고의 이유들을 분리해내길 원한다.

이런 평가 과정의 단계에서 여러분이 첫 번째로 내딛는 걸음은 다음과 같다. 즉, 의견을 주장하는 사람의 추론이 잘못된 가정이나 대단히 의심스러운 가정에 의존해 있는지 또는 논리상의 오류나 다른 형태의 기만적인 추론을 통해 여러분을 "속이는지"를 판단하기 위해 추론 구조를 검토하는 것이다. 6장은 가정을 알아내고 나서 가정의 질적 수준을 검토하는 것에 초점을 맞추었다. 여기에서는 사람들이 오류(fallacy)라 부르는 추론상의 "속임수"(tricks)를 강조한다.

세 가지 흔한 속임수는 다음과 같다.

1. 잘못된 또는 부정확한 가정을 요구하는 추론을 제시하는 것
2. 정보가 결론과 관련이 없는데도 관련이 있는 듯이 보이게 만들어서 우리의 주의를 분산시키는 것
3. 결론이 이미 참이라는 것을 그 결론의 근거로 제시하는 것

이런 속임수를 발견하면 그런 속임수로부터 부당한 영향을 받지 않게 될 것이다. 추론에서 오류가 어떤 형태를 띠는지 살펴보자.

편집자님께: 저는 귀사의 신문이 고속도로 개선에 쓰일 수 있는 주정부의 돈을 증액시키기 위해 세금을 인상하자는 스펜덜 상원의원의 주장을 지지하는 것을 알고는 충격을 받았습니다. 물론 스펜덜 상원의원은 그런 세금 인상을 찬성합니다. 편집자님은 세금을 걷어 소비하자는 자유주의자에게서 그 밖의 어떤 것을 기대하십니까?

이 편지는 스펜덜 상원의원이 자유주의자라는 평판을 인용하고 있다. 그런 인용을 통해 세금 인상 제안을 반박하기 위한 "이유"를 제시하는 것처럼 보인다. 그러나 그 이유는 결론과 관련이 없다. 문제는 세금 인상이 훌륭한 생각인가라는 점이다. 이 편지를 쓴 사람은 상원의원의 이유를 무시했고, 세금 인상에 반대하는 명확한 이유를 제시하고 있지 않다. 대신 이 사람은 상원의원에게 "세금을 걷어 소비하자는" 꼬리표를 달아 줌으로써 상원의원을 인신공격하고 있다. 이 저자는 추론상의 오류를 범했다. 왜냐하면 그의 논증은 터무니없는 가정을 결론과 관련지었고, 우리의 주의를 논증으로부터 주장하는 사람, 즉 스펜덜 상원의원에게로 이동시켰기 때문이다. 이런 오류에 주의하지 않아 의심을 하지 않는 독자는 저자에게 속아 넘어가 그가 설득력 있는 이유를 제시했다고 생각할 수 있다.

이 장에서는 그런 오류를 확인하여 위와 같은 속임수에 빠지지 않기 위한 연습을 할 것이다.

> ❓ 비판적 질문: 추론에 오류가 있는가?

> 주의: 오류는 저자가 여러분이 결론을 받아들이도록 설득하면서 사용할 수 있는 추론상의 "속임수"이다.

추론상의 오류를 발견하기 위한 질문식 접근법

수많은 추론상의 오류가 있다. 그 오류들은 갖가지 방법으로 만들어질 수 있다. 오류들은 너무 흔해서 공식적인 이름을 갖고 있다. 많은 교재와 웹사이트에서 장황한 목록의 많은 오류를 발견할 수 있다. 다행히도 오류를 찾아내기 위해 모든 오류와 그 이름을 알 필요는 없다. 스스로 올바른 질문을 한다면 추론상의 오류를 그것의 이름을 알지 못하더라도 발견할 수 있을 것이다.

오류의 종류를 목록으로 제시해서 여러분이 그것을 외우게 하기보다는 여러분 스스로 질문하는 전략을 취하는 것이 낫다. 그러나 가장 흔한 오류의 이름을 안다면 오류에 민감해질 수 있다. 게다가 잘못된 추리에 대한 여러분의 반응을 오류의 이름에 익숙한 다른 사람에게 전달할 때 말을 "단축"시킬 수도 있다. 따라서 우리는 기만적 추론 과정을 확인할 때 여러분에게 오류의 이름을 제공할 것이다. 185쪽에 기술된 흔한 오류의 이름을 배울 것을 권한다.

위의 편지 사례에서 이미 한 가지 흔한 오류를 여러분에게 소개했다. 우리는 그 저자가 스펜덜 상원의원의 이유에 직접적으로 대응하기보다는 인신공격을 하고 있음에 주목했다. 비판적으로 생각하는 사람은 그런 논증을 볼 때 "그러나 스펜딜 상원의원이 제시한 논증은 무엇인가?"라고 곧바로 물어야 한다. 위 편지의 추론은 인신공격의 오류(Ad Hominem fallacy)를 보여 준다. 라틴어 어구 Ad Hominem은 "그 사람에 반대하여 또는 그 인격에 반대하여"를 의미한다. 어떤 주장을 하는 사람을 부적절하게 공격하는 방법이 여럿 있는데, 그 중 가장 흔한 것이 그 사람의 성격을 공격하거나 그 사람의 환경이나 관심사로 주의를 돌리는 것이다. 인신공격을 하는 것은 오류이다. 왜냐하면 주장을 펼치는 개인의 성격이나 관심사는 일반적으로 논증의 질과는 관련이 없기 때문이다. 그것은 메시지를 다루는 것이 아니라 메시지 전달자를 공격하는 것이다.

여기에서 인신 공격적 추론에 대한 또 다른 간단한 예를 보자.

> 샌디: "여학생 클럽에 가입하는 것은 시간 낭비이자 돈 낭비라고 생각해."
> 줄리: "너는 물론 그렇게 말하겠지. 어떤 여학생 클럽에도 가입하지 못했으니까."
> 샌디: "그런데 내가 한 주장에 대해서는 어떻게 생각해?"
> 줄리: "그건 중요하지 않아. 너는 단지 패배자야."

인신공격의 오류: 이유를 직접 다루지 않고 그 이유를 제시한 사람을 공격하거나 모욕하는 것.

출발점으로서 가정 평가하기

여러분이 가정을 찾아낼 수 있다면(6장 참조), 특히 기술적 가정을 찾아낼 수 있다면 의심스러운 가정을 판단하고 오류를 찾아내기 위한 주요 기술을 이미 갖게 된 것이다. 가정이 의심스러우면 의심스러울수록 추론의 질은 떨어진다. 인신공격 논증과 같이 몇몇 "이유들"은 결론과의 관련성이 너무 멀어서 여러분은 이유와 결론을 논리적으로 결합시키기 위해 두드러지게 잘못된 가정을 제시해야 했을 것이다. 그런 추론은 오류이고, 여러분은 그런 추론을 즉각 거부해야 한다.

다음에는 여러분에게 다른 흔한 오류를 발견하는 몇 가지 연습 문제를 제공한다. 일단 보는 방법을 배우게 되면 대부분의 오류를 찾을 수 있을 것이다. 우리는 오류를 찾는 데 있어서 여러분이 다음의 사고 단계를 채택하길 제안한다.

우리는 여러분이 가정을 평가하고, 따라서 많은 오류를 인식하기 위해 거쳐야 하는 과정을 보여 줄 것이다. 이를 위해 다음 제시문에서 추론의 질을 검토할 것이다. 추론 구조를 짜맞추면서 시작해 보자.

이 입법에 포함된 문제는 실제로는 음주가 건강에 해를 주는지의 여부가 아니다. 그보다는 하원이 연방통신위원회로 하여금 라디오와 텔레비전에서 주류 광고를 금지하는 결정을 자의적으로 하도록 허용하는지가 문제이다. 우리가 연방통신위원회에 주류와 관련된 이 조치를 취하도록 허가한다면 사탕이 비만, 충치 및 다른 건강 문제를 야기한다는 점에서 건강에 해롭다는 결의를 내년에 하지 못하게 할 수 있는가? 우유와 계란은 어떤가? 우유와 계

란은 동물성 포화지방을 많이 함유하고 혈류 속의 콜레스테롤(많은 심장 전문가들이 심장 질환의 원인이 되는 요소라 믿는)을 증가시킨다. 연방통신위원회가 우유, 계란, 버터, 아이스크림 등의 텔레비전 광고를 금지할 수 있기를 원하는가?

　게다가 우리 모두는 연방 정부의 조치가 아무리 강력할지라도 주류 소비를 완전히 없애는 일에 효과적일 수 없고 효과적이지도 않을 것이라는 점을 안다. 사람들이 알코올 함유 음료를 마시고 싶을 때 그들은 그렇게 할 수 있는 모종의 방법을 찾아낼 것이다.

결론: 연방통신위원회는 텔레비전과 라디오의 주류 광고를 금지해서는
　　　안 된다.
이유: 1. 연방통신위원회가 텔레비전과 라디오 광고를 금지하도록 우리가
　　　　 허락한다면, 연통위는 많은 종류의 광고를 곧 금지시킬 것이다.
　　　　 왜냐하면 많은 상품이 잠재적으로는 건강을 위협하기 때문이다.
　　　2. 연방 정부가 취하는 어떤 조치도 주류 소비를 완전히 없애는 데에는
　　　　 효과적일 수 없고 효과적이지도 않을 것이다.

　먼저, 위의 두 이유가 주류 광고 금지로 인해 야기될 다소 명확한 불이익을 가리키고 있다는 점에 주목해야 하는데, 어쨌든 좋은 출발이다. 그러나 첫번째 이유를 받아들일 수 있는지는 다음과 같은 가정에 의존한다. 그것은 일단 한 사례의 장점에 근거해 조치가 취해지도록 허용한다면, 동일한 사례에서 그 조치를 그만두는 것은 불가능할 것이라는 숨겨진 가정이다. 우리는 이 가정에 동의하지 않는다. 왜냐하면 그런

조치들이 정당화되지 않는 것으로 보인다면, 그들을 막을 수 있는 수많은 조치가 우리의 법 체제에 있다고 믿기 때문이다. 따라서 우리는 이 이유를 받아들일 수 없다고 판단한다. 이런 추론은 미끄러운 경사길 오류(slippery slope fallacy)의 예이다.

미끄러운 경사길 오류: 제안된 조치가 바람직하지 않은 사건들의 통제 불가능한 연쇄를 일으킨다고 가정하는 것. 그러나 사실 이때 그런 연쇄를 막을 수 있는 절차가 있다.

두 번째 이유는 관련이 있는지 의심스럽다. 왜냐하면 설령 이 이유가 사실일지라도 이유를 결론과 결합시켜 주는 가정, 즉 라디오와 텔레비전에서의 주류 광고를 금지하는 주요 목적이 주류 소비를 완전히 제거하는 것이라는 건 거짓이다. 가능성이 더 높은 목적은 소비를 줄이는 것이다. 따라서 우리는 이 이유를 거부한다. 이런 오류를 완벽한 해결책 찾기의 오류(searching for perfect solutions fallacy)라 부른다. 이 오류는 다음과 같은 형태를 띤다: 어떤 문제에 대한 해결책이 그 문제를 완전히 해결하지 못한다면 지지를 받지 못한다. 우리가 완벽한 해결책을 발견한다면 그것을 받아들여야 한다. 그러나 해결책이 적용된 후에도 일부 문제가 남을 것이라는 사실이 그 해결책이 현명치 못한 것임을 의미하지는 않는다. 하나의 특정 해결책은 아무런 해결책도 전혀 시도해 보지 않는 것보다 훨씬 나을 것이다. 그것은 문제의 완전한 해결에 더 가까이 다가가는 것일 수 있다.

완벽한 해결책이 나타나길 기다린다면, 우리는 때로 아무것도 할 수 없을 것이다. 이 오류를 보여 주는 또 다른 예가 있다: 미국에서 사람들이 임신중절 클리닉을 이용하지 못하도록 제한할 것인가? 임신중절을 제한하는 데 성공하더라도 임신중절을 하고자 하는 여성은 여전히 유럽으로 날아가서 임신중절을 할 수 있다.

완벽한 해결책 찾기의 오류: 하나의 해결책을 제시한 후에도 일부 문제가 남을 것이기 때문에 그 해결책을 채택해서는 안 된다고 잘못 가정하는 것.

추론상의 흔한 다른 오류 발견하기

더 흔한 오류를 발견하는 연습을 해보자. 연습을 할 때 위에 제시된 힌트를 찾으면서 오류를 적용해 보라. 일단 훌륭한 오류 탐지 습관을 개발했다면, 대부분의 오류를 찾을 수 있을 것이다. 각 연습은 오류를 포함하고 있는 추론을 제시한다. 우리는 추론에 왜 오류가 있다고 믿는지를 보여 주고 그 오류의 이름을 제시해 준 다음 정의할 것이다.

연습 A

심한 만성 통증을 가진 사람들이 대마초를 선택하도록 해줄 때가 되었다. 사회가 약물의 가치에 대한 합의에 도달하면 우리는 그 약물을 승인한다. 현재 대마초 승인에 대한 그런 합의가 분명히 이루어졌다. 최근의 여론조사에 따르면, 73퍼센트가 의학용 대마초가 허용되는 것에 찬성하는 것으로 밝혀졌다. 게다가 캘리포니아 에이즈 환자 치료협회는 에이즈 환자가 대마초 흡연을 한 가지 치료방법으로 선택할 수 있도록 하는 것을 지지한다.

오류 분석의 첫 단계로서 논증을 개괄해 보자.

결론: 대마초를 피는 것은 의학적 선택이 되어야 한다.
이유: 1. 약물의 의학적 가치에 대한 합의가 이루어지면, 우리는 그 약물을 허용한다. 그런데 최근의 한 조사는 대마초를 의학적 치료방법으로 승인하자는 합의가 있음을 보여 준다.
2. 캘리포니아 협회는 대마초의 의학적 사용을 지지한다.

조사 결과 자체는 결론을 뒷받침하지 않는가? 어떤 것이 유행하면 그것은 좋은 것임에 틀림이 없다는 가정(이것은 잘못된 가정이다)을 받아들일 때에만 그 조사 결과는 결론을 뒷받침할 것이다. 대중은 종종 추론을 통한 판단을 제공할 만큼 특정한 문제를 충분히 연구하지 않는다. 공통 의견이나 대중적인 정서에 호소하는 것에 주의하라. 추론상의 이런 잘못을 대중에 호소하는 오류(appeal to popularity fallacy: Ad populum)라 부른다.

대중에 호소하는 오류: 대규모 집단의 사람들이 공통적으로 가지고 있는 정서에 호소하여 정당화하려는 시도. 이것은 대규모의 집단이 좋아하는 것은 무엇이든지 바람직하다고 잘못 가정하는 것이다.

이제 저자의 두 번째 이유를 주의 깊게 검토해 보자. 저자는 무엇

을 가정하고 있는가? 대마초의 의학적 사용이 바람직하다는 것을 증명하기 위해 캘리포니아 협회를 언급한다. 이것은 의심스러운 권위에 호소하는 것이다. 권위를 가진 곳이 어떤 입장에 찬성한다는 이유만으로 그 입장이 훌륭한 것은 아니다. 그런 추론이 적절한지를 판단할 때 중요한 것은 그 권위자들이 판단에 사용하는 증거이다. 이들이 그 이슈에 대한 전문적인 지식을 갖고 있지 않다면, 우리는 그 이유를 오류로 생각해야 한다. 그런 오류를 의심스러운 권위에 호소하는 오류(Appeal to questionable authority fallacy)라 부른다.

> **의심스러운 권위에 호소하는 오류**: 현재의 이슈에 관한 특별한 전문지식을 갖추지 못한 권위를 인용함으로써 결론을 뒷받침하는 것.

자, 또 다른 논쟁과 관련된 논증을 검토해 보자. 하원은 연방정부에서 재원을 제공하는 아동발달 프로그램(이 프로그램은 어린이집을 제공하는 것이다)을 승인해야 하는가?

연습 B

나는 정부의 아동발달 프로그램에 반대한다. 첫째, 나는 우리나라의 아이들을 보호하는 데 관심이 있다. 아이들은 사회계획자와 독선적인 공론가들로부터 보호되어야 한다. 그들은 정상적인 삶의 과정을 교란시키고, 아이들을 어머니와 가족에게서 갈라놓고는 20년이 지나야 행복을 가져다주도록 고안된 보편적인 사업 계획 속에 아이들을 볼모로 잡아 놓을 것이다. 아이들은 관리인 및 보모의 도움을 받고 자라야 하는 것이 아니라 어머니와 함께 자라야 한다. 지금 논쟁이 되고 있는 것은 부모가 아이들의 품성을 키워야 할 권리를 계속해서 가질 것인가 또는 전권을 지닌 국가가 아이들의 품성을 육성할 수단과 기술을 갖는 것이 좋은가라는 것이다.

다시 논증을 개괄하면서 시작해 보자.

결론: 정부의 아동발달 프로그램은 잘못되었다.
이유: 1. 우리 아이들은 정상적인 삶의 과정을 교란시키고 그들을 가족에게서 갈라놓는 사회계획자와 독선적인 공론가들로부터 보호되어야 한다.
2. 국가가 아니라 부모가 아이들의 품성을 키울 권리를 가져야 한다.

우리는 비판적으로 사고하는 사람으로서 이 프로그램에 관한 구체적인 사실을 알아보는 것이 좋다. 그러나 아무것도 발견할 수 없다. 이유는 정의되지 않았고 감정이 실려 있는 일반적 표현으로 가득하다. 위 문장들은 전형적으로 부정적 감정을 느끼게 하는데, 저자나 화자는 독자와 청자가 그런 부정적 감정을 자신들이 공격하는 입장과 연관시키길 바란다.

이 저자는 우리에게 흔한 속임수 두 가지를 쓰고 있다. 첫째, 자신의 의도에 적합한 단어를 선택함으로써 우리의 감정에 호소하고 있다. 이를 통해 우리가 감정적으로 반응하여 자신의 결론에 동의하게 만들고 싶은 것이다. 의견을 제시하는 사람이 독자에게서 감정적인 반응을 끌어내려 할 때, 그래서 그런 감정적 반응을 자신의 결론에 동의하도록 이용할 때 그들은 감정에 호소(Appeal to emotion)하는 오류를 범한다. 이 오류는 감정적 반응이 결론의 진실이나 거짓 여부에는 관련이 없을 때 일어난다. 이 오류는 광고, 정치적 논쟁, 법정 등에서 흔히 발견된다.

> **감정에 호소하는 오류**: 독자와 청자의 주의를 적절한 이유와 증거들로부터 다른 곳으로 돌리기 위해 감정이 실린 언어를 사용하는 것.

둘째, 이 저자는 공격을 위해 사실상 존재하지 않는 입장을 세우고 있다. 이것은 우리를 자신의 편으로 끌어들이기 쉽게 만든다. 이 저자는 반대자의 입장을 "공격하기 쉬운" 입장으로 확대했다. 이 경우 거짓으로 가정된 것은 공격받는 그 입장이 실제로 입법에서 제시된 입장과 같다는 것이다. 비판적으로 생각하는 사람이 배워야 할 점은 누군가가 한 입장의 여러 측면을 공격할 때 그 사람이 그 입장을 공정하게 보여 주고 있는지 살펴보는 것이다. 그가 그 입장을 공정하게 보여 주는 것이 아니라면 여러분은 허수아비 오류(straw-person fallacy)를 찾아낸 것이다.

> **허수아비 오류**: 반대자의 입장을 공격하기 쉽도록 왜곡하는 것. 따라서 이것은 실제로는 존재하지 않는 관점을 공격하는 것이다.

허수아비는 실제의 사람이 아니며 쓰러뜨리기도 쉽다. 누군가가 허수아비 오류를 범했을 경우에 공격받는 입장처럼 말이다. 한 입장이 얼마나 공정하게 제시되는지를 검토하는 최선의 방법은 모든 입장에 관한 사실을 입수하는 것이다.

이제 두 번째 이유를 자세히 살펴보자. 이 저자는 부모가 자식들의 품성을 형성할 권리를 가져야 하는데, 그렇지 않다면 국가에게 결정적 수단이 주어질 것이라고 말한다. 여기서 잠시 다른 예를 들어 보자. 브리트니 스피어스가 노래 "서커스"(Circus)에서 한 이야기다. "세상엔 오직 두 종류의 사람들밖에 없어. 하나는 쇼를 보여 주고, 다른 하나는 그것을 지켜보는 거지."

이와 같은 진술이 참이 되려면 두 가지 선택만 있다고 가정해야 한다. 그런데 두 가지만 있는가? 그렇지 않다! 이 저자는 거짓 딜레마를 만들어냈다. 아동 발달 프로그램이 존재하면서 또한 가족이 아이들에게 중요한 영향을 끼치는 것도 가능하지 않은가? 논쟁이 오직 두 가지 선택만 가능한 것처럼 이루어질 때는 항상 조심하라. 대개는 둘 이상의 선택이 있기 마련이다. 의견을 주장하는 사람이 두 가지의 선택만을 진술함으로써 이슈를 너무 단순화시킬 때 이런 잘못은 거짓 딜레마의 오류 혹은 양자택일의 오류(either-or fallacy)라 불린다. 양자택일의 오류를 찾기 위해 다음과 같은 어구들에 주의하라.

이것 아니면 저것

유일한 대안은 ~이다

두 선택지는 ~이다

A는 작동하지 않았기 때문에 오직 B가 작동할 것이다

이런 구절을 보았다고 해서 반드시 오류를 찾아낸 것은 아니다. 때로는 두 가지 선택만 있을 수도 있다. 이런 어구는 잠시 멈추어서 "그러나 이 경우 두 가지 이상의 선택지가 있는가?"라고 생각해 보라는 주의 표시이다.

다음 대화에서 거짓 딜레마의 오류를 찾을 수 있는가?

시민: 나는 이라크를 침공하려는 미국의 결정이 큰 실수였다고 생각합니다.
정치인: 당신은 왜 미국을 싫어하죠?

거짓 딜레마의 오류(양자택일의 오류): 두 개 이상의 선택지가 있는데도 단 두 개의 선택지밖에 없다고 가정하는 것.

우리가 행동에 대한 설명을 찾으려 할 때 종종 만나게 되는 또 다른 혼동이 있는데, 이것은 추론상 잘못의 원인이 된다. 대학생 룸메이트 간에 이루어지는 다음의 짧은 대화는 그런 혼동을 보여 준다.

댄: 척은 최근에 정말로 이상하게 행동하고 있어. 다른 사람들한테 매우 무례하게 행동해. 걔는 우리 기숙사를 온통 어질러 놓고는 청소를 하지 않아. 네 생각에는 무엇 때문인 것 같아?
케빈: 별로 놀랍지 않은걸. 그는 멍청이일 뿐이야.

한 행동을 설명하려면 그 행동이 왜 일어났는지를 분석해야 한다. 설명하는 일은 종종 우리가 알고 있는 것의 경계를 시험하는 까다로운 작업이다. 위의 예에서 "멍청이임"은 척의 행동을 만족스럽게 설명하지 못한다. 어떤 행동이 왜 일어났는지를 설명하길 요청 받으면 우리는 그 행동에 꼬리표를 달아 주거나 이름을 붙임으로써 복잡한 원인들에 대한 우리의 무지를 숨기고 싶은 유혹을 종종 느낀다. 우리가 이름을 알기 때문에 그 원인을 안다고 잘못 가정한다.

이름 붙이기는 어떤 사람이 그렇게 행동하도록 만든 것이 무엇인지 그리고 그 사람이 어떠한지를 우리가 알아냈다고 믿게끔 속이기 때문에 우리는 그렇게 한다. 예를 들면, 한 사람을 화나게 만든 일련의 복잡한 내적 요소와 외적인 요소, 즉 인간관계의 문제, 부모의 교육 방식, 무기력감, 수면부족, 생활 스트레스 등을 명시하는 것 대신에 그 사람이 "더러운 성질"을 가지고 있다거나 그 사람은 적대적이라고 말한다. 그런 설명은 너무 단순화시키는 것이고 더 통찰력 있게 이해하지 못하게 막는다. 다음 예는 여러분이 이런 오류에 조심할 것을 강조한다.

1. 성인이 된 딸이 아버지의 과음에 대해 어머니에게 "아빠는 왜 그렇게 이상하게 행동해요?"라고 묻자, 어머니는 "아빠는 중년의 위기를 겪고 있어"라고 대답한다.
2. 한 친구가 다른 사람들이 자신에 대해 이야기하는 것을 계속 걱정한다. 당신은 그가 왜 그렇게 행동하는지 심리학자에게 묻는다. 심리학자는 "이 사람은 피해망상이야"라고 대답한다.

그 누구도 무엇이 일어났는지를 만족스럽게 설명하지 않았다. 예를 들어, 아버지의 유전자, 직업 스트레스, 부부 갈등, 그리고 운동 습관 등의 세부 사항이 과음을 설명하는 토대를 제공한다. "중년의 위기"

는 부적절할 뿐만 아니라 오도하는 설명이기도 하다. 우리는 아버지가 과음하는 이유를 안다고 생각하지만 사실은 알지 못한다.

사람들이 행동의 원인을 발견했다고 주장할 때 이들이 실제로 한 것은 그 행동에 이름을 붙인 것에 지나지 않을 경우 아래의 오류가 아닌지 주의하라.

> **이름을 붙여서 설명하기의 오류:** 어떤 사건이나 행동에 대해 이름을 붙였다는 이유로 여러분이 그 사건을 적절하게 설명했다고 잘못 가정하는 것.

경험에 의하면 과거 행동은 자주 미래를 알려 주는 좋은 예측 수단이다. 그러나 가끔은 추론적 오류를 범한다. 즉 그렇게 믿을 만한 충분한 이유가 있어도 과거는 좋은 미래 예측 수단이 아니라고 잘못 가정하기 때문이다. 우리는 낙관적 편견을 드러내는데, 이것을 계획 오류 (planning fallacy)라고 부른다. 이것은 하나의 환상이다. 당신이나 내가 제출해야 할 보고를 마감 바로 앞까지 연기한다고 가정해 보자. 비록 우리는 여러 번 마감까지 우리의 과제를 완성하지 못했다는 것을 알고 있지만 말이다. 또한 조직은 자주 어떤 프로젝트를 완성하는 데 걸리는 시간을 너무 짧게 잡는다. 계획 오류는 희망적 사고의 특별한 경우이다. 그 속에서 우리는 지나치게 낙관적이 되고 프로젝트의 결과에 대해 비현실적 예측을 내린다.

> **계획 오류:** 사람들이나 조직은 어떤 것을 끝내는 데까지 걸리는 시간을 과소 평가한 앞의 경험이 있음에도 불구하고 어떤 일을 완성하는 데까지 걸리는 기간을 짧게 잡는 경향.

주의를 다른 데로 돌리는 속임수 찾기

청중에게 어떤 주장을 받아들이게 하려는 사람들은 청중이 적절한 이유들을 너무 면밀히 살펴보지 못하게 함으로써 그 주장을 옹호할 수 있다. 그들은 주의를 다른 데로 돌리는 속임수로 청중이 면밀히 검토하는 것을 막는다. 오류를 찾을 때 여러분의 주의를 가장 적절한 이유들로부터 다른 데로 돌리는 추론에 특히 주의해야 한다. 예를 들면, 인신공격의 오류는 한 사람의 품성에는 너무 많은 주의를 집중시키지만 정당한 근거에는 주의를 돌리지 못하게 함으로써 우리를 속일 수 있다. 여기에서는 "저자가 우리 주의를 다른 데로 돌려서 우리를 속였는가?"라고 질문을 할 경우에 발견할 수 있는 다른 오류들을 연습으로 제시한다.

연습 C

정치적 연설: 이번 선거에서 여러분은 위대한 우리나라의 미래를 대표할 여성에게 투표할 기회를 갖게 되었습니다. 그녀는 민주주의를 위해 싸웠고 우리 나라를 지켰습니다. 미국의 꿈을 추구하는 데 결단력 있고, 자신감이 넘치며, 용기도 지녔습니다. 그녀는 우리 아이들과 환경을 지원해 왔으며 이 나라가 평화와 번영과 자유를 향해 나아가도록 도운 여성입니다. 굿하트에게 투표하는 것은 진리와 상식과 우리의 미래에 투표하는 것입니다.

굿하트가 멋진 여성처럼 들린다. 그렇지 않은가? 그러나 이 연설은 상원의원의 과거 행적이나 현재 이슈에 대한 입장에 관해 아무런 세부

정보를 제공하지 않고 있다. 대신 마음 속 깊은 곳의 긍정적인 감정과 연관되는 정서적 단어들을 보여 준다. 우리는 덕을 표현하는 그런 단어들을 "겉만 번지르르한 일반성"(Glittering Generalities)이라 부른다. 이 단어들은 긍정적 감정과 연합하고 너무나 일반적이어서 결국 독자가 원하는 의미를 지니게 된다. 겉만 번지르르한 일반성이라는 장치는 우리에게 적절한 이유나 증거 혹은 명확한 이점이나 불리한 점 등에 대한 검토 없이 결론을 승인하거나 받아들이도록 만든다. 뒤집어 보면, 겉만 번지르르한 일반성은 비난하는 것과 대단히 유사하다. 비난하는 것은 우리에게 증거를 검토하지 않고 부정적 판단을 하게 하려는 것이다. 정서적 단어를 사용하는 것은 정치가들이 애용하는 책략이다. 그것은 독자나 청자가 더 쉽게 반대할 만한 행위나 정책에 주의를 돌리지 못하게 한다.

겉만 번지르르한 일반성의 오류: 덕을 표현하는 단어(모호하고 감정적으로 호소하는 단어)를 사용하는 것. 그런 단어는 우리가 이유를 면밀히 검토하지 않고 무언가를 받아들이도록 만드는 경향이 있다.

주의를 다른 데로 돌리는 흔한 예를 더 검토해 보자.

연습 D

진통제가 건강에 덜 해롭게 보이도록 연구 자료를 왜곡하는 제약회사들에게 사람들이 왜 그렇게 화를 내는지 나는 이해가 안 된다. 그 회사들의 약을 복용하는 것이 그렇게 나쁠 리 없다. 지금도 수천 명의 사람들은 여전히 그 약을 사용하고 그 약이 이들의 통증을 완화시키고 있다.

무엇이 진정한 이슈인가? 대중이 진통제의 안전성에 속고 있는가? 그러나 독자가 주의 깊게 생각하지 않는다면, 그는 대중이 이 약의 사용을 원하는지에 대한 이슈로 주의를 전환하게 될 것이다. 저자나 화자가 우리의 주의를 원래의 이슈로부터 다른 곳으로 전환시킨다면, 이들은 원래의 이슈와는 다른 주제를 끌어들인다고 말할 수 있다. 다음의 예가 보여주듯이 많은 사람들이 주의 돌리기의 오류(red herring fallacy, 도망자가 경찰견이 냄새를 맡지 못하도록 미끼로 사용한 훈제 청어가 red herring이다. 그래서 주의나 관심 또는 주제나 논점을 다른 데로 돌리는 오류를 red herring fallacy라 부른다-역자 주)를 범한다.

엄마: 남자친구와 간 곳에 대해 왜 내게 거짓말을 했니?
딸: 엄마는 늘 저를 닦달해요.

딸의 주장이 정당하다면, 이슈는 어머니가 딸을 닦달하고 있는가이지 딸이 어머니에게 거짓말을 하고 있는 것이 아니다.

주의 돌리기의 오류: 원래의 이슈로부터 주의를 돌리기 위해, 그리고 원래의 논증으로부터 다른 이슈로 주의를 전환시켜서 논증에서 "이기기" 위해 부적절한 주제가 도입되는 것. 이런 경우 오류의 귀추는 다음과 같다: (a) 주제 A가 논의되고 있다. (b) 주제 B가 마치 주제 A와 관련이 있는 양 도입되지만, 실제로는 관련이 없다. (c) 주제 A가 포기된다.

진정한 이슈가 무엇인지 그리고 그 이슈를 해결하기 위해 필요한 증거의 종류가 무엇인지를 명심하는 한, 여러분은 주의 돌리기의 오류를 어렵지 않게 찾을 것이다.

이런 종류의 "추론"은 오류이다. 왜냐하면 단지 토론 주제를 바꾸는 것은 한 주장에 대한 논증이라 여기지 않기 때문이다.

재빠른 손재주: 논점을 교묘히 피하기

우리가 마지막으로 보여 줄 오류는 특히 기만적이다. 때로는 결론이 결론 자체에 의해 뒷받침된다. 순진한 사람들을 속이기 위해 단어들만 바꿀 뿐이다. 예를 들면 학교를 중퇴하는 것은 나쁘기 때문에 바람직하지 않다고 주장하는 것은 제대로 된 주장이 아니다. 결론은 (다른 말로 표현된) 결론에 의해 "증명되었을" 뿐이다. 그런 논증은 논점에 대답하는 것이 아니라 논점을 선취하는 것이다. 다소 덜 노골적인 한 예를 보자.

> **학습 효과의 측면에서 볼 때 프로그램으로 짜여 있는 학습 교재는 전통적인 교재보다 분명히 더 효과가 있다. 왜냐하면 소재들이 단계적으로 제시되는 학습 방법은 학생들에게 많은 도움이 되기 때문이다.**

다시 보면, 결론을 뒷받침하는 이유는 결론을 다른 말로 되풀이하고 있다. 프로그램으로 짜여 있는 학습은 정의에 의하면 단계적인 절차이다. 저자는 그런 절차가 좋기 때문에 좋은 것이라고 주장하고 있다.

프로그램으로 짜여 있는 학습이 학습 자료를 더 많이 제공한다는 것과 같은 명확한 이점을 가리킨다면 이것은 정당한 이유가 될 것이다.

하나의 결론이 증명되어야 하는데도 추론상 가정되고 있다면, 이것은 논점 선취의 오류(Begging the Question fallacy)를 범한 것이다. 논증의 구조를 개괄할 때 이유들을 확실하게 검토해서 그 이유들이 다른 말로 결론을 단순히 반복하고 있지는 않은지 그리고 결론이 그 이유들을 증명하기 위해 사용되고 있지는 않은지 검토해야 한다.

> **논점 선취의 오류**: 결론이 추론에서 다시 가정되고 있는 논증(즉 논증에서 다루어야 할 문제를 이미 해결된 것으로 가정하는 오류. 선결 문제의 오류라고도 함 —역자 주).

비판적 질문 사용하기

오류를 발견하면 그 논증을 거부할 정당한 근거를 발견한 것이다. 그러나 건설적인 비판적 사고의 정신에서 보면, 여러분은 그 이슈에 관한 논의를 계속하기를 원한다. 현실적으로 책이나 신문기사의 저자와 더 많은 대화를 할 수는 없다. 그러나 구두 논증에서 오류가 나타나는 경우에는 계속 대화할 수 있다. 이 경우 여러분이 보여 줄 수 있는 최선의 방법은 오류를 범하고 있는 사람에게 그의 결론에 대한 더 나은 이유가 없는지 질문하는 것이다. 예를 들어, 다른 주제를 끌어들이는 오류가 생기면 화자에게 원래의 이슈로 되돌아갈 의향이 있는지 물어 보라.

추론상의 오류에 대한 요약

지금까지 추론이 오류에 빠질 수 있는 수많은 방법을 보여 주는 연습을 했다. 우리가 모든 방법을 나열한 것은 아니지만 여러분에게 좋은 출발점을 제시한 셈이다. 다음 장들에서 몇 가지 오류를 추가로 다룰 것인데, 여러분이 특정한 핵심 문제에 초점을 맞출 경우 그 오류를 더 잘 발견할 수 있게 된다. 추가로 오류를 접하게 되면 반드시 그것을 여러분의 오류 목록에 첨가하라.

저자가 다음과 같이 할 때는 추론을 거부하는 것이 좋다.

- 한 사람의 생각보다는 그의 인격을 공격할 때
- 미끄러운 경사길 추론을 이용할 때
- 완벽한 해결책을 찾으려는 태도를 보일 때
- 공통의 의견에 부적절하게 호소할 때
- 의심스러운 권위에 호소할 때
- 감정에 호소할 때
- 허수아비를 공격할 때
- 잘못된 딜레마를 제시할 때
- 이름 붙이기를 통해 설명할 때
- 주의를 이슈로부터 다른 곳으로 돌릴 때
- 겉만 번지르르한 일반성으로 주의를 분산시킬 때
- 논점을 선취할 때
- 주의 돌리기를 도입할 때

Practice Exercises

❓ 비판적 질문: 추론에 오류가 있는가?

다음의 연습 제시문에서 추론에 오류가 있는지 확인하라.

제시문 1

공중보건국장은 숨김 없는 조기 성교육을 3학년 정도에 시작해야 한다고 권고했다. 그러나 그것은 일종의 월권이다. 그는 전국을 휩쓸고 있는 AIDS 히스테리의 희생자임이 분명하다. 불행하게도, 대중 매체에 영향을 받은 그의 발표는 숨김 없는 성교육이 아이들에게 해로운데도 그런 성교육을 찬성하는 사람들에게 새로운 전망을 제시했다.

성은 항상 가족이 맡는 문제였다. 단지 최근에 들어서야 성교육이 어린 아이들에게 강조되고 있다. 공중보건국장의 권고는 가족의 역할을 전적으로 배제하는 것이다. 아이들이 편안하게 느낄 수 있는 방식으로 성에 대해 설명하는 일은 부모가 맡아야 바람직하다. 가족을 배제한 성교육에서는 가치나 도덕심이 사라지게 된다. 따라서 그런 교육은 시행되어서는 안 된다. 오랫동안 가족은 성교육에 대한 책임을 맡아 왔고, 앞으로도 그래야 한다.

제시문 2

파티를 연 형제클럽 멤버들은 언론에서 부당하게 취급받는다. 언론은 형제클럽에서 일어난 싸움과 성적 모욕 등 몇 개의 사건에 과잉반응한다. 단지 바보만이 대학에서 형제클럽의 파티를 막을 것이다. 형제클럽 파티에 대한 대부분의 불만은 반사회적인 고독자로부터 온다. 이들은 무엇보다 파티를 미워한다. 나는 술이 허용된 형제클럽 파티를 여러 번 열어 보았지만 아무런 잘못된 일도 일어나지 않았다. 분명히 말해 대학에서 형제클럽 파티를 금지하거나 규제하는 것은 쓸데없는 행동이다. 나는 형제클럽에서 열지 않은 대학 밖의 다른 파티를 본 적이 있다. 그곳에서는 모욕적인 사건이 일어났다. 만약 행정부가 형제클럽 파티를 금지한다면 다음 행동은 알코올이 허용된 대학 내의 모든 사회적 활동이 금지될 것이다.

제시문 3

빌: 미국을 파괴하고 싶어하는 테러리스트들을 숨겨 주는 국가들은 미국의 적으로 간주되어야 합니다. 테러리스트들을 미국 사법제도의 심판을 받도록 양도하지 않는 어떤 나라도 분명히 테러리스트들의 편에 서 있는 것입니다. 이런 부류의 행위는 그런 나라들의 지도자들이 테러리스트들에게 정의의 심판을 내리는 것을 원치 않는다는 것을 의미합니다. 또한 이는 그들이 살인자, 강간범, 도둑, 그리고 반민주주의자들을 숨겨 주는 일에 더 신경을 쓰고 있음을 의미합니다.

테일러: 당신의 주장은 정확히 말해 CIA에서 일하는 친척을 둔 사람에게 기대할 만한 종류의 것이군요. 제가 생각하기에 일단 미국 정책에 찬성하지 않는 나라들을 적으로 부르기 시작하면, 결국 거의 모든 나라들이 우리의 적으로 간주될 것이고, 우리에겐 아무런 동맹도 남지 않을 것 같군요.

Sample Responses

제시문 1

결론: 학교에서 성교육이 이루어져서는 안 된다.
이유: 1. 공중보건국장의 보고서는 사회적 히스테리를 반영한다.
  2. 그 보고서는 가족의 역할을 전적으로 배제해 버린다.
  3. 성교육은 부모의 일이다.
  4. 성교육이 무분별한 성관계를 조장한다.

저자는 이슈보다는 공중보건국장을 공격하면서 논증을 시작한다. 이 저자는 국장의 권고가 폭넓은 연구의 결과라기보다는 사회적인 AIDS 히스테리의 부산물이라고 주장한다. 공중보건국장이 대중 매체에서 뜨거운 화젯거리가 되는 주제를 다루기 위해 보고서를 냈다는 저자의 논평은 그의 신뢰성과 품성을 훼손시키는 것이다. 따라서 이것은 인신공격이다.

두 번째 단락은 허수아비 오류를 범하고 있다. 왜냐하면 그 단락에서 저자는 성교육의 목적이 아이들에게 성교육에 관한 모든 것을 제공하는 것이라 생각하기 때문이다.

저자의 세 번째 이유는 "무엇임"과 "무엇이어야 함"을 혼동하고 있다. 부모가 성교육을 담당해야 한다라는 이유가 부모가 성교육을 담당할 것임을 의미하는 것은 아니기 때문이다.

네 번째 이유는 거짓 딜레마(학교에서 성교육을 하지 않거나 또는 도덕적으로 느슨하고 가치관이 없는 아이들을 육성하거나)를 보여 준다. 그러나 성교육이 가정에서 이루어질 때조차도 도덕적으로 느슨한 아이들이 육성될 수 있지 않은가? 부모와 학교 양자가 성교육을 담당할 수 있는 가능성도 있지 않은가? 교육이 도덕적으로 결함이 있는 비행 아동들을 육성하는 것이 아니라 자신의 인생과 관련하여 성이라는 이슈를 다룰 준비가 되어 있는 아이들을 육성할 수도 있지 않을까?

제시문 2

결론: 대학에서 열리는 형제클럽 파티는 금지하지 말아야 한다.
이유: 1. 단 몇 가지 경우에 대한 대중의 과민반응으로 온 결과를 보고 이를 금지하려고 한다.
  2. 대부분의 불만은 반사회적인 고독자로부터 나온다.
  3. 형제클럽 구성원들은 알코올이 허용된 여러 번의 파티를 열었으나 아무런 잘못도 일어나지 않았다.
  4. 대학 내 형제클럽 파티를 금지하는 것은 문제를 푸는 길이 아니다. 즉 형제클럽 파티가 아닌 다른 파티에서도 계속 모욕과 안전 문제가 나올 것이다.
  5. 대학 내 형제클럽 파티를 금지하는 것은 나아가서 알코올이 가능한 대학 내 다른 사회적 활동을 금지하게 될 것이다.

이 에세이는 어떤 특정한 논증을 말하기보다는 형제클럽 파티를 금지하기 원하는 사람들의 특성을 공격하면서 인신공격의 오류와 이름을 붙여서 설명하기의 오류로 시작한다. 소망적 사고가 작가의 세 번째 이유에 영향을 주고, 네 번째 이유는 완벽한 해결책을 찾는 오류를 범한다. 그의 다음 이유는 가파른 비탈길 오류를 말하는데, 이것은 형제클럽 파티를 금지하는 규제를 만들어도 대학 내 다른 사회적 활동을 금지하는 것으로 확대되지 않을 수 있다.

CHAPTER
08

증거는 얼마나 훌륭한가?
직관, 개인적 경험, 사례…

How Good Is the Evidence: Intuition, Personal Experience,
Case Examples, Testimonials, and Appeals to Authority?

앞 장에서는 추론에서 오류를 발견하는 몇 가지 방법을 배웠다. 이로써 여러분은 설득력 있는 의사소통의 평가 과정에 과감히 들어간 셈이다. 이번 장에서는 추론 구조에서 특정한 부분, 즉 "사실"에 관한 주장에 대해 비판적으로 질문하는 방법을 배우면서 계속해서 추론의 평가에 초점을 맞출 것이다. 그런 주장이 어떤 모습을 띠는지 보자.

요가를 하면 암 발병 위험이 감소한다.

비디오 게임을 하면 손과 눈의 협응이 증대된다.

많은 대학생들이 숙취 상태로 수업에 간다. 〈타임〉지의 보도에 의하면 24퍼센트의 대학생들이 지난 2주 동안 최소 한 번은 전날 밤의 과음으로 인한 숙취 상태에서 수업에 참여했다고 한다.

위의 주장은 어떤가? 정당한가? 대부분의 추론은 이와 같은 주장을 포함한다. 여기에서는 이런 주장을 평가해 볼 것이다.

❓ 비판적 질문: 증거는 얼마나 훌륭한가: 직관, 개인적 경험, 사례, 증언, 권위에 호소?

증거의 필요성

우리가 접하는 거의 모든 추론은 세계가 어떠한지 또는 어떠했는지, 어떠할 것인지에 대한 믿음을 포함한다. 어떤 의견의 주장자는 사람들이 그러한 믿음을 "사실"로 받아들이길 원한다. 이런 믿음은 결론도 될 수 있고 이유나 가정이 될 수도 있다. 이런 믿음을 사실적 주장(factual claims)이라 부른다.

여러분이 사실적 주장에 관해 질문해야 하는 첫 번째 것은 "내가 왜 그것을 믿어야 하지?"이다. 다음 질문은 "그 주장에는 뒷받침할 수 있는 증거가 필요한가?"이다. 만일 필요한데 아무 증거가 없다면, 그 주장(claim)은 단순한 주장(assertion)에 불과하다. 여러분은 단순한 주장이 믿을 만한지 진지하게 물어야 한다.

증거가 있다면 그 다음 질문은 "그 증거는 얼마나 훌륭한가?"이다.

추론을 평가하기 위해서는 어떤 사실적 주장은 다른 것보다 더 믿을 수 있다는 사실을 기억해야 한다. 예를 들어, "대부분의 미국 상원의원들은 남자이다"라는 주장이 참이라는 것은 매우 확신하겠지만, "요가를 하면 암 발병 위험이 감소한다"라는 주장이 참인지에 대해서는 확신이 덜 할 것이다.

대부분의 주장에 대하여 절대적 참이나 거짓을 확정하는 일은 불가능하지는 않아도 매우 어려운 일이다. 그렇기 때문에 우리는 그 주장이 참인지를 묻기보다는 믿을 만한지를 묻는다. 본질적으로 "우리는 그런 믿음에 의존할 수 있는가?"라고 묻고 싶은 것이다. 한 주장을 뒷받침하는 증거의 질적 수준이 높고 그 양이 많을수록, 우리는 그 주장에 더 의존할 수 있고 그 주장을 "사실"이라고 더 확실하게 말할 수 있다.

예를 들면, 조지 워싱턴이 미합중국의 초대 대통령이었다는 데는 풍부한 증거가 있다. 따라서 우리는 이 주장을 사실로 취급할 수 있다. 다른 한편 "알코올 중독은 질병이다"라는 믿음에 대해서는 많은 증거들이 충돌한다. 따라서 이 믿음을 사실로 취급할 수는 없다. 의견으로서의 주장과 사실로서의 주장 사이의 중요한 차이는 관련 증거의 현재 상태이다. 한 믿음을 뒷받침하는 증거가 많으면 많을수록, 그 믿음은 더 "사실적"이 된다.

의사소통의 내용이 설득력이 있는지를 판단하려면 어떤 사실적 주장이 믿을 만한지를 알아야 한다. 그러면 믿을 만한지를 어떻게 판단하는가? 다음과 같은 질문을 해보자.

당신의 증명은 무엇인가?   그것이 참이라는 것을 어떻게 아는가?
증거는 어디에 있는가?   그것을 왜 믿는가?
그것이 참임을 확신하는가?   그것을 증명할 수 있는가?

이런 질문을 던지는 습관을 갖게 되면, 여러분은 가장 비판적으로 사고하는 사람들 중 한 사람이 될 것이다. 이런 질문은 논증자가 자신의 논증에 대한 토대를 드러내는 데 더 책임감 있는 사람이 되길 요구한다. 고려할 가치가 있는 논증을 펼치는 사람이라면 누구라도 이런 질문에 주저 없이 대답할 것이다. 그들은 자신들의 주장을 실질적으로 뒷받침할 수 있다고 생각한다. 그리고 결과적으로 그들의 결론을 여러분이 공유하길 희망하면서 그들이 제시한 증거도 공유하길 원할 것이다. 증거를 대 보라는 단순한 요구에 화를 내거나 자신의 주장에서 한 발 물러선다면, 그것은 증거가 없이는 자신들의 믿음에 대해 단정적인 태도를 취할 수 없음을 깨닫고 당황했기 때문이다.

반복적으로 이런 질문을 하게 되면, 많은 믿음에 대해 그것을 명확히 뒷받침하거나 반박하기에는 증거가 불충분하다는 것을 깨닫게 될 것이다. 예를 들면, 어떤 증거는 이틀에 한 번씩 아스피린을 먹으면 심장마비의 위험이 줄어든다는 주장을 반박하지만, 그 주장을 뒷받침하는 증거도 많이 있다. 그런 경우 사실적 주장의 신뢰성을 판단할 때 증거의 우월성이 어디에 있는지 판단할 필요가 있다.

그런 판단을 하려면, "그 증거가 얼마나 훌륭한가?"라는 중요한 질문을 던져야 한다. 8~10장에서는 의견을 주장하는 사람이 사실적 주장을 얼마나 잘 뒷받침했는지 판단하기 위해 우리가 던져야 하는 질문들을 검토할 것이다. 사실적 주장이 더 믿을 만할수록 의사소통은 더 강한 설득력을 갖게 될 것이다.

사실적 주장 찾아내기

우리는 사실적 주장을 (a) 기술적 결론으로서, 또는 (b) 기술적 결론이나 규범적 결론을 뒷받침하기 위해 사용된 이유로서, 혹은 (c) 기술적 가정으로서 접한다.

(a) 헤드폰을 자주 사용하면 청력을 잃을 수도 있다. 연구자들은 헤드폰 사용의 빈도와 시간에 관하여 대학생 251명을 대상으로 연구했고, 그 중 49퍼센트의 학생들이 청각 장애의 증거를 보인다고 발표했다.

"헤드폰을 자주 사용하면 청력을 잃을 수도 있다"라는 주장은 연구 증거가 뒷받침하는 기술적 결론이자 사실적 주장이다. 이런 경우 우리는 "그 결론(사실적 주장)이 증거에 의해 정당화되는가?"라고 질문하길 원한다.

(b) 우리나라는 더 강력한 총기 규제를 필요로 한다. 범죄에 관한 최근의 통계에 따르면, 지난 10년간 총기 관련 범죄의 수가 증가했다.

여기에서 사실적 주장은 "지난 10년간 총기 관련 범죄의 수가 증가했음"을 보고하는 통계이다. 그리고 이 주장은 규범적인 결론을 지지하는 이유로 기능한다. 이 경우, 우리는 "그 이유(사실적 주장)가 증거에 의해 정당화되는가?"라고 묻기를 원한다.

(c) 교수들은 너무나 많은 대학 졸업생들이 비판적 사고의 기술이 부족하기 때문에 수업에서 더 적극적인 토론을 이끌어내야 한다.

서술되지 않은 기술적 가정이 결론의 이유에 연결되어 있다. 즉 학생들은 적극적인 교실 토론에 참여함으로써 어떻게 비판적으로 사고할 수 있는지를 배운다.

이런 사실적 주장은 기술적 가정이다. 이것은 믿을 만할 수도 있고, 그렇지 않을 수도 있다. 그런 가정을 믿기 전에, 따라서 그 이유를 믿기 전에, 우리는 "증거가 가정을 얼마나 잘 뒷받침하는가?"라고 질문하고 싶다. 의견을 주장하는 많은 이들이 자신들의 이유를 증거를 통해 뒷받침해야 한다는 점을 알고 있다. 그러나 그들은 자신들의 가정을 분명하게 만들 필요가 있음은 잘 모른다. 많은 경우 그런 증거가 논증의 질적 수준을 결정할 때 상당히 중요하지만 가정에 대한 증거는 거의 제시되지 않는다.

증거의 원천

어떤 경우에 사실적 주장을 믿을 만한 것으로 받아들여야 하는가? 사실적 주장에 동의하고 싶은 마음이 가장 많이 드는 세 가지 사례가 있다.

1. "역도는 신체의 근육량을 증가시킨다"는 주장과 같이 주장이 논박할 수 없는 상식적 지식으로 보일 때
2. 주장이 잘 추론된 논증에서 나온 결론일 때
3. 주장이 확고한 증거로 적절하게 뒷받침될 때

이 장에서 우리의 관심은 세 번째 사례이다. 우리가 증거의 적절성을 판단하려면 "증거가 얼마나 훌륭한가?"라고 질문해야 한다. 우리는 이 질문에 대답하기 위해서 우선은 "증거가 무엇을 의미하는가?"라고 질문해야 한다.

> **주의**: 증거는 의사소통을 하고 있는 사람들이 공유하는 명확한 정보로서 사실적 주장의 신뢰성을 뒷받침하거나 정당화하기 위해 사용된다(3장 참조). 규범적 논증(prescriptive argument)에서는 증거가 사실적 주장으로서의 이유들을 뒷받침하기 위해 필요할 것이다. 기술적 논증(descriptive argument)에서는 증거가 기술적 결론을 직접적으로 뒷받침하기 위해 필요할 것이다.

증거의 질적 수준은 증거의 종류에 따라 결정된다. 따라서 증거를 평가하려면 우선 "그것이 어떤 종류의 증거인가?"라고 물어야 한다. 증거의 종류를 안다면, 어떤 질문을 해야 좋을지 알게 될 것이다.

이런 증거는 적합하게 사용되면 "훌륭한 증거"가 될 수 있다. 그것은 저자의 주장을 뒷받침하는 데 도움이 될 수 있다. 금을 채취하려는 사람이 고품질의 금을 찾아내기 위해 자신의 체에서 자갈을 면밀하게 살펴보듯이 증거의 질적 수준을 결정하기 위해 증거를 자세히 검토해야 한다. 우리는 "저자의 증거가 그의 주장을 믿을 만하게 잘 뒷받침하는가?"에 대해 알고 싶다. 그리하여 "그 증거는 얼마나 훌륭한가?"라고 물음으로써 증거를 평가하기 시작한다. 어떤 증거도 작업을 한방에 끝내는 슬램덩크가 아니라는 점을 명심하라. 여러분은 더 나은 증거를 찾고 있지만 전적으로 훌륭한 증거를 찾아내기란 쉬운 일이 아니다.

증거의 주요 예

- 직관
- 개인적 경험
- 사례
- 증언
- 전문가의 권위에 호소하기
- 개인적 관찰
- 연구
- 유추

이 장과 다음 장에서는 각 증거에 상응하는 질문의 종류를 검토한다. 이번 장에서 검토하는 증거의 종류는 직관과 개인적 경험, 사례, 증언, 권위에 호소하기이다.

증거로서의 직관

"친구들이 우리를 어울리지 않는다고 생각해도 재닛은 내게 맞는 여자라는 느낌이 방금 들었어요."
"상원의원 라미레스가 선거에 이겨서 여론조사 요원들을 놀라게 할 거라는 느낌이 막 들었어요."
"이 슬롯머신이 오늘은 나에게 승리자가 되게 해줄 거라고 말할 수 있어요."

주장을 뒷받침하기 위해 직관(intuition)을 사용할 때는 "상식"이나

"직감" 또는 예감에 의존한다. 의견을 주장하는 사람이 "상식에 따르면"이라고 말하거나, "나는 단지 그게 참이라는 것을 알 뿐이다"라고 말함으로써 자신의 주장을 뒷받침한다면, 그는 직관을 증거로 사용하고 있는 것이다.

그러나 직관이 갖는 큰 문제점은 그것이 개인적(private)이라는 점이다. 다른 사람들은 그 직관이 믿을 만한지 판단할 방법이 없다. 따라서 직관적 믿음들이 다른 경우(그런 경우가 흔하듯이), 어떤 직관을 믿어야 할지 결정할 수 있는 확고한 토대가 없다. 게다가 많은 직관은 대체로 무의식적인 과정에 의존한다. 이런 과정은 관련된 증거를 무시하고 강한 편견을 반영한다. 결과적으로 직관에 의해서만 뒷받침되는 주장에 대해서는 아주 조심해야 한다.

그러나 때로 "직관"은 사실상 개인의 포괄적 경험과 독서 같은 다른 종류의 증거에 의존하고 있을 수도 있다. 예를 들어, 경험이 많은 조종사는 비행기가 이륙하기 위해 활주로를 달릴 때 비행기가 이상하다고 느끼는 경우가 있다. 그러면 이륙에 앞서 비행기를 더 점검해야 한다고 생각한다. 때로는 "예감"이 맹목적인 것만은 아니다. 우리는 비판적으로 생각하는 사람으로서 직관에 의존하고 있는 주장이 어떤 다른 종류의 증거에 의해 뒷받침되는지 알아내야 한다.

증거로서의 개인적 경험

다음 논증은 사실적 주장을 뒷받침하기 위해 특정한 종류의 증거를 사용한다.

1. "제 친구 쥬디는 시험 공부를 위해 밤을 세울 때 시험을 정말 잘 치는 것 같아요. 그래서 저도 내일 시험을 앞두고 잠을 자지 말아야겠어요."
2. "저는 초콜릿 케이크 큰 조각을 먹으면 기분이 항상 더 좋아져요. 그래서 기분이 처져 있는 사람은 누구든지 초콜릿 케이크를 더 먹어야 한다고 생각해요."

이 두 논증 모두 개인적인 경험을 증거로 사용하고 있다. 여러분은 "나는 ~인 사람을 알고 있다"와 "내 경험으로 ~임을 알았다"와 같은 어구들로 제시되는 증거에 조심해야 한다. 개인적 경험은 우리 기억 속에서 아주 생생하기 때문에, 우리는 종종 믿음을 뒷받침하기 위한 증거로서 그것에 의존한다. 예를 들어, 여러분은 자동차 정비공이 차량 정비 비용을 바가지 씌웠기 때문에 그들에 대해 아주 실망스러워한 경험이 있을 수 있다. 이런 경험은 여러분에게 대부분의 차량 정비공이 바가지를 씌운다고 믿게 만든다.

차량 정비공에 대한 일반화가 참일 수도 참이 아닐 수도 있는데, 일반적 믿음을 위한 토대로서 그런 경험에 의존하는 것은 잘못이다! 단 하나의 개인적 경험이나 혹은 축적된 개인적 경험들조차도 여러분이 경험의 대표적인 사례로 인식하기에는 충분하지 않다. 그러므로 개인적 경험은 종종 성급한 일반화의 오류(hasty generalization fallacy)를 범하게 한다.

단 하나의 두드러진 경험이나 몇몇의 그런 경험이 어떤 결과가 가능하다는 것을 증명할 수는 있다. 예를 들면, 자동차 사고가 났을 때 안전벨트를 매지 않고 있었기 때문에 생명을 구했다고 주장하는 사람을 만난 적이 있을 것이다. 그러나 그런 경험은 그런 결과가 전형적(typical)이라거나 개연적(probable)임을 증명할 수는 없다. 누군가 "내 경험으로 보건대 …"라고 말하면 조심하라.

성급한 일반화의 오류: 큰 집단의 아주 작은 요소들에 대한 경험을 토대로 그 집단에 대한 결론을 이끌어내는 경우.

증거로 든 사례

큰 대학의 총장: 물론 우리 학생들은 월급을 많이 주는 직장을 가질 수 있고, 더 큰 대학에서 공부를 더 할 수도 있습니다. 왜냐하면 바로 지난 해 우리는 메리 나이스라는 학생을 하버드대학교의 법대로 보냈습니다. 첫해에 그녀는 학급에서 5퍼센트 안에 들었습니다. 그래서 우리 학생들은 확실히 다른 좋은 대학에서도 좋은 성적을 거둘 수 있습니다.

자주 증거로 사용되는 것은 한 사람 또는 여러 명에 관한 이야기나 사건들에 관한 구체적이고 유명한 사례가 어떤 결론을 지지하기 위해서 사용된 경우이다. 그런 묘사는 관찰이나 인터뷰에 근거하며, 깊이 있는 것에서 표면적인 것까지 다양하다. 우리는 그런 묘사를 사례(case examples)라고 부른다. 대화는 자주 어떤 사건을 극적으로 묘사해서 듣는 사람의 감정을 자극한다. 예를 들면, 차 안에서 핸드폰의 사용을 금지하는 것을 주장하는 한 가지 방법은 한 젊은이가 핸드폰을 사용하다 차 사고로 죽었다는 이야기를 들려 주는 것이다.

사례는 자주 우리를 설득한다. 왜냐하면 생생하고 흥미로운 사실들로 쉽게 그림을 그릴 수 있기 때문이다. 정치가들은 연설에서 많은 사례를 이용한다. 그들은 사례의 구체적인 사실들이 감정적 반응을 불러온다는 것을 안다.

극적인 사례는 우리의 감정을 자극하므로 그들은 우리에게서 그것이 증거로서 갖는 가치에 주목하지 못하게 하고 다른 더 의미 있는 연구 증거를 찾지 못하게 한다. 예를 들면, 많은 희생자를 고문하고 살해한 한 남자에 대한 이야기를 상상해 보자. 그런 이야기에서 자극 받은 감정은 사형제도를 찬성하게 만든다. 그러나 이런 범죄에 관한 드라마는 우리가 다음의 사실을 무시하도록 만든다. 즉 그런 경우가 드물기는 하지만 지난 30년 동안 119명의 수감자가 사형선고를 받았으나 무죄로 판명되어 감옥에서 풀려났다는 사실 말이다.

증거로 든 특이한 사례를 조심하라.

사례가 증거로서 훌륭하지는 않지만 유용한 경우는 있는가? 있다. 개인적 경험처럼 그것은 중요한 가능성을 제시하며, 추상적인 통계에 개인의 얼굴을 들이밀게 한다. 추상적인 통계는 사람들이 사례를 어떤 주제와 연결하기 쉽게 하며 그래서 그 사례에 더 많은 관심을 갖게 한다.

증거로서의 증언

1. 저는 서비스 센터의 게시판에서 다음과 같은 메모를 보았습니다: "제인은 제 차의 오일 누출 문제를 멋지게 고쳐냈습니다. 여러분 차의 엔진 문제를 해결하려면 제인에게 가보세요."
2. 이 책은 대단해 보입니다. 책 뒷표지에 있는 독자들의 논평에 "나는 이 책을 내려놓을 수 없었다"라고 되어 있어요.

상품 광고, 영화 광고, 책 뒷표지의 추천사, 그리고 과학적으로 설명할 수 없는 사건이나 논란의 여지가 있는 사건 또는 특별한 인생의 사건에 대한 "증명" 등은 개인적 경험에 특별히 호소함으로써 설득하려는 경우가 많다. 즉 사람들은 특별한 사람들을 인용하여 어떤 생각과 상품의 호불호를 말하고 일어난 사건을 언급하는데, 이것은 특별한 사람들의 개인적 경험을 토대로 하는 것이다. 그렇게 인용된 진술을 개인적 증언(personal testimonials)이라고 한다. 대학을 선택할 때 여러분은 대학생들에게서 개인적인 증언을 들어 보았을 것이다.

그런 증거가 얼마나 도움이 되는가? 그런 증거는 통상 별로 도움이 되지 않는다. 대부분의 경우 개인적 경험 배후에 숨어 있는 전문지식, 관심, 가치, 편견 등을 더 많이 알게 될 때까지 우리는 개인적 경험에 관심을 기울이지 않는 것이 바람직하다. 우리는 개인적 증언이 지니는 다음 문제들 각각에 특히 주의하는 것이 좋다.

- **선택성**(selectivity): 사람들의 경험은 서로 많이 다르다. 우리를 설득하려는

사람들은 대개 자신들이 사용하려는 증언을 조심스럽게 선택한다. 우리는 항상 "우리에게 아직 이야기해 주지 않은 사람들의 경험은 어땠을까?"라고 질문해 보아야 한다. 또한 증언하는 사람들은 그들의 관심사에 선택적인 경우가 많다. 다시 말해 그들은 자신들의 믿음을 확증해 주는 정보에 특별한 주의를 기울이는 반면, 믿음에 반하는 정보는 무시하는 경향이 있다. 믿으면 보인다! 기대치(expectancies)는 우리가 사건을 어떻게 경험하는지에 큰 영향을 끼친다. 만일 우리가 외계인이 우리와 함께 살고 있다거나 인간이 실제로는 결코 달에 착륙하지 못했다고 믿는다면, 우리는 애매한 이미지를 외계인으로 또는 달에 착륙한 것처럼 사실을 조작하는 정부의 음모를 증명하는 것으로 볼 가능성이 크다.

• **개인적 이해관계**(personal interest): 책, 영화, 텔레비전 상품 등에 사용되는 많은 증언들은 그들의 증언으로부터 무언가를 얻게 될 사람들에게서 나온다. 예를 들어, 제약 회사는 의사들이 자사 상표의 약을 처방해 주는 한 그들에게 종종 연구 보조금을 준다. 따라서 우리는 "증언에 강한 편견이 깃들어 있다고 생각될 정도로, 증언하는 사람이 그가 옹호하고 있는 것과 모종의 관계가 있지는 않은가?"라는 질문을 던져야 한다.

• **누락된 정보**(omitted information): 증언은 판단의 토대에 대한 충분한 정보를 거의 주지 못한다. 가령 한 친구가 새 영화가 "최고의 영화"이기 때문에 이 영화를 보라고 여러분에게 권한다고 하자. 이 경우 여러분은 무엇 때문에 그 영화가 그렇게도 인상적인지를 물어야 한다. 우리의 판단 기준은 증언하는 사람들의 판단 기준과는 당연히 다를 수밖에 없다. 그런 주장을 진지하게 다루어야 할 것인지를 결정하기에는 우리에게 주어진 정보가 너무 적다.

- **인간이라는 요인**(the human factor): 증언이 상당히 설득력 있는 이유는 그것이 인간으로부터 나온 것이고 대단히 생생하면서 상세하기 때문이다. 즉, 증언은 추상적인 경향이 있는 통계나 그래프와는 두드러지게 대조를 이룬다. 믿을 만하고 선의가 있으며 정직해 보이는, 대단히 열정적인 사람들이 종종 증언을 한다. 그런 사람들은 우리가 그 증언을 믿고 싶도록 만든다.

증거로서 권위에 호소하기

"저를 진료한 의사에 따르면, 최근의 연구들은 하루에 찻숟가락 2~3개 분량의 설탕을 먹으면 감기에 대한 저항력이 증가한다고 합니다."

이 화자는 권위(주어진 주제에 대해 우리들보다 더 많은 식견을 갖고 있을 것으로 추정되는 사람)에 호소함으로써 자신의 주장을 옹호했다. 의견을 주장하는 사람이 권위자나 전문가에게 호소하는 경우, 이것은 일정한 사실에 접근할 수 있는 지위에 있으면서 그 사실들로부터 결론을 도출할 수 있는 전문적인 자격을 갖춘 사람에게 호소하는 것이다. 여러분은 일상적인 생활에서 사람들이 많은 형태의 권위에 호소하는 것을 접하게 된다. 여러분도 그런 권위에 호소하는 것 외에 별로 선택의 여지가 없는 경우가 있는데, 복잡한 삶에서 몇 가지 측면을 제외하면 다른 분야에서 능숙해질 수 있는 시간과 지식을 가질 수 없기 때문이다.

영화 평론가: "올해 최고의 영화 중 한 편"

토크쇼 전문가: "경제는 침체로 향하고 있다."

단체: "미국의학협회는 다음 입장을 지지한다."

연구원: "연구는 ~임을 보여 준다"

친척: "할아버지께서 말씀하시기를 …"

종교: 《코란》에 따르면 …"

잡지: 〈뉴스위크〉지에 따르면 …"

우리는 체중을 줄이는 방법, 행복 얻기, 부자되기, 콜레스테롤을 낮추는 방법, 자녀 양육, 월척을 낚는 방법 등을 이런 자료를 통해 전문가의 충고를 얻을 수 있다. 여러분은 이 리스트에 쉽게 덧붙일 수 있다.

권위에 호소하는 것은 다른 것보다 훨씬 더 진지한 증거로 간주될 수 있다. 어떤 권위자들은 의견을 제시하는 데 있어서 다른 사람들보다 훨씬 더 주의 깊다.

여러분은 전문가들도 종종 틀린다는 것을 기억해야 한다. 또한 그들도 의견이 일치하지 않을 수 있다. 《더 엑스퍼츠 스피크(The Experts Speak)》에서 나온 다음의 예는 전문가 의견의 오류를 확실히 상기시킨다. (Christopher Cerf and Victor Navasky, 1998, Rev. Ed., Villard Books, New York)

"세계 시장은 다섯 개의 컴퓨터를 위해 있다고 생각한다."
- 토머스 왓슨, IBM 의장, 1943.

"비디오가 시장에 풀리고 나서 6개월이 지나면 그것이 장악하고 있는 시장을 유지할 수 없다. 사람들은 밤마다 합판 상자를 바라보는 데 지겨워할 것이다." — 대릴 F. 재넉(20세기 폭스사 사장) ca. 1946, 41쪽.

위의 인용문들은 의견을 주장하는 사람이 권위에 호소할 때 우리가 비판적 질문을 던져야 할 이유를 상기시켜 준다. 우리는 "왜 이 권위자를 믿어야 하는가?"라고 질문해야 한다. 더 자세히 말하면, 권위에 대해 다음의 질문을 해야 한다.

그 권위자는 자신이 전달하고 있는 주제에 관하여 얼마나 많은 전문지식을 갖고 있으며 얼마나 많은 훈련을 받았는가? 이것이 그 사람이 오랫동안 공부한 주제인가? 또는 그 사람은 그 주제와 관련된 폭넓은 경험을 했는가?

그 권위자는 관련된 사실에 특히 잘 접근할 수 있는 위치에 있었는가? 예를 들면, 그는 자신이 주장하고 있는 사건을 직접 관찰했는가? 가령 신문기자가 사건을 실제로 목격했는가, 아니면 단지 다른 사람의 보고에 의존했는가? 만일 권위자가 직접 관찰자가 아니라면 그는 누구의 주장을 되풀이하는 것인가? 우리는 왜 그런 주장에 의존해야 하는가? 여러분은 일반적으로 이차적 원천(자신의 증거에 대해 다른 사람들에게 의존하는 것들)보다는 일차적 원천, 즉 직접 관찰자에게 더 큰 인상을 받게 마련이다. 예를 들어, 〈미국의학협회지(Journal of the American Medical Association)〉 같은 학술지는 일차적인 원천인 반면, 〈타임〉이나 〈뉴스위크〉는 이차적 원천이다.

그 권위자가 왜곡시키는 영향력으로부터 상대적으로 자유롭다고 믿을 수 있는 훌륭한 이유가 있는가? 개인적 필요, 앞선 기대치, 일반적 믿음, 태도, 가치, 이론, 이데올로기 등은 증거가 어떻게 보고되는지에 영향을 끼칠 수 있는 요인이다. 이들은 증거 제시 방식에 무의식적으로 혹은 고의적으로 일정한 영향을 줄 수 있다. 예를 들면, 공립 대학 총장이 교육에 대한 재정지원 삭감이 그 대학에 나쁜지 질문을 받는다면, 그는 아마도 "그렇다"고 대답할 것이고 수많은 이유를 제시할 것이다. 그는 이 상황에 대해 편견이 없는 입장을 제시하고 있는지도 모른다. 그러나 우리는 그가 자신의 직위로 인해 편견을 정당화하는 이유만을 골라냈을 가능성에 대해 우려할 것이다.

편견과 선입견을 갖는다는 것은 증거를 보기 전에 무언가를 좋아하거나 싫어하는 느낌을 강하게 갖고 있음을 의미한다. 그래서 그런 감정이 증거를 공정하게 평가하는 우리의 능력을 방해한다. 판단을 할 때 실제로 많은 요소들이 편견을 갖도록 하기 때문에 어떤 권위도 전적으로 공평할 것이라 기대할 수는 없다. 그러나 또 어떤 권위는 더 적은 편견을 가질 것이라 기대할 수 있다. 우리는 그 주제에 대한 권위자의 개인적인 이해관계에 관한 정보를 수집함으로써 그런 편견의 정도를 판단하려고 한다. 예를 들어, 한 권위자가 자신이 변호하고 있는 행위로부터 금전적인 이익을 얻는 위치에 있다면, 특히 주의를 기울여야 할 것이다.

권위자는 한 이슈에 대해 개인적인 이해관계를 가질 수 있음에도 불구하고 여전히 믿을 만한 주장을 제시할 수 있다. 그러므로 그 권위자의 개인적 이해관계가 공정성을 침해할지도 모른다는 의혹만으로 우리가 그의 주장을 거부하는 것은 바람직하지 않다. 우리가 취할 수 있는 유용한 조치는 다양한 태도, 앞선 기대치, 가치, 이해관계 등을 가진 권위자들이 의견의 일치를 보이는지 검토하는 것이다. 즉 "그 권위자가 믿을 만한 주장을 자주 한다는 평판을 들어 왔는가? 우리는 과거에 이 권위자에 의존할 수 있었는가?"라고 질문해야 한다.

여러분이 인터넷에서 사실적 주장을 만나게 되면 특히 권위자의 질적 수준에 대해 우려할 것이다. 온라인상에서는 실제로 모두가 "권위자"가 된다. 사람들은 자신들이 원하는 것은 무엇이든지 자유롭게 주장하는데, 그런 주장들을 평가할 수 있는 내적인 검토 과정이 없기 때문이다. 온라인에서는 분명히 "소비자가 조심해야" 한다.

책, 가구, 레스토랑, 여행지, 호텔, 기업, 서비스에 대한 평가글이 거짓이거나 상업적이어도 읽어 보면 점점 믿음에 대한 환상을 갖게 된다. 연구에 따르면, 많은 사이트에서 평가글의 삼분의 일이 거짓이다. 다른 말로 하면 평가자들이 자신들이 평가하는 것에 대한 지식이 없거나 또는 강한 개인적 편견을 가지고 있다. 책의 저자들은 책 평가글을 돈으로 사기도 한다. 평가는 주로 소비자에게 정보를 주기보다 제품을 선전한다. 예를 들면, 아마존 상품 평가의 60퍼센트는 별 5개인데, 긍정적 평가로 기울어져 있다. 그래서 여러분은 권위에 대한 증언이나 호소가 가짜가 아니라 믿을 만하다는 신호를 찾아야 한다.

여러분은 웹사이트의 목적, 그것과 관련되어 기여자들의 신뢰와 경험 그리고 그들이 내리는 결론을 지지하는 추론의 성격을 가능한 한 많이 알도록 노력해야 한다. 즉 추론의 구조에 깊은 관심을 기울여야 한다. 그리고 그 사이트가 높은 믿음을 주는 사이트와 연결되어 있는지도 살펴야 한다.

나아가 그 사이트가 믿기 어려운 증거는 자료를 올린 날짜가 없고,

사이트에 전문성이 없어 보이고, 모호한 주장을 하고, 휘젓고 다니고(예를 들면, "항상", "절대로"라는 말을 사용하며), 조심스럽게 자격을 갖추기보다는 감정적이며, 완전히 한편으로 기울어진 견해를 갖고, 중요한 증거의 근거가 없고, 소문으로 된 증거를 제시하며, 그리고 많은 추론의 오류를 포함하는 경우이다. 마지막으로 같은 주제에 대한 증거를 다른 사이트들에서 찾아내라.

비판적 질문 사용하기

직관, 개인적 경험, 사례, 증언, 권위에 호소하기 등을 증거로 사용할 때의 문제점을 확인하면, 그런 증거에 토대를 둔 결론을 받아들이는 데 주저할 것이다. 이런 증거의 문제를 알면, 여러분은 가짜 추론으로부터 보호받을 수 있다. 그러나 여러분은 자신에게 제시된 논증을 열심히 검토해서 공정하게 다루고 싶어한다. 그래서 별 내용이 없는 증거를 제공한 사람들에게 더 나은 증거를 제시해 줄 수 있는지 질문하는 것은 의미 있는 일이다.

학문적 글쓰기 및 증거

작문 숙제를 할 경우, 여러분은 작문의 일반적 방식과 예상에 집착한다. 이런 많은 일반 방식과 예상은 예를 들면 고통이나 외설을 피하려는 결정처럼 작문 스타일과 관련이 있다. 일반 방식은 환경에 관련되어 있다. 친구와 하는 페이스북에서 적극적인 해명을 집어넣는 것이 적절할 수도 있지만 상사에게 보내는 보고서에서는 적절하지 않다. 이런 지침은 여러분이 작업에서 포함하려고 선택하는 증거의 유형에도 연결된다. 이 장에서 밝힌 어떤 증거들은 일상적인 글쓰기나 대화에 더 적절할 수도 있다. 예를 들면 Urbanspoon.com에 새 식당에 대한 리뷰를 쓴다든가 또는 동료 게이머에게 다중 온라인 게임의 새 확장판을 다운 받도록 권하는 것과 같은 것이다. 그러나 우리는 당신이 앞으로 몇 년간 삶에서 많은 글쓰기가 학문적 글쓰기일 수 있다고 생각한다. 학문적 글쓰기는 증거의 질에 대한 어느 정도의 예상과 같이 한다. 예상은 훈련에 따라 달라지지만 어느 정도 유사성을 지닌다. 이런 예상을 이해한다면 이것은 여러분이 더 많은 증거를 가지고 주장을 더 키울 것인지에 대한 결정을 도와줄 것이다.

학문적 글쓰기에서 많은 가치는 연구에 두어야 한다. 이런 연구는 공개적으로 증명이 가능한 것이고, 과학적 방법에 따라서 행해지며, 공개하기 전에 동료들에게서 검토를 받을 것이다. 이런 표준적인 방법들은 증거의 신뢰를 높인다. 또한 관찰을 더 일반화한다. 우리는 9장에서 왜 그런지를 다룰 것이다. 지금은 학문적 글쓰기가 직관, 개인적 경험, 사례, 증언 혹은 권위에 호소함으로써 근거를 갖는 것에 집중한다. 여러분은 아마도 이런 부분들을 동료가 검토한 연구, 활발한 연구 방법의 조사, 학문적 표준으로 수행된 연구로 지지하고 싶을 것이다. 학문적 글쓰기에서 청중은 이런 증거를 예상하고 평가할 것이다.

이 장에서 우리는 몇 가지 종류의 증거를 평가하는 데 집중했다. 이런 증거들은 사실적 주장, 즉 개인적 경험이나 주장, 증언 그리고 권위에의 호소를 지지하는 데 사용되었다. 그런 증거는 반드시 주의해야 한다. 우리는 많은 질문을 했다. 여러분은 그런 증거가 좋은 증거인지를 결정해야 한다. 9장에서는 다른 종류의 증거를 다룰 것이며, "증거는 얼마나 훌륭한가?"라고 계속 질문할 것이다.

Practice Exercises

❓ 비판적 질문: 증거는 얼마나 훌륭한가? 직관, 개인적 경험, 사례, 증언, 권위에 호소하기

다음 세 제시문에서 증거를 평가하라.

제시문 1
많은 십대와 젊은이들이 여드름 문제를 해결하기 위해 프로액티브(Proactive®)라는 새롭고 혁신적인 제품을 사용하고 있다. 그 제품은 효과적이고 탁월하다. 당신의 피부를 개선하고 건강하게 오래 유지한다. 그 제품을 만드는 회사에 의하면 사용자들은 "3일만에 더 맑은 피부"를 갖게 될 것이다. 많은 인사들이 인터뷰를 하는 동안 그 제품에 대해 코멘트했다.

쥴리아니 휴: "이제 내 피부는 맑아져서 신선하고 활기차게 느껴진다. 자신감이 생긴다."

나야 리베라: "사람들은 제대로 작용하는 뭔가를 발견하려고 했다. 난 운 좋게도 프로액티브를 얻었다…."

제시문 2
보톡스 주사는 안전한 미용 성형술인가? 〈코스모(Cosmo)〉에 게재된 N.O. 워리스 박사의 인터뷰에 따르면, 보톡스 주사와 관련되어서는 위험한 부작용이 없다고 한다. 매달 수백 명에게 보톡스 주사를 시술하고 있는 워리스 박사는 뉴욕시에서 성공한 의사로 자리 잡았으며, 개인 병원을 갖고 있다. 그녀는 보톡스 시술에서 심각한 문제를 발견하지 못했으며, 그녀의 환자들도 부작용을 호소한 적이 없다고 한다. 게다가 헐리우드의 미용성형외과 의사협회는 기자 회견에서 다음과 같이 공식적으로 발표했다. 일부 다른 의사들이 부작용을 주장할지도 모르지만, 보톡스는 부정적 결과를 낳은 적이 없다.

제시문 3
채식주의자들은 고기를 먹는 사람보다 정말 더 건강한가? 대답은 예스이다. 채식주의자가 육식을 정기적으로 하는 사람보다 여러 가지 장점이 있다는 여러 연구가 있다. 나아가서 채식주의자에게 물어 보면 그들은 재빨리 왜 그들의 다이어트가 비채식주의자들보다 더 나은지를 설명할 것이다. 더 중요한 것은 많은 식당과 기업들이 채식주의자의 선택과 메뉴에 초점을 두고 있다. 그래서 분명히 채식주의가 고기를 먹는 것보다 더 건강하다.

Sample Responses

제시문 1

결론: 프로액티브를 사용하면 여드름을 효과적으로 치료할 것이다.
이유: 유명 인사들이 그 제품의 치료 효과를 이야기한다.

유명 인사들의 증언을 좋은 "증거"로 여기지 말아야 한다. 제시문은 증언이 인식에 영향을 주는 기대력이나 증거로서는 약하다고 밝힌다. 이런 성공 스토리들은 아주 전형적이다. 여드름 치료를 한 사용자 중에서 우연히 한 사람을 골라 그 효과를 큰 소리로 떠든 것은 아닐까? 이렇게 선택한 유명 인사는 충분히 추천 받을 만한가? 더 많은 체계적인 연구 데이터가 모이기 전까지는 그 제품이 여드름을 치료하는 데 효과적이라고 결론 내릴 수 없다.

제시문 2

결론: 보톡스 주사는 안전하다.
이유: 미용성형외과 의사들과 어떤 주의 전문가협회는 보톡스가 안전하다고 주장한다.

권위에 호소하기에 얼마나 의존해야 할까? 그렇게 많이 의존해서는 안 된다. 우선, 두 권위자 모두 편견에 상당히 사로잡혀 있을 수 있다. 그들은 보톡스의 안전성 주장을 통해 재정적으로 이득을 볼 입장에 있다. 워리스 박사의 증언은 특히 의심스럽다. 왜냐하면 그 주장은 자신의 경험에만 토대를 두고 있기 때문이다. 워리스 박사는 아마도 실패에 대한 증거를 찾아본 적이 없을 것이다. 전문가협회의 주장도 워리스 박사의 주장만큼이나 의심스럽다. 왜냐하면 이 협회는 보톡스 주사를 시술하는 미용성형외과 의사들의 단체이기 때문이다. 이 협회가 보톡스가 어떤 이유에서 안전한지에 대해 체계적인 연구를 제시한다면, 이들의 주장은 아마도 덜 의심스러울 것이다.

CHAPTER
09

증거는 얼마나 훌륭한가?
개인적 관찰, 연구, 유추

How Good Is the Evidence: Personal Observation,
Research Studies, and Analogies?

이 장에서도 계속해서 증거를 평가하는데, 세 가지 일반적인 종류의 증거, 즉 개인적 관찰, 연구, 유추 등에 초점을 맞춘다. 이런 것을 증거로 만나면 이들 각각에 대해 그에 상응하는 질문을 던져야 한다.

❓ 비판적 질문: 증거는 얼마나 훌륭한가? 개인적 관찰, 연구, 유추

증거로서의 개인적 관찰

무장하지 않은 남자를 쏘아 죽인 경찰관은 범죄로 기소되어야 한다. 그는 희생자가 총을 향해 손을 뻗는 줄 알았다고 주장하지만 목격자들의 증언에 의하면 희생자는 어떤 위협적인 행동도 하지 않았다고 한다.

그런 목격자들의 관찰에 우리는 얼마나 의존하는가? 가치 있는 하

나의 증거는 많은 과학적 연구의 토대가 되는 개인적 관찰이다. 예를 들어, 우리는 실제로 본 어떤 것에 대해 자신감을 갖는다. 따라서 목격자의 증언을 증거로 간주하여 그것에 의존하는 경향이 있다. 그러나 개인적 관찰은 여러 가지 이유에서 믿을 만한 가치가 없는 증거로 판명되기도 한다.

관찰자는 확실한 거울과는 다르게 우리에게 "순수한" 관찰물을 주지는 않는다. 우리가 "보고" 보고한 것은 일련의 가치, 편견, 태도 그리고 기대치를 통과하여 걸러진 것이다. 우리는 예전의 경험과 배경에 잘 부합하는 경험을 편향적으로 선택하고 기억하면서 보고 싶거나 듣고 싶은 대로 보고 듣는 경향이 있다. 게다가 많은 상황들이 정확하게 보는 데 장애가 된다. 약한 집중력, 관찰하고 있는 사건들의 빠른 움직임, 그리고 스트레스 쌓이는 환경 등등.

신문, 잡지, 책, 텔레비전, 인터넷 등에서 관찰을 보고하는 것이 연구에서와 마찬가지로 증거로 사용될 때는 여러분이 그런 보고에 의존할 만한 훌륭한 이유들이 있는지 판단해야 한다. 가장 신뢰할 만한 보고는 여러 사람들, 즉 관찰하는 사건과 관련하여 뚜렷하게 강한 기대나 편견이 없는 관찰자들이 최적의 조건에서 행한 최근의 관찰을 토대로 하는 경우일 것이다.

증거로서의 연구

"연구는 ~를 보여 준다."
"연구자들은 최근의 조사에서 ~를 발견했다."
"〈뉴잉글랜드 의학지〉의 한 보고서는 ~를 나타낸다."

관찰에 매우 많이 의존하면서 특별한 무게감이 있는 권위의 한 형태는 연구이다. 보통은 과학적 연구 방법을 훈련받은 사람들이 관찰 결과를 체계적으로 정리한다. 그런데 연구 결과는 얼마나 믿을 만한가? 다른 권위에 호소하는 것과 마찬가지로 많은 질문을 던지고 검토하기 전까지 우리는 연구 결과의 신뢰성에 관해 말할 수 없다.

우리는 사회적 사실을 판단하기 위한 중요한 지침으로 과학적 방법을 활용한다. 세계에서 일어나는 사건들의 관계는 매우 복잡하고, 사람들은 이런 사건들의 관찰과 이론에서 오류를 범할 수 있기 때문이다. 과학적 방법은 세계에 관한 우리의 관찰, 직관, 상식에 깃들어 있는 많은 편견을 피하고자 하는 방법이다.

과학적 방법이 지니는 특수한 성격은 무엇인가? 과학적 방법은 공적으로 입증될 수 있는 자료에서 정보를 찾는다. 즉, 그런 자료는 자격을 갖춘 다른 사람들도 유사한 관찰을 시도할 수 있고 동일한 결과를 얻을 수 있는지 확인해 볼 수 있는 그런 자료를 의미한다. 따라서 가령 한 연구자가 자기 연구실에서 저온 핵융합을 성공시킬 수 있었다고 보고했다고 하자. 그러면 이 실험은 다른 연구자가 동일한 결과를 얻을 수 있다면 더 신뢰할 만한 것으로 여겨질 것이다.

과학적 방법의 두 번째 주요 특징은 통제(control)이다. 이는 관찰과 연구 결과의 해석에서 착오를 줄이기 위해 특수한 절차를 사용함을 의미한다. 예를 들면, 관찰에서의 편견이 주요 문제가 될지 모르는 상황이 있다. 그러면 연구자들은 이런 종류의 오류를 통제하기 위해 다양한 관찰자들을 활용한다. 즉, 그들이 얼마나 일치하는지를 보는 것이다. 물리학자들은 연구실에서 문제를 연구하기 때문에 최대한의 통제를 가할 수 있고, 이를 통해 외부 요인들의 영향을 최소화할 수 있다. 그러나 불행하게도 대개 사회적 세계에서는 물리적 세계에서보다 변인을 통제하기가 더 어렵다. 따라서 과학적 방법을 복잡한 인간 행동에 관한 많은 문제들에 적용하는 것은 대단히 어려운 일이다.

과학적 방법의 세 번째 주요 특징은 정확한 언어 사용이다. 개념은 종종 혼란스럽고 분명치 않으며 애매하다. 과학적 방법은 언어를 정확하고 일관되게 사용하려고 한다.

과학과 관련해서는 우리가 여기에서 논의할 수 있는 것보다 훨씬 더 많은 것이 있다. 하지만 제대로 수행된다면 과학 연구가 가장 훌륭한 증거의 원천이라는 점을 명심하기 바란다. 왜냐하면 제대로 수행된 과학 연구는 입증, 통제, 정확성을 강조하기 때문이다.

연구 발견이 지니는 문제점

불행하게도 연구가 한 문제에 적용되어 왔다는 사실이 그 연구 증거가 믿을 만한 것이라거나 그 증거의 의미 해석이 정확하다는 것을 반드시 의미하지는 않는다. 다른 원천들에 호소할 때와 마찬가지로 연구 증거에 호소할 때도 조심스럽게 접근해야 한다. 그리고 많은 문제들, 특히 인간의 행동에 초점을 맞추는 문제에 대해서는 최선의 증거가 있을 때조차도 단지 잠정적으로만 대답할 수 있다. 따라서 우리가 연구의 결론에 얼마나 의존할지를 결정하기 전에 연구에 관해 수많은 의문을 제기해야 한다. 저자나 화자가 증거의 원천으로서 연구에 호소할 때 여러분은 다음 사항들을 기억하는 것이 좋다.

1. 연구의 질적 수준은 천차만별이다. 그래서 질적 수준이 낮은 연구보다는 높은 연구에 의존하는 것이 좋다. 잘 수행된 연구가 있고 잘못 수행된 연구가 있기 마련이므로 전자에 더 의존해야 한다. 연구 과정은 대단히 복잡하며, 또한 수많은 외부 영향을 받는다. 이 때문에 잘 훈련받은 연구원들조차 때로는 중요한 결함이 있는 연구를 수행하기도 한다. 과학 학술지에 발표되었다고 해서 연구에 중대한 결함이 없음을 보장하지는 못한다.

2. 연구 결과는 종종 서로 모순된다. 따라서 한 문제를 탐구하는 연구 집단에서 제시한 단독 연구는 의심해 볼 필요가 있다. 우리가 대체로 관심을 기울일 만한 연구 결과는 연구자나 연구자 집단 둘 이상이 반복해 온 것들이다. 우리는 "다른 연구자들이 그 결과를 입증해 왔는가?"라고 항상 질문해야 한다.

3. 연구 결과가 결론을 증명하지는 않는다. 그것은 기껏해야 결론을 뒷받침한다. 연구 결과는 스스로 말하지 않는다! 연구자들은 항상 자신들이 발견한 것의 의미를 해석해야 한다. 그러나 발견한 것 모두는 한 가지 이상의 방식으로 해석될 수 있다. 따라서 우리가 연구자들의 결론을 증명된 "진리"로 다루는 것은 바람직하지 않다. 여러분이 "연구 결과는 ~를 보여 준다"와 같은 진술을 보게 되면, "연구자들은 자신들의 연구 결과가 ~를

보여 준다고 해석한다"로 번역해서 이해하는 것이 바람직하다.

4. 연구자들은 우리와 마찬가지로 기대와 태도, 가치, 필요 등을 지니고 있다. 이것은 그들의 질문과 연구 수행 방법 및 연구 결과의 해석 방법을 왜곡하기도 한다. 예를 들어, 과학자들은 흔히 특정한 가설에 감정을 투영한다. 미국 설탕 협회가 여러분에게 연구 보조금을 지급한다고 하자. 이런 경우 10대들의 설탕 소비가 지나치다는 점을 "발견하기"란 대단히 어렵다. 모든 인간이 오류에 빠질 수 있듯이, 과학자들은 자신들의 가설과 충돌하는 자료를 객관적으로 처리하는 일이 어렵다는 것을 알 것이다. 과학적 연구의 중요한 강점은 그것이 연구 절차와 결과를 공적인 성격을 띠도록 함으로써 다른 사람들이 그 연구의 장점을 판단할 수 있고 반복할 수 있도록 한다는 점이다. 그러나 과학적 보고가 얼마나 객관적으로 보일 수 있느냐와는 상관없이 중요한 주관적 요소가 항상 개입된다.

5. 화자와 저자는 종종 연구 결론을 왜곡하거나 단순화시킨다. 본래의 연구 성과로 얻은 결론과, 저자나 화자의 믿음을 뒷받침하기 위해 그 증거를 사용하는 것 사이에는 커다란 간극이 있다. 이를테면, 연구자들은 원래의 연구 보고에서 자신들의 결론을 주의 깊게 제한할지 모른다. 그럼에도 다른 사람들은 그런 제한 사항을 고려하지 않고 그 결론을 이용한다.

6. 연구에서 발견된 "사실"은 시간이 지나면 변할 수 있다. 특히 인간의 행동에 관한 주장들이 그렇다. 예컨대 다음의 모든 "사실"은 주요 과학적 보고에 나왔던 것이지만, 최근의 연구 증거에 의해 "반박된" 것들이다.
- 프로잭, 졸로프트, 팍실은 대부분의 우울증 치료에서 플라시보보다 더 효과적이다.
- 어유 섭취, 운동, 퍼즐은 치매를 막는 데 도움을 준다.

- 홍역 백신은 자폐증을 유발한다.

7. 연구가 얼마나 인위적인가에 대해서도 차이가 난다. 종종 연구는 통제의 목적을 달성하기 위해 "실제 세계"의 특징을 그대로 유지하지 못한다. 연구가 인위적일수록 그 연구로부터 외부 세계에 대한 일반화된 결론을 얻는 것은 더욱 어려워진다. 연구의 인위성이 지니는 문제는 특히 복잡한 사회적 행동을 연구할 때 분명히 드러난다. 예를 들어, 사회과학자들은 사람들을 방에 앉게 하고는 컴퓨터로 "게임"을 하게 할 것이다. 이 게임에는 사람들의 추론 과정을 시험하는 것이 포함된다. 연구자들은 사람들이 서로 다른 시나리오 상황에 처했을 때 왜 그런 결정을 내리는지 이해하려고 한다. 그러나 우리는 다음과 같이 질문하는 것이 바람직하다: 가설적 상황을 통하여 컴퓨터 앞에 앉아서 생각하는 것은 너무도 인위적이다. 그러므로 그것은 사람들이 실제 딜레마에 봉착했을 때 어떻게 결정하는지에 관해 말해 주는 것이 별로 없지 않을까?

8. 경제적 이득, 지위, 안전, 그리고 다른 요소들을 필요로 하는 상황이 연구 결과에 영향을 미칠 수 있다. 연구자들은 인간이지 컴퓨터가 아니다. 따라서 그들이 전적으로 객관적 태도를 유지하는 것은 매우 어렵다. 예를 들어, 자신들의 연구를 통해 일정한 결과를 발견하길 원하는 연구자들은 실제로 얻은 결과를 마치 자신이 바라는 결과를 발견한 것처럼 해석할지도 모른다. 연구비, 정년 보장, 혹은 다른 개인적 보상을 얻겠다는 압박이, 결국은 연구자들의 자료 해석 방법에 영향을 줄지도 모른다. 한 제약회사가 지원한 연구 결과물은 그 회사가 아닌 예를 들면 정부 지원 기관과 관련된 곳에서 받은 돈으로 같은 약물을 연구한 곳보다 약물 효과에 대해 훨씬 더 긍정적인 결과를 내놓는 경향이 있다.

여러분도 알다시피 연구 증거의 많은 긍정적 성질에도 불구하고 우리는 연구 결과를 성급하게 받아들여서는 안 된다. 그러나 그것에 관련된 약간의 의문이 있기 때문에 과학에 근거한 결론을 거부해서도 안 된다. 확실한 것을 얻는다는 것은 가끔 불가능한 목표이다. 그러나 모든 결과물이 똑같이 불확실한 것은 아니므로 우리는 어떤 결론은 다른 것보다 더 많이 받아들여야 한다. 그래서 비판적으로 연구 결과를 평가할 때는 불확실함이 예상되나 그 결론을 부정하지 않는다면 몇몇 결론에서는 확실함을 요구하는 추론상의 오류를 조심해야 한다. 우리는 이런 추론상의 오류를 불가능한 확실성의 오류(impossible certainty fallacy)라고 부른다.

불가능한 확실성의 오류: 연구 결론이 절대적으로 확실한 것이 아니라면 거부되어야 한다고 가정하는 것.

장점	단점
• 과학 연구는 공적인 진실과 연관된다.	• 연구는 질과 인위성에 있어 매우 다양하다.
• 연구는 외부 요인들을 최소화하기 위해 통제를 이용한다.	• 연구성과는 종종 다른 것과 부딪치고 팩트는 시간이 가면서 변한다.
• 과학 연구는 언어를 사용할 때 정확하고 일관성이 있다.	• 연구 성과는 결론만을 지지한다.
	• 과학 연구는 인간의 활동이므로 왜곡될 수 있고 주제로부터 자유롭지 못하다.

증거로서의 과학 연구

연구 평가를 위한 실마리

연구 결과가 믿을 만한 증거인지를 판단하기 위해 다음 질문을 그 결과에 적용해 보라.

1. 보고서 출처의 질적 수준은 어떠한가? 보통 가장 믿을 만한 보고서는 같은 연구자 집단이 심사하는 학술지에 게재된 것들이다. 그런 학술지에서는 관련된 전문가들이 그 연구를 심사할 때까지는 받아들이지 않는다. 항상 그런 것은 아니지만 보통은 연구 출처의 평판이 좋으면 좋을수록 그 연구는 더 훌륭하게 설계된 것이다. 그래서 출처의 평판에 대해 가능한 한 알아낼 수 있는 모든 것을 알아내도록 하라.

2. 연구 출처의 질적 수준 이외의 다른 것, 즉 연구가 잘 수행되었음을 보여 주는 다른 실마리들이 보고서에 있는가? 이를테면, 이 보고서는 연구의 특별한 장점을 상세하게 보여 주는가?

3. 연구가 반복되었는가? 두 연구 이상이 동일한 결론에 도달했는가? "통계적으로 의미 있을" 때조차도 연구 결과가 우연에 의해서 일어날 수도 있다. 예를 들어, 잘 설계된 연구에서 흡연과 암 사이의 연관성처럼 어떤 반복적이고 일관성 있는 결합이 발견되면, 최소한 그런 주장에 반대하는 사람들이 자신들의 입장을 지지할 설득력 있는 증거를 제시할 때까지는 그것을 믿을 이유가 있다.

4. 연구 보고자는 연구를 선택하는 데 있어서 얼마나 선택적인가? 예를 들어, 모순되는 결과를 지닌 적절한 연구들을 빠트렸는가? 그 연구자는 자신의 주장을 뒷받침하는 연구들만을 선택했는가?

5. 강한 의미의 비판적 사고에 대한 증거가 있는가? 화자나 저자가 자신들의 입장을 뒷받침하는 이전 연구에 대해 비판적 태도를 보였는가? 연구로부터 나온 대부분의 결론들은 연구의 한계로 인해 제한될 필요가 있다. 연구 보고자는 기꺼이 연구 결론을 제한하는 자세를 보였는가?

> 6. 누군가 연구를 왜곡했을 이유가 있는가? 우리는 연구자들이 어떤 특정한 결과들을 알아내야 하는 상황을 경계해야 한다.
> 7. 연구의 조건이 인위적이고 따라서 왜곡되었는가? "연구가 수행된 조건이 연구자가 일반화시키려는 실제 상황과 얼마나 유사한가?"라는 질문을 던져라.
> 8. 연구 표본이 주어졌을 때 얼마나 일반화시킬 수 있는가? 우리는 이 문제를 다음에서 깊이 있게 논의한다.
> 9. 조사, 설문, 순위 매기기 또는 연구자가 사용하는 다른 척도에서 편견이나 왜곡이 있는가? 우리는 연구자가 자신이 측정하고 싶어했던 것을 정확하게 측정했다고 확신해야 한다. 편견이 개입된 조사 및 설문 조사의 문제점은 연구에서 너무 만연해 있기 때문에 우리는 그것을 뒷절에서 더 상세히 논의할 것이다.
> 10. 그 연구가 행해진 조사, 질문, 평가, 기타 측정에서 편견이나 왜곡이 있을까? 우리는 연구자가 자신이 측정하고 싶어하는 것을 정확하게 측정했는지 확신하고 싶다. 왜곡된 조사나 질문이 갖는 문제는 연구에서 너무 자주 일어나서 우리는 다음 장에서 이를 더 자세히 토의할 것이다.

연구 표본으로부터 일반화하기

저자는 대개 연구 보고를 일반화를 뒷받침하기 위해, 즉 사건 일반에 대한 주장을 뒷받침하기 위해 사용한다. 예를 들어, "연구에 따르면 그 약물은 환자들의 암을 치료하는 데 효과적이었다"라는 것은 일반화가 아니다. "그 약물은 암을 치료한다"가 일반화이다. 연구 발견으로부터 일반화될 수 있는지는 연구 대상이 된 사건이나 사람들의 수, 범위, 무작위성에 달려 있다. 연구하기 위해 사건이나 사람들을 선택하는 과정을 표본추출(sampling)이라 한다.

　　연구자들은 자신들이 일반화하기를 원하는 모든 사건이나 사람들을 연구할 수는 없기 때문에 일정한 표본추출 방법을 사용한다. 이때 어떤 방법은 다른 방법보다 선호된다. 연구 표본을 평가할 때 다음의 몇 가지 중요한 사항을 고려해야 한다.

1. 표본은 일반화나 결론을 정당화할 만큼 커야 한다. 대부분의 경우 연구자들이 관찰하는 사건이나 사람들이 많으면 많을수록, 그들의 결론은 더욱 신뢰할 만하다. 예를 들어 대학생들이 기말 보고서를 쓸 때 다른 사람들에게서 얼마나 자주 도움을 받는가에 대한 일반적인 믿음을 형성하길 원한다면, 10명보다는 100명의 학생들을 연구하는 것이 더 낫다.
2. 표본은 결론이 도출되는 사건의 유형만큼이나 범위가 넓거나 다양해야 한다. 예를 들어, 연구자들이 대학생들의 전반적인 음주 습관을 일반화하길 원한다면 그들의 증거는 다양한 대학에서 다양한 부류의 대학생을 표본추출한 경우에 의존해야 할 것이다. 중서부의 작은 사립대학의 학생들은 서부 해안의 대형 공립대학의 학생들과는 다른 음주 습관을 가질 것이다. 따라서 한 학교의 학생들만을 연구하는 것은 표본추출의 폭이 부족한 것이다.
3. 표본이 무작위적이면 무작위적일수록 더 좋다. 연구자들이 무작위로 표본을 추출할 때, 그들은 결론짓고 싶어하는 각각의 사건이 표본으로 추출되는 동등한 기회를 갖는다는 점을 확실히 하려 한다. 그들은 편향된 표본을 피하고자 애쓴다. 예를 들면, 갤럽 여론조사와 같이 주요 여론조

사들은 항상 무작위적으로 표본을 추출하고자 한다. 이렇게 해야 그들은 한쪽으로 치우친 사건이나 사람들의 집단을 피할 수 있다. 다음 표본 각각이 어떻게 해서 편향된 특징을 띠는지 알겠는가?
a. 외식의 횟수에 관해 자발적으로 인터뷰를 하고자 하는 사람들
b. 일반 전화만 갖고 있는 사람들
c. 심리학 개론 수업을 듣는 학생들
d. 폭스나 MSNBC 같은 특별한 TV 네트워크의 시청자들

따라서 우리는 모든 연구에 대해 "그들은 얼마나 많은 사건과 사람을 표본추출 했는가, 그 표본은 얼마나 넓은 범위에서 추출된 것인가, 그 표본은 얼마나 무작위적인가?"라고 물어야 한다.

표본추출의 한계에 대해 충분한 주의를 기울이지 않을 때 흔히 발생하는 문제는 연구자가 자신의 연구 결과를 지나치게 일반화하는 것이다. 그들은 연구가 보증하는 것보다 훨씬 넓은 범위의 일반화를 한다. 8장에서 우리는 그런 지나친 일반화를 성급한 일반화의 오류라 불렀다. 연구의 지나친 일반화를 자세히 살펴보자.

온라인 데이팅 서비스에 가입하는 사람들은 좋은 상대를 찾는 데 성공하는 편이다. 연구자들은 18세에서 65세 사이의 인터넷 데이팅 사이트를 사용해 본 229명을 대상으로 온라인 설문조사를 실시했다. 설문조사에서 응답자들에게 온라인에서의 첫 관계에 대해 물어 보았다. 연구 결과는, 설문 대상의 94퍼센트가 그들의 '온라인-파트너'를 첫 만남 이후 다시 만났다고 답했고, 관계는 평균적으로 7개월 정도 이어졌다.

표본추출 절차는 그런 광범위한 일반화를 금지한다. 위의 연구 보고는 주류 소비에 대해 하나의 대학만 연구했는데도, 그 결론이 모든 캠퍼스에 적용될 수 있다고 과장한다. 우리는 그 결론이 그 캠퍼스에조차 적용될 수 있는지 알지 못한다. 연구자들이 얼마나 무작위적으로 표본을 추출했는지 모르기 때문이다. 위의 연구 보고는 대담하게 지나친 일반화를 하기 때문에 결함이 있는 연구라 할 수 있다.

주의: 우리는 연구에서 조사한 대상과 유사한 부류의 사람과 사건에 대해서만 일반화를 할 수 있다.

연구 결과에서 일반화하기

모든 연구는 흥미 있는 행동을 어떻게 측정할 것인지 결정해야 한다. 예를 들어, 만약 연구자가 특정 교육 방법이 비판적 사고의 습득을 향상시키는지 연구한다면 비판적 사고력을 어떻게 측정할 것인지 정해야 한다. 다른 많은 개념들처럼, 비판적 사고력을 정의하고 측정하는 방법에는 여러 가지가 있다. 따라서 어떤 결정을 내리더라도 특정 측정 방법을 사용한 쪽으로 적용된다. 개념들은 여러 가지 방법으로 측정될 수 있기 때문에, 연구의 결론은 선택한 측정법의 측면에서만 적절하다. 설문지, 체크리스트, 조사에 대한 대답과 행동 등과 같이 다양한 수단들이 중요한 행동을 판단하기 위해 정립되었다. 특정 측정법은 다른 것들에 비해 관심 있는 행동에 대한 훨씬 더 정확한 지표로 판단되기도 한다. 예를 들어, 비판적 사고 기술의 측정 방법으로서는 다지선다형 테스트 수행 능력보다 비판적 논술이 더 좋은 지표가 될 수 있다. 이와 마찬가지로, 행복도를 측정하는 어떤 방법이 행복의 원인을 연구하는 과제에서와는 매우 다른 의미를 가질 수 있다.

연구 결과는 채택된 측정법의 종류에 한해서만 일반화를 할 수 있기 때문에, 조사 연구를 비판적으로 평가하고자 할 때에는 연구 주제의 개념을 어떻게 측정하였는지, 그리고 그 측정 방법이 얼마나 충분한지 알아보아야 한다. 비판적 사고 과정은 위 질문에 대해서 할 수 있는 한 최대한 잘 답하도록 요구한다. 예를 들어, 연구자들이 아이들에게 지금 당장 한 개의 마시맬로를 받는 것과 15분 후에 두 개의 마시맬로를 받는 두 가지 선택지를 주고 무엇을 택하는지 관찰함으로써 아이들의 만족 지연 능력을 측정한다고 하자. 그렇다면 우리는 "마시맬로 선택이 만족 지연의 좋은 측정법인가? 그리고 만약 자신의 아이들의 만족 지연 능력에 대한 부모의 판단과 같은 다른 측정법을 사용한다면 결과가 달라질 수 있는가?"라고 물어야 한다.

조사 연구를 평가할 때에는 언제나 "어떤 측정 방법이 사용되었는가, 그리고 그것이 얼마나 충분했는가?"를 물으면서, 동시에 조사 결과는 그 연구 방법이 사용된 것들에 한해서만 일반화된다는 것을 기억해야 한다. 따라서 예를 들어, 어떤 연구의 결론이 "지금 당신은 얼마나 행복합니까?"라는 설문 조사 결과로 기혼자들이 미혼자들보다 행복하다는 결론을 도출했을 때, 행복을 스스로 답하는 설문에서 한 번 답하는 것으로 측정할 수 있다고 정의할 때에만 기혼자들이 미혼자들보다 행복하다고 표현할 수 있다. 만약 당신이 이 정의 상정에 동의하지 않는다면, 당신은 연구자들의 결론을 받아들이지 않을 것이다! 모든 연구의 비판적 평가에서 중요한 요소는 당신이 생각하기에 연구의 측정법이 관심 개념의 의미를 얼마나 잘 포착했는지 결정하는 것이다. 연구자들이 특정 행동을 연구하기 위해 사용하는 다양한 측정법들을 숙지한다면 측정의 질을 판단하는 데 도움이 될 것이다. 예를 들어, 어떤 연구자들은 각 개인이 자신의 행복도를 매일 여러 번 매기는 방식으로 행복을 측정할 수도 있다.

어떤 측정이 얼마나 충분한지는 이 책의 범위를 넘어선 꽤 기술적인 판단을 필요로 하기도 한다. 그러나 어떤 측정 방법이 사용되었는지 인식하고, 당신이 측정 대상이라고 상상해 보고, 결과는 오직 해당 측정 범위 안에서만 일반화될 수 있다는 것을 기억하는 것만으로도 연구 결과의 한계에 대한 중요한 통찰을 얻을 수 있을 것이다. 당신이 조사에 참여하는 사람들 중 하나라고 상상해 보는 것은 종종 유익한 통찰을 가져다 준다.

언제나 연구를 볼 때는 "측정이 얼마나 충분하였는가?"와 "그 개념을 측정할 수 있는 다른 방법들이 있는가? 만약 그렇다면, 다른 방법을 사용하였을 때에는 다른 결과가 도출될 수 있는가?"를 묻도록 한다.

편향된 조사와 설문지

초저녁이다. 여러분은 지금 막 저녁식사를 끝냈다. 전화벨이 울린다. "우리는 여론 조사를 하고 있습니다. 몇 가지 질문에 답해 주시겠습니까?" 여러분은 매년 조사에 참여하는 수천 명의 사람들처럼 "예"라고 대답할지도 모른다. 이것이 여러분이 가장 자주 만나게 되는 조사 방법들 중 하나이다. "최근의 여론 조사에 따르면"이라는 어구를 얼마나 자주 들었는지 생각해 보라.

조사와 설문은 대개 사람들의 태도와 믿음을 양적으로 측정하기 위해 사용된다. 그것은 얼마나 믿을 만한가? 경우에 따라 다르다! 많은 요소들이 조사의 응답에 영향을 미친다. 따라서 우리는 조사에서 나타난 응답의 의미를 해석할 때 주의해야 한다. 그런 영향 중 몇 가지를 검토해 보자.

첫째, 조사에서 나타난 응답이 의미 있는 응답이 되기 위해서는 정직하게 대답된 것이어야 한다. 즉 구두 응답은 실제 믿음과 태도를 반영해야 한다. 그러나 다양한 이유로 인해 사람들은 종종 진실을 숨긴다. 이를테면, 사람들은 자신들의 참된 믿음을 반영하는 대답보다는 대답해야 한다고 생각하는 것을 대답할지 모른다. 그들은 설문에 대해 또는 질문받는 문제의 종류에 대해 적개심을 가질지도 모른다. 그들은 그 문제를 거의 생각해 보지 않을 수도 있다. 여러분이 조사에 참여해 본 적이 있다면, 아마도 다른 영향들도 떠올릴 수 있을 것이다.

> **주의:** 여러분은 구두보고가 정확히 참된 태도를 반영한다고 가정할 수 없다.

둘째, 많은 조사 질문들은 표현이 애매한 경우가 많다. 그러면 질문들은 다양하게 해석될 수 있다. 서로 다른 사람들이 본질적으로 서로 다르게 응답할지 모른다! 예를 들어, 다음 조사 질문에 대해 다양한 해석 가능성을 생각해 보라: "여러분은 텔레비전에 수준 높은 프로그램이 있다고 생각하나요?" 조사에서 사용되는 언어가 애매하면 애매할수록, 여러분은 그 결과를 덜 신뢰하게 될 것이다.

여러분은 항상 "조사 질문들이 어떻게 표현되어 있는가?"라는 질문을 던져야 한다. 대개 한 질문을 이루는 어휘들이 구체적일수록 서로 다른 사람들이 그것을 비슷하게 해석할 가능성은 더 커진다.

셋째, 조사에는 그것을 훨씬 더 의심스럽게 만드는 많은 내재적 편견(built-in biases)이 포함되어 있다. 편향된 단어사용(biased wording)과 편향된 맥락(biased context)이 가장 중요한 것들 중 두 가지다. 한 질문을 편향된 단어로 표현하는 것은 흔히 일어나는 문제이다. 질문이 이루어지는 방식이 조금만 변해도 이 질문에 대한 대답은 큰 영향을 받을 수 있다. 최근의 한 여론 조사에 토대를 둔 다음 결론을 검토해 보고 조사 질문을 살펴보자.

> 한 대학 교수는 자신의 대학에 출석하고 있는 응답자 중 56퍼센트가 오바마 대통령의 헬스케어 프로그램이 이 나라에서는 주요 실수라고 믿는다는 것을 발견했다.

자, "당신은 국민들에게 오바마케어 사회주의를 부여하려는 대통령의 잘못된 노력에 대해 어떻게 생각합니까?"라는 조사 질문을 주의 깊게 살펴보자. 여러분은 내재된 편견이 보이는가? 이 질문을 "주도하는" 단어들은 "대통령의 잘못된 노력"과 "오바마케어 사회주의를 부여하려는"이다. 만일 이 질문이 "당신은 미국인들에게 더 낮은 가격으로 더 많이 보장되는 헬스케어 시스템을 주려는 대통령의 시도에 대해 어떻게 생각합니까?"라고 주어졌다면, 대답이 아주 달라지지 않았을까? 따라서 위의 질문에서 얻게 되는 응답은 새로운 헬스케어 프로그램과 관련된 왜곡된 태도이다.

우리는 조사와 설문 자료에 편견이 있는지 항상 검토해야 한다. 질문의 단어 사용을 조심스럽게 살펴보라!

질문에 대한 대답에서 맥락 또한 강력한 영향을 끼칠 수 있다. 설문지가 어떻게 제시되는지, 조사에서 질문을 어떻게 끼워 넣는지에 따라 동일한 질문에 대한 대답조차 달라질 수 있다. 최근의 두 조사에 포함된 다음 질문을 보자. "당신은 우리가 음주 연령을 21세보다 낮추어야 한다고 생각합니까?" 한 조사에서는 이 질문에 앞서 "당신은 투표권이 현재와 같이 18세의 아이들에게 주어져야 한다고 생각합니까?"라는 질문이 먼저 주어졌다. 다른 조사에서는 아무런 선행 질문이 없었다. 별로 놀랍지 않은 일이지만, 이 두 조사는 전혀 다른 결과를 보여주었다. 여러분은 맥락이 응답자들에게 어떤 영향을 주는지 알 수 있겠는가?

다른 중요한 맥락적인 요인은 길이(length)이다. 사람들은 긴 조사를 시행하면 금방 지쳐 버린다. 이 때문에 사람들은 뒤의 항목에서는 앞의 항목과는 다르게 대답할지도 모른다. 조사 결과를 평가할 때 맥락적 요인을 경계하라.

우리가 알지 못하는 많은 요인들이 사람들이 조사에 응답하는 방식에 영향을 준다. 가령 질문자를 기쁘게 해주어야 하는 상황이 있을 수 있다. 질문의 해석과 같은 것에서도 그렇다. 이런 이유 때문에 조사에서 나온 증거를 훌륭한 증거로 취급하지 않는 것이 좋은가? 이 이슈에 대해서는 논쟁의 여지가 많다. 그러나 우리가 보증된 것 이상으로 일반화하지 않도록 조심하지 않는 한 우리의 대답은 "그렇다"이다. 어떤 연구는 다른 연구보다 평판이 좋다. 연구의 질적 수준이 높을수록 여러분은 그 결과에 더 많은 영향을 받아도 될 것이다.

조사 결과를 받아들이기 전에 조사 절차를 조심스럽게 검토하길 권한다. 일단 절차의 질적 수준을 확신한다면, 여러분은 제한된 일반화(여러분이 발견한 모든 편견을 고려하는 일반화)를 할 수 있다. 편향된 조사조차도 일정한 정보를 담고 있을 수 있다. 그러나 여러분은 결과에 의해 부당하게 설득되지 않기 위해서 그 편견을 주지할 필요가 있다.

증거로서의 유추

결론을 뒷받침하는 이유에 특히 주의하면서 다음의 논증 구조를 자세히 살펴보자.

1. 인터넷이 신문과 잡지를 사라지게 할 것이라는 데 대해 공포감을 가질 필요가 없다. 결국, 즉석 냉동식품이 요리를 사라지게 하지는 못했다.
2. 교육자로서 문제 학생들을 일찍이 골라내서 그들의 문제점을 관리하는 것은 중요하다. 왜냐하면 썩은 달걀 하나가 오믈렛을 망쳐 놓기 때문이다.

이 두 논증은 유추(analogy)를 증거로 사용한다. 유추는 우리가 앞에서 평가한 것과는 상당히 다른 종류의 증거이다. 언뜻 보기에는 유추가 매우 설득력 있는 것 같다. 하지만 유추는 종종 우리를 기만한다. 따라서 "어떻게 유추가 좋은 증거인지 알 수 있는가?"라고 물어야 한다. 계속 읽기 전에 위의 두 논증이 얼마나 설득력이 있는지 생각해 보자.

여러분은 유추가 비교를 포함한다는 것을 알아차렸는가? 유추는 유사점(resemblance)을 증거의 중요한 형태로 활용한다. 추론 방식은 다음과 같다: "우리는 우리 세계의 이것(X)에 대해 많은 것을 알고 있다. 그리고 다른 관심 사건(Y)은 X와 많이 비슷해 보인다. 만약 이 두 가지가 하나 이상의 측면에서 서로 같다면, 아마 다른 측면에서도 역시 같을 것이다."

두 사물 간에 잘 알려진 유사성을 근거로 그 사물들 중 하나가 지니는 상대적으로 잘 알려지지 않은 특징에 관하여 결론을 내리는 논증이 유추에 의한 논증(argument by analogy)이다. 유추에 의한 추론은 결론을 뒷받침하기 위해 증거를 제시하는 방법으로 흔히 사용된다.

유추는 우리에게 통찰력을 주기도 하지만 속이기도 한다. 예를 들어, 유추는 과학적 추론과 법적 추론에서 대단히 생산적인 방법으로 통용되어 왔다. 쥐를 가지고 한 연구를 근거로 인간에 관한 결론을 추리할(infer) 때 우리는 유비에 의해 추론하는 것이다. 원자의 구조에 관한 생각들은 상당수가 유비 추론(analogical reasoning)에 의한 것이다. 법률 소송에서는 현재 소송중인 사건과 판례들의 유사성을 토대로 의사결정을 할 수 있다. 예를 들면, 판사가 음란물의 금지가 헌법적으로 보장되는 언론과 표현의 자유를 침해하는지의 문제를 다룰 때, 그들은 잠재적으로 외설적인 음란물이 언론의 자유와 유사한지를 결정해야 한다. 따라서 이 경우 그들은 유비에 의한 추론을 한다. 그런 추론은 통찰력과 설득력이 강하다.

유추를 확인하고 이해하기

잘 알려진 특징을 가진 어떤 것이 어느 정도 비슷한 특징을 가진 것을 설명하는 데 이용되고 있다는 것을 알아차리면 당신은 유추에 의해 논증을 확인할 수 있다. 그렇게 함으로써 가정이 만들어지면 우리가 관심을 갖고 설명하는 사건이 중요한 방식에서 비교되는 사건과 같다면 다른 중요한 방식에서도 그 사건과 같을 것이다.

예를 들면, "기하학을 다시 배우는 것은 자전거 타기를 배우는 것과 같다. 일단 시작하면 그 방법이 되살아난다." 앞의 유추에서 잘 알려진 자전거 타기는 잘 알려지지 않은 기하학을 다시 배우기를 설명하는 데 사용된다. 우리는 일정 시간이 지나면 자전거 타기에 대한 생각에 익숙해진다. 우리가 자전거 타기를 다시 시작하면 "모든 것이 되살아난다." 따라서 유추는 기하학을 다시 배우는 것을 같은 방식으로 설명한다. 이는 한 사람이 일단 기하학 문제를 풀려고 시작한다면 문제를 푸는 방법이 마치 자전거 타는 방법처럼 간단히 되살아남을 주장하는 것이다.

여러분이 유추의 본성과 구조를 일단 이해하게 되면 논증에서 유추를 확인할 수 있을 것이다. 유추가 대화의 어조를 결정하는 데 사용될 때에는 그것을 확인하는 일이 특히 중요하다. 그런 유추는 논증의 "틀을 형성하는" 데 사용된다. 틀을 형성하는 유추를 확인하려면, 논증의 요점을 설명하기 위해 사용된 비유뿐만 아니라 논의 방향에 영향을 주기 위해 사용된 비유도 찾아야 한다.

유추를 평가하기

유비 추론은 상당히 흔하게 사용된다. 게다가 그것은 설득력 있게 사용될 가능성과 잘못 사용될 가능성 모두를 지닌다. 그러므로 그런 추론을 인지하고 체계적으로 평가하는 방법을 배우면 대단히 유용할 것이다. 유추의 질적 수준을 평가하기 위해서 다음의 두 요소에 초점을 맞출 필요가 있다.

1. 비교되는 두 사물의 유사점과 차이점의 방식들
2. 유사점과 차이점의 관련성

주의: 두 사물에서는 거의 언제나 몇 가지의 유사점을 발견할 수 있다. 그러니까 유비 추론은 유사점이 많다는 이유만으로 설득력이 있는 것은 아닐 것이다. 강력한 유추는 비교되는 두 사물이 관련 있는 유사점을 지니면서도 관련 있는 차이점은 결여하고 있는 경우일 것이다. 모든 유추는 토대가 되는 원칙을 보여 주고자 한다. 관련 있는 유사점과 차이점은 유추가 보여 주는 기본 원칙에 직접 관련되는 것들이다.

유추에 의한 다음 논증의 건전성(soundness)을 검토해 보자.

저는 제 개가 이웃집들을 뛰어다니면서 폐를 끼치게 하고 싶지 않아요. 그러니 제가 16세 된 딸에게 강제로 8시 이후의 야간외출을 금지시킨다고 해서 문제될 게 있나요? 저는 제 딸이 밖에서 할 행동뿐만 아니라 딸의 안전에도 책임이 있어요. 제 개가 뜰에 있어요. 저는 제 딸도 집에 머물러 있기를 원해요. 이런 방식으로 저는 딸과 개가 하는 것들을 정확히 알고 있답니다.

애완견과 아이의 주요 유사점은 둘 모두 성인의 모든 권리와 책임을 지닌 완전한 시민으로는 생각되지 않는다는 점이다. 게다가 화자가 주장하듯이, 그는 개와 딸의 안전에 책임이 있다. 그러나 우리는 몇 가지 관련 있는 차이점에 주목한다. 개는 애완동물로서 고차적인 사고 능력이 없으며 옳고 그름을 평가할 수 없다. 그러나 딸은 인지 능력을 가진 인간으로서 무엇이 옳고 그른지, 자신을 (또는 부모님을) 곤란하게 만들 수도 있는 것은 하지 말아야 함을 안다. 또한 딸은 인간으로서 일정한 권리를 가지고 있고 일정 정도의 자율성을 존중받을 자격이 있다. 따라서 딸은 개가 할 수 없는 것을 할 수 있기 때문에, 둘 간의 차이는 유추를 평가하는 데 관련이 있다. 이 유추는 여기에서 상술한 차이점을 허용하기 때문에 실패하는 것이다. 그리고 이런 실패는 유추가 결국 결론을 강하게 뒷받침하지 못하게 한다.

여러분이 유비에 의한 추론을 평가할 때 도움을 줄 수 있는 또 하나의 전략은 저자나 화자가 이해하려고 하는 동일한 현상을 이해하기 위해 대안적 유추를 만들어내는 것이다. 그런 유추는 원래의 유추로부터 추리된 결론을 뒷받침할 수 있고, 그 결론과 모순될 수도 있을 것이다. 만일 그 유추가 결론과 모순된다면, 그것은 유비에 의한 최초 추론에 문제가 있음을 드러내는 것이다.

스스로 유추를 만들어낼 수 있는 생산적인 방법은 다음과 같다.

1. 연구하고 있는 것이 지니는 몇 가지 중요한 특징을 확인하라.
2. 여러분에게 익숙한 다른 상황, 그것도 몇 가지 유사한 특징을 가진 다른 상황을 확인하라. 여러분의 상상력에 날개를 달아 주어라. 브레인스토밍(brainstorming)을 하라. 다양한 상황을 상상하려고 노력하라.
3. 익숙한 상황이 익숙하지 않은 상황에 대한 통찰을 여러분에게 제공할 수 있는지 판단하라.

예를 들어, 음란물에 대해 생각할 때 여러 상황을 생각할 수 있다. 주어진 상황에서 사람들이 다루어지는 방식 때문에 또는 사람들이 음란물을 본다는 것은 다른 사람들에게 그렇게 하도록 만드는 것일 수도 있기 때문에 사람들이 음란물을 품위에 맞지 않다고 생각하는 상황들 말이다. 인종분리주의나 인종차별주의적/성차별적 농담, 혹은 고용차별이 떠오르지는 않는가? 아이들이 폭력적인 비디오 게임을 하거나 액션 영화를 보거나 헤비메탈 음악을 들으면 폭력적 행위를 하게 된다는 주장을 하는 논증에 대해서는 어떠한가? 이들이 음란물을 달리 생각하도록 만드는가?

여러분은 이제 이 절의 앞부분에 제시된 두 개의 간단한 유비 논증을 체계적으로 평가할 수 있을 것이다. 논증의 구조를 판단하기 위한 질문을 하라. 그런 다음 논증 평가를 위한 질문을 던져라. 관련 있는 유사점과 차이점을 찾아라. 보통은 관련 있는 차이점은 적고 관련 있는 유사점은 많을수록 유추는 더 강력해지기 마련이다. 관련 있는 차이점을 하나도 찾을 수 없고, 동시에 관련 있는 유사점이 정말로 존재한다는 훌륭한 증거를 발견할 수 있다면, 유추는 특히 강한 설득력을 지닐 것이다.

우리는 앞에서 제시한 두 개의 유추를 약화시키는 관련 있는 차이점을 찾아냈다. 우리가 제시한 것에 의존하여 여러분의 평가를 검토하라.

(첫번째 예) 즉석 냉동식품과 인터넷은 복잡하고 시간이 많이 걸리는 일들을 빠르고 쉽게 처리할 수 있게 해주었다. 하지만 잡지와 신문을 읽는 것은 고급 음식을 요리하는 것과 같은 종류의 즐거움을 주지 못한다.
(두 번째 예) 수업 환경에서 학생과의 상호작용은 매우 복잡하다. 어느 한 학생이 집단 전체에게 끼칠지도 모르는 영향은 쉽게 판단할 수 없다. 이것은 마치 그 집단이 학생에게 끼칠지도 모를 영향이 예측하기 어려운 것과 마찬가지다. 반대로 썩은 계란은 이 계란을 이용하여 만든 어떤 음식도 틀림없이 망칠 것이다. 게다가 사람들을 성장과 변화의 잠재력이 없는 불변의 대상, 즉 계란 같은 것으로 생각하는 것은 문제가 있다.

우리를 속이거나 기만하는 유추는 우리가 내린 추론의 오류에 해당한다. 우리는 그런 기만을 잘못된 유추의 오류(faulty analogy fallacy)라고 부른다.

잘못된 유추의 오류: 이 오류는 중요하게 관련있는 차이점들이 있는 유추가 제시될 때 생겨난다.

어떤 의미에서는 모든 유추가 잘못된 것이다. 왜냐하면 그것은 두 사물이 한 가지 이상의 측면에서 같기 때문에 다른 중요한 측면에서도 필연적으로 같으리라는 잘못된 가정을 하기 때문이다. 여러분은 유추를 아주 약한 것에서부터 아주 강한 것까지 가지각색이라고 생각하는 것이 아마도 최선일 것이다. 그러나 최선의 유추조차도 단지 암시적일 뿐이다. 따라서 저자가 한 사례에 대한 결론을 다른 사례에 대한 비유로부터 이끌어낸다면, 그는 가장 의미 있는 유사점이 드러내 주는 원칙을 뒷받침할 수 있는 추가 증거를 제시해야 할 것이다.

전문가 의견을 대부분 신뢰할 때

전문가의 결론을 받아들이기 전에 질문에 대한 우리의 토론을 통해서 그들도 자주 틀리거나 잘못 인도한다는 것을 확실하게 해야 한다. (이 책을 보라. 《Wrong: Why Experts Keep Failing Us and How Know When Not to Trust Them》, David H. Freedman, 2010, Little Brown & company.)

전문성이 아주 의심스러운 상황에서 어떻게 전문가의 의견을 믿을 수 있을까? 우리의 의견은 다음과 같다.

- 전문가의 의견을 받아들일 때 시스템 1의 사고는 피하고 시스템 2를 받아들여야 한다.
- 이성이 주도하고 감정이 따라가도록 놓아두어야 한다. 그 의견을 믿는 이유는 그것이 이성과 증거에 의해서 정당화되었기 때문이다. 그것이 옳다고 느껴졌거나 흥미로워서거나 또는 그것이 신기하거나 그것이 다른 믿음

을 인정하거나 부인하거나, 그것이 논쟁에서 당신 편이 이기는 데 도움을 주어서가 아니다. 페이스북이나 트위터에서 당신이 바로 그 의견에 공감하고 싶은 감정을 갖는다는 것은 기다리라는 경고 신호이고 시스템 2로 바꾸어야 한다는 것이다.

- 당신이 배운 비판적 질문하기의 검증을 통과해야 한다. 예를 들면, 그 충고는 당신이 잘 고안되었다고 생각하는 연구들에게 지지를 받아야 하고 부당하게 이해관계의 영향을 받아서는 안 된다.
- 정당화될 수 있는 진술을 갖고 있어야 한다.
- 그것은 모든 것에 통하는 보편적인 것이 아니며, 적용 범위에 제한이 있다는 것을 알아야 한다. 마치 개인의 성격이 다르듯이 그 결론도 그렇게 적용되어야 한다. 너무 일반적이어서는 안 된다.
- 그것은 폭넓은 연구 실적 안에서 제시되어야 한다. 증거는 느닷없이 나오지 않으며, 그 발견은 모두에게 적용되는 것이 아니다. 그것은 수행된 많은 다른 연구와의 관련 안에서 나타난다. 어떤 것은 그 결론이나 관점을 지지하고 또 어떤 것은 거부한다. 가장 믿을 수 있는 결론은 독립적으로 주목을 끄는 연구가 아니라 오랜 기간 많은 전문가들의 연구에서 나온다. 단 하나의 연구에 기반을 두는 연구는 아주 의심스럽고 자주 잘못된 것으로 드러난다.
- 그것은 다른 좋은 전문가들의 비판적 검토를 거쳐야 한다.
- 깊이 있는 연구 과정을 거친 자원을 찾아라. 예를 들면 잡지, 책, 정기 간행물 그리고 오래 비판적 토론을 거친 홈페이지와 블로그 등이다.

분명하게 모든 전문가의 의견을 깊게 평가하기는 불가능하다. 전문가의 의견이 여러분의 삶에서 더 많은 관련이 있다면 이용가능한 증거를 더 깊게 연구하고 싶을 것이다.

연구와 인터넷

지금은 21세기이다. 우리 생각에 여러분은 기술 저능아인 호모 심슨(Homo Simpson)보다는 몇 광년을 앞서 있을 것으로 본다. 그는 "와, 컴퓨터 위에 인터넷이 붙어 있네"라고 감탄했다. 당신이 글쓰기 준비를 할 때 인터넷을 사용하지 않는다면 우리는 놀랄 것이다. 인터넷 조사는 우리들 대부분에게 정보에 엄청나게 접근이 가능하게 만들면서 증거 수집을 근본적으로 바꾸어 놓았다. 그러나 이런 과거에 없었던 정보 접근이 갖는 단점은 무엇일까? 우리가 모으는 증거를 볼 때 증거의 풍부함을 아주 높은 의심의 눈으로 바라보아야 한다. 이런 점을 마음에 새기고 있으면 인터넷 조사에서 만나는 특별한 어려움을 다루는 데 도움을 받을 것이다.

이 장 앞에서 우리는 작가의 배경을 조사하는 것이 중요하다고 했다. 우리는 여러분이 잠재적 편견이나 이해관계를 잘 결정하기를 바란다. 어떤 권위 있는 사람의 의견을 다룰 때 그 사람의 자격과 잠재적 편견을 알 필요가 있다. 대중적 풍자 뉴스를 다루는 《오니언(Onion)》이라는 잡지는 어떻게 인터넷이 이 임무(증거를 해석하는 임무-역자)를 어렵게 만드는지 보여 준다. 2008년의 한 기사, "시골 바보가 인터넷에 코멘트를 달다"(Local Idiot to Post Comment on Internet)에서 그는 자신의 계획을 폭로했다. "오늘 저녁에 나는 문제의 그 비디오를 보려고 한다. 사용자의 코멘트를 위해 거꾸로 세운 상자 위에 있는 "되풀이"(reply)라는 보턴을 누른다. 그리고 반응을 기록한다. 가능한 한 그 속에 짧은 생각을 넣도록 조심한다. 한편으로는 모든 대문자와 정확하지 않은 기능표시를 확실하게 사용한다. […] 나는 아직 정확하게 나의 코멘트가 무엇을 불러일으킬지는 모르지만 나는 확실하게 말할수 있다. 그것은 매우 바보 같은 짓이라고." 인테넷에 기여하는 모든 사람들이 우리에게 정직하기만 하다면야!

자원(정보)의 신뢰 평가의 중요성은 우리가 자원을 인용 속에 집어넣을 때 더 커진다. 인터넷은 자주 광활한 서부(Wild West)와 비교된다. 그 마을에는 유일하게 진실되고 공정한 진술이 믿을 수 있는 사람에 의해서 밝혀졌다는 것을 분명히 해줄 보안관이 없다. 지금으로서는 비교적 제한이 없다. 누구나 웹 페이지나 블로그를 만들 수 있다. 웹 페이지는 그들이 실제로는 숨겨진 의도를 가지고 누군가가 만들었지만 겉으로는 믿음이 가게 보일 수 있다. 예스 멘(Yes Men)으로 알려진 사회활동가에 의해 만들어진 몇 개의 웹사이트를 보라. http://www.dowethics.com은 그들이 실제 거래가 있는 것처럼 보이고 소리가 나도록 만든 사이트다. 조사관에 따르면 이 사이트의 방문자들은 그 사이트가 다우(Dow)가 만든 것이 아니라는 것을 알았다. 실제로 그 사이트는 화학회사의 환경활동을 실랄하게 비판하는 사이트였다. 이런 예는 많은데, 우리가 바라기는 이런 사이트를 만든 사람들이 겉으로는 잘 드러나지 않은 정치적, 상업적, 또는 예술적 주장을 가졌다는 것을 여러분이 알기 바란다.

당신은 웹의 작가가 믿을 만하다는 것을 확인한 후에도 몇 가지 의문을 가져야 한다. 웹은 보안관이 없기 때문에 의심스럽고 사실이 아닌 증거도 쉽게 올릴 수 있다. 코미디 센터(Comedy Central)의 풍자 대가인 스티븐 콜버트(Stephen Colbert)는 얼마나 쉽게 거짓 정보가 인터넷에 올라오는가를 증명하고 싶었다. 그의 콜버트 보고서에 나오는 한 예를 보면, 그는 대중 인터넷 백과사전인 위키피디아(Wikipedia)를 편집했다. 5시간 동안 위키피디아에 조지 워싱턴은 자신의 노예를 가지지 않았으며, 아프리카 코끼리가 지난 6개월 동안 3배 늘어났다고 올려놓았다. (이런 문제에 대한 또 다른 풍자는 2002년 〈오니언〉 기사 "허위 사실이 인터넷에서 발견됐다"를 살펴보라. 이 기사는 "정보시대가 월요일 적나라하게 다루어졌다. 그때 허위사실이 인터넷에서 발견되었다."로 시작한다.) 이 문제를 처리하기 위해서는 특별한 곳이어서 믿기 어려운 증거는 피하는 것이 좋다. 시간을 갖고 최초의 출발점을 찾아라. 다른 사람이 원래의 기사를 인용했다면 그는 그 정보의 의미를 오해했을 수도 있다.

Practice Exercises

> ❓ 비판적 질문: 증거는 얼마나 훌륭한가? 개인적 관찰, 연구, 유추

제시된 증거의 질적 수준을 검토하여 다음 제시문을 평가하라.

제시문 1

알코올 중독자의 아이들이 알코올 중독자가 될 가능성이 더 큰가? 연구자들은 알코올 중독자 갱생회(Alcoholics Anonymous)에서 451명을 표본추출하여 부모 중 한 명 또는 양쪽 모두가 알코올 중독이라고 대답한 사람이 얼마나 되는지를 조사했다. 연구에 응한 사람들은 현재 오하이오 주나 미시건 주 또는 인디애나 주에서 AA에 나가는 사람들이며, 지역 AA 프로그램에서 일하는 사람들이 이들에게 질문지 응답을 요청했다. 이 연구에 따르면, 응답자의 77퍼센트에서 부모 중 최소 한 명이 알코올 중독자로 분류되었다. 연구자들은 또한 같은 주에서 술고래가 아니라고 주장하는 451명의 사람들을 무작위적으로 조사했다. 그들 중 23퍼센트는 부모 중 최소 한 명이 알코올 중독이라고 대답했다.

제시문 2

18세는 어째서 술을 마실 수 없는가? 18세는 21세가 할 수 있는 다른 모든 일들을 합법적으로 할 수 있다: 투표, 참전, 운전, 그리고 (부모로부터의) 독립.

제시문 3

의학용 마리화나가 더 효율적으로 암환자를 치료하는 데 진일보할 수 있을 것이다. 어떤 사람들은 의학용 마리화나를 합법화하는 것이 오락용으로 그 약을 사용하는 것을 증가시킬 것이라고 주장한다. 내 주장은 "그렇게 단언할 수 있는 증거가 어디에 있는가?"이다. 지난달 미시건 주 디트로이트에서 75명의 사람들에게 의학용 마리화나를 합법화하는 것이 그 주에서 그 약의 오락적 사용을 증가시킬 것인지 물었다. 93퍼센트의 사람들이 의학용 마리화나를 합법화하는 것이 그 약의 오락적 사용을 증가시킬 것이라고 생각하지 않는다고 답했다. 그러므로 국회는 의학용 마리화나 합법화 법안을 통과시켜야 한다.

Sample Responses

제시문 1

결론: 알코올 중독자의 아이들은 알코올 중독이 아닌 사람들의 아이들보다 알코올 중독이 될 가능성이 더 크다.

이유: 알코올 중독이 아닌 사람들보다 알코올 중독인 사람들이 알코올 중독 부모를 갖는 비율이 실질적으로 더 높다고 보고되었다.

위에 제시된 결과는 그것이 얼마나 전형적인지에 대한 논의를 하지 않은 채 그저 한 연구로부터 나온 것이다. 또한 이 정보가 어떤 학술지에 게재되었는지도 모른다. 그래서 이 정보가 게재되기 전에 얼마나 엄격하게 심사되었는지를 가늠할 수 없다. 그러나 이 연구에 대해 몇 가지 유용한 질문을 던질 수 있다. 표본의 크기는 꽤 크지만 그 범위는 의심스럽다. 다양한 주에서 표본이 추출되었어도, 이들 주의 AA 프로그램에 참여하는 사람들이 전국적인 수준에서 볼 때 얼마나 전형적인 알코올 중독자라 할 수 있는가? 또한 AA 프로그램의 알코올 중독자들이 도움을 구하지 않았던 알코올 중독자들과 어떻게 비교될 수 있는가? 아마도 이 연구의 표본추출에서 가장 중요한 문제는 표본이 무작위적이지 않다는 점이다. 스스로 알코올 중독이 아니라고 보고한 사람들은 세 주에서 무작위적으로 선택된 반면, AA의 응답자들은 자발적으로 참여한 사람들이었다. 자기 부모에 대해 자발적으로 이야기한 사람들은 자발적으로 이야기하지 않은 사람들과 상당히 다르지 않겠는가? 만일 자발적 참여자와 그렇지 않은 사람들 간에 차이가 있다면, 그 표본은 편향되어 있는 것이다.

평가 척도는 얼마나 정확한가? 첫째, 조사에 응답한 사람들에게는 알코올 중독에 대한 정의가 AA에 있다는 사실 외에는 주어지지 않았다. 게다가 우리는 연구 참여자들에게 부모의 알코올 중독 평가 기준이 제시되었다는 것을 듣지 못했다. 따라서 알코올 중독에 대한 판단의 정확성을 확신하지 못한다. 게다가 알코올 중독이 아닌 사람들 중에서 대조군을 선택한 것이 자기평가에 토대를 두고 있다는 것도 문제이다. 우리는 알코올 중독이 아니라고 말하는 것이 사회적으로 수용될 수 있는 대답이라는 것을 안다. 이와 같이 사회적으로 수용될 수 있을 만한 대답을 알고 있다면 사람들은 그런 대답을 더 쉽게 하려는 경향이 있다. 이러한 응답 경향은 역시 위의 대조군으로부터 표본추출 하는 과정을 편향되게 할 수 있다. 결론을 확신하기 전에 이런 평가의 정확성에 대해 더 많이 알아야 할 것이다.

제시문 2

결론: 18세의 알콜 소비를 허용해야 한다.
이유: 18세는 합법적으로 술을 마실 수 있는 21세와 다른 점이 하나도 없다.

우선 우리는 이 추론이 비교에 근거한다는 것을 알아차릴 수 있다. 우리에게 친숙한 21세의 권리들을 이용해 어떤 측면에서는 비슷하다고 이해할 수 있게끔 사용하였다: 18세와 21세 모두 갖는 권리가 많이 있다. 하지만 명확한 차이점은 대다수의 18세들은 21세만큼 정신적으로 발달되어 있지 않고, 사회적으로 책임을 지지도 않는다. 만약 우리가 이 차이점이 18세가 책임감 있게 알코올 소비를 하는 능력에 영향을 미친다고 판단한다면, 이는 우리가 위 결론의 근거로 제시된 유추를 거부하기에 충분하다.

CHAPTER
10

경쟁 원인이 있는가?
Are There Rival Causes?

이 장은 이야기로 시작해 보자.

> 호기심이 많은 소년은 태양이 아침에 하늘에 나타나서는 밤에 사라진다는 것을 알아차렸다. 이 소년은 태양이 어디로 가는지 궁금했다. 그래서 실제로 해가 지는 것을 자세히 관찰했다. 그러나 태양이 어디로 가는지는 여전히 이해할 수 없었다. 그때 이 소년은 자기 보모도 아침에 나타나서는 밤에 떠난다는 것을 알아챘다. 어느날 그는 보모에게 밤에 어디로 가냐고 물었다. 보모는 "집에 가지"라고 대답했다. 소년은 보모가 오고 가는 것을 낮이 되고 밤이 되는 것과 연결시킨 후에 다음과 같이 결론을 내렸다. 보모가 떠나는 것처럼 해 또한 집으로 돌아가는 것이라고.

이 이야기에는 우리가 증거를 활용할 때 흔히 만나게 되는 어려움 (어떤 일이 일어난 원인이 무엇인지를 알아내는 것)이 잘 나타나 있다. 그 현상을 직접 일으킨 원인을 이해해야 비로소 함정을 피하고 특정한 긍정적 결과를 산출해내는 방법을 찾을 수 있다. 예컨대, 2008년 금융위기의 원인이 무엇인지 알고 싶다. 혹은 지난 10년 동안 전문직 종사자의 자살률이 왜 증가했는지 알고 싶다.

이 이야기는 또한 어떤 사건이 다른 사건을 야기했음을 증명하기 위해 증거를 사용할 때 겪게 되는 흔한 어려움(경쟁 원인의 문제)도 보여준다. 이야기 속의 소년은 자신의 관찰에 관해 한 가지 해석을 제시했다. 즉, 보모가 집으로 돌아가기 때문에 밤에는 해가 진다는 것이다. 여러분은 해가 지는 이유에 대한 또 다른 아주 그럴듯한 설명을 할 수 있을 것이다.

경쟁 원인은 위의 이야기에서처럼 분명한 경우가 드물다. 그럼에도 전문가들은 다른 그럴듯한 가설들이 사건이나 연구 결과를 설명할 수 있는데도 그것들을 설명하기 위해 하나의 가설을 제시하는 것을 종종 보았을 것이다. 보통 전문가들은 자신들의 주장의 확실성을 손상시키고 싶지 않기 때문에 여러분에게 경쟁 원인을 드러내지 않을 것이다. 다시 말해 여러분이 경쟁 원인을 발견해내야 하는 것이다. 그렇게 하면 여러분이 "이 증거는 얼마나 훌륭한가?"를 결정할 때 특히 도움을 받을 수 있다. 사건들에 대해 그럴듯한 다양한 경쟁 원인이 존재하면 우리는 처음에 제시된 이유에 대해 덜 확신하게 된다.

❓ 비판적 질문: 경쟁 원인이 있는가?

주의: 경쟁 원인이란 어떤 결과가 일어난 이유를 설명할 수 있는 그럴듯한 대안적 설명이다.

경쟁 원인은 언제 찾아야 하는가?

여러분이 믿기에 저자나 화자가 어떤 것의 원인에 대한 주장을 뒷받침할 증거를 사용하고 있다면 여러분은 경쟁 원인을 찾아야 한다. 원인(cause)이라는 단어는 "일으킴 또는 일어나게 함, 혹은 영향을 줌"을 의미한다. 의사소통을 하는 사람들은 수많은 방법으로 여러분에게 인과적 사고를 나타낼 수 있다.

X는 ~에 이른다　　　　　　X는 ~에 영향을 끼친다
X는 ~에 연결되어 있다　　　X는 ~를 방해한다
X는 ~의 가능성을 증가시킨다　X는 ~를 결정한다
X는 ~에 연관되어 있다　　　X는 ~의 효과가 있다

인과적 사고에 대한 이런 실마리는 의사소통을 하는 사람들이 언제 인과적 주장을 하고 있는지를 여러분이 인식하는 데 도움을 줄 것이다. 일단 인과적 주장을 알아차리게 되면 경쟁 원인이 있을 가능성에 주의하라.

다양한 경쟁 원인

경쟁원인을 발견하면, (a) 일상적인 인간관계 (b) 과거의 혹은 현재진행형인 사건들, 그리고 (c) 조사 연구의 결과들에서 마주치게 되는 인과의 결론을 잘 이해할 수 있도록 도와준다.

다음과 같은 예를 살펴보자.

예 1. 대인 관계에서의 추론

대학생과 친구의 대화: 내 남자친구가 문자를 보낸 지 24시간이 지났어. 나에게 화가 난 게 분명해.

경쟁 원인: 그는 시험 공부를 하느라 바빴을 수도 있고, 아니면 그의 핸드폰을 엉뚱한 곳에 놓았을 수도 있다.

예 2. 세계의 주요 사건

뉴스에 따르면, 2012년 12월 14일, 코네티컷 주 뉴타운 샌디훅 초등학교에서 20세의 애덤 랜자가 20명의 어린이와 6명의 성인 교직원을 총기난사로 살해했다. 학교로 가기 전, 랜자는 집에서 어머니를 쏘았다. 주요 뉴스 사건이 매우 전형적이듯이, 모두 자신의 인과 설명을 하고 있다. 총격 사건이 일어나고 얼마 지나지 않아 뉴스와 토크쇼에서 몇 가지 가능성 있는 동기에 대해 이야기했다.

1. 가해자의 행동은 그의 어머니가 그를 정신과 시설에 넣으려 하자 분노해서 일어난 사건일 수 있다.
2. 폭력적인 비디오 게임을 했던 것이 살인 충동을 유발했을 것이다. 총격사건 이후 경찰이 랜자의 집을 수색하여 수천 달러어치의 폭력적인 비디오 게임을 발견했다.
3. 랜자는 충동 조절 장애와 우울증 유발 부작용이 있는 정신병 약을 처방받았다.

예 3. 조사 연구

최근 연구에서 모유 수유가 아기들뿐 아니라 어머니들에게도 도움이 된다고 밝혀졌다. 이 연구는 평생 1년 이상 모유 수유를 한 여성이 모유 수유를 한 적 없는 여성에 비해 폐경 후에 심장마비나 뇌졸중에 걸릴 확률이 10퍼센트가량 낮다는 것을 알아냈다. 또한 당뇨병, 고혈압, 고콜레스테롤에 걸릴 확률 역시 낮다고 했다. 〈산과 및 부인과〉 5월호에 실린 연구는 폐경기 여성의 장기간 전국 조사에 참여한 139,681명의 여성의 데이터를 분석하였다.

이 연구에서 연구자들은 아마 모유 수유가 여성들에게 건강상의 이익을 줄 것이라는 가정으로 시작했을 것이다. 그리고 그 가정과 맞아떨어지는 근거들을 발견했다. 하지만 같은 발견의 다른 경쟁 원인들을 따져 보자.

1. 모유 수유를 하는 여성들이 모유 수유를 하지 않는 여성들보다 평균적으로 그저그런 건강한 생활을 하는 것일 수도 있다. 예를 들어, 그들이 더 자주 운동하고 건강한 식단을 유지하는 것일 수 있다.
2. 모유 수유를 하지 않는 여성이 집 밖에서 더 오래 일할 가능성이 있고, 이는 더 많은 생활상의 스트레스를 유발하여 건강 문제를 일으킬 수 있다.
3. 모유 수유를 하지 않기로 한 여성들이 모유 수유를 하는 여성들보다 더 많은 건강 문제를 갖고 있을 수 있다. 예를 들어, 약물 치료를 받는 중이거나 흡연자일 경우 모유 수유의 안전성에 대해 염려할 수 있다.

다음에는 비판적으로 사고하는 사람들을 위해 이런 교훈이 암시된 것들을 탐구해 볼 것이다.

경쟁 원인 발견하기

경쟁 원인을 발견하는 것은 훌륭한 형사가 되는 것과 비슷하다. 경쟁 원인을 인식할 때 여러분은 다음과 같이 질문하고 싶을 것이다.

- 이 증거의 다른 해석 방법을 생각할 수 있는가?
- 다른 무언가가 이 행위나 이런 결과물을 만들어내지는 않았는가?
- 이것을 다른 관점에서 바라보면 무엇을 중요한 원인으로 여기겠는가?
- 이 해석이 정확하지 않다면, 어떤 다른 해석이 정확할 수 있을까?

유일한 원인 혹은 그저 한 가지 원인

초등학생들에게서 우울증 비율이 경고할 만한 수준으로 증가하고 있다. 토크쇼 진행자들은 바로 그 원인에 대해 전문가들을 인터뷰했다. 그 원인은 유전적이다. 또래 집단들 사이에서 짓궂게 괴롭히는 일이 만연해진 것이 원인이다. 테러리즘과 전쟁에 관한 너무 많은 TV 뉴스가 보도되는 것이 원인이다. 종교가 없는 것이 원인이다. 스트레스가 원인이다. 전문가들은 자신들이 그 해답을 가지고 있다고 주장할지 모르지만, 그들은 아는 것 같지 않다. 이런 경우에 자주 저지르게 되는 잘못은 한 사건에 대해 단순한, 단 하나의 원인을 찾는 것이다. 그 사건이 실제로는 많은 원인의 조합 결과인데 말이다. 즉 원인 한 가지는 그 사건이 일어나기 위해 필요한 조건의 전체 집합을 만들어내는 데 도움을 줄 뿐이다.

인간의 특징이나 활동을 포함하는 상황에서는 단 하나의 원인보다는 복합적 원인이 더 자주 관련된다. 많은 경우 가장 훌륭한 인과적 설명은 상당한 수의 원인을 조합하는 것이다. 이 원인들은 오직 함께 모여서만 그 사건을 일으키기에 충분하다. 그래서 전문가들이 토크쇼 진행자에게 해줄 수 있는 최선의 대답은 "우리는 그런 사건의 유일한 원인은 알지 못해요. 그러나 그 사건에 도움을 줄 수 있는 가능한 원인들을 생각해 볼 수는 있지요"라고 말하는 것이다. 따라서 기억해야 할 점은, 경쟁 원인을 찾을 때 우리가 확인하는 어떤 원인이라도 유일한 원인이라기보다는 복합적 원인 중 하나일 가능성이 크다는 점이다.

의사소통을 하는 사람들이 원인의 복잡성을 고려하지 못할 때에는 다음과 같은 추론 상의 오류를 범한다.

> **인과적으로 지나친 단순화의 오류**: 한 사건을 설명하기에 충분하지 않은 인과적 요인에 의존하거나 또는 그런 요인 한 가지나 몇 가지의 역할을 과장하여 그 사건을 설명하는 것.

어떤 의미에서는 거의 모든 인과적 설명이 지나친 단순화에 해당한다. 따라서 저자가 한 사건에 대해 모든 가능한 원인을 포함하지 않고 설명하는 경우, 여러분은 그를 냉정하게 평가해야 할 것이다. 인과적 결론들이 충분한 인과적 요인들을 포함하고 있어야 여러분은 그 결론들이 지나치게 단순화된 것이 아니라고 확신할 수 있을 것이다. 또는 저자는 자신이 결론에서 강조하는 인과적 요인이 수많은 가능한 원인들 중 하나일 뿐임을, 즉 그저 한 가지 원인이지 유일한 원인이 아님을 분명하게 밝혀야 한다.

경쟁 원인의 안내서로서의 여러 가지 관점

서로 다른 관점과 시각은 우리가 사람들이 왜 그렇게 행동하는지 이해하고자 할 때 고려해야 할 원인들의 선택에 영향을 미친다. 우리가 영향에 대해 살펴보고자 선택하는 것이 바로 우리가 볼 수 있는 것이 된다. 우리에게 익숙한 관점이 더 많아질수록, 가능한 경쟁 원인을 더 많이 생각해낼 수 있다. 예를 들어, 사회학자나 사회복지사, 심리학자와 정신과 의사, 생물학자, 신경학자, 영양학자, 환경 운동가, 경찰, 공화당원과 민주당원, 그리고 사업가에 이르기까지 가능한 원인을 고려할 때 각자 다른 종류의 원인을 선호한다. 여러분이 다양한 관점에 익숙해질수록, 사건의 가능한 경쟁 원인을 더 많이 찾아볼 수 있을 것이다. 학습 과정에서 다양한 관점을 마주칠 때마다, 친숙한 가능 원인들을 더 많이 넓혀 나갈 수 있도록 노력하라. 또한 원인들을 인식하는 과정에서, 우리가 이미 믿고 있는 것에 부합하는 증거만 채택하는 확증 편향에 빠져들기 쉬운 여러분과 전문가들의 경향에 대해 주의를 기울이도록 하라.

집단간 차이에 대한 경쟁 원인

연구자들이 어떤 사건에 대한 원인을 찾으려 할 때 가장 흔히 쓰는 방법 중 하나는 집단을 비교하는 것이다. 예를 들면, 다음과 같은 집단 비교를 종종 만날 것이다.

> 연구자들은 실험군과 대조군을 비교했다.
> 한 집단은 X라는 치료를 받았고 다른 집단은 받지 않았다.
> 학습 장애를 지닌 집단이 학습 장애가 없는 집단과 비교되었다.

연구자들이 집단간의 차이를 발견하면, 종종 "그런 차이가 우리의 가설을 뒷받침한다"고 결론 내린다. 예를 들어, 한 연구자는 체중을 줄이려 노력하는 사람들 중 새로운 약으로 치료를 받는 사람들 집단과 그 약을 먹지 않는 사람들로 된 대조군을 비교한다. 그는 이 두 집단이 체중 감소에서 차이를 나타낸다는 것을 알아내고는 새 약이 차이를 일으켰다고 결론 내릴지도 모른다. 문제는 연구 집단이 거의 항상 두 가지 이상의 중요한 방식에서 서로 다르다는 것이다. 따라서 집단의 차이는 종종 다양한 원인과 맞물려 있다. 저자나 화자가 집단간 차이에 대한 발견을 활용하여 한 원인을 뒷받침하는 경우, "마찬가지로 집단간 차이를 설명할 수 있는 경쟁 원인이 있는가?"라고 질문하라.

집단을 비교하는 한 연구를 살펴보고 경쟁 원인을 찾아보라.

최근의 한 연구에 따르면, 표준화된 시험을 준비하는 경우 시험 치는 방법을

가르치는 특별 수업 과정을 들은 학생들이 혼자서 책 몇 권을 보는 것으로 시험 준비를 한 학생들보다 더 높은 점수를 받았다고 한다.

수업을 들은 학생들과 몇 권의 책을 읽은 학생들 두 집단이 있다. 여기에서 우리가 던져야 하는 질문은 "이 두 집단이 시험 준비 이외에 다른 중요한 방식에서 차이점은 없었는가?"이다. 여러분은 시험 점수의 차이를 설명해 줄 수 있는 다음과 같은 중요한 차이점에 대해 생각해 보았는가?

- 학생들의 학문적(그리고 경제적) 배경의 차이. 그 과정을 들으려면 상당한 액수의 비용이 들어서 돈이 있는 학생들만이 그 수업을 들을 수 있었을 것이다. 게다가 수업료를 낼 수 있었던 학생들이 시험을 보기 전에 더 훌륭한 사립학교 교육을 받았을 수도 있다. 따라서 그 수업을 듣지 않은 학생들과 비교했을 때 그들은 특권적 지위에서 시작했을 가능성도 있다.
- 동기의 차이. 그 수업에 등록한 학생들은 정말로 시험을 잘 보길 원하는 학생들일 것이다. 책 몇 권을 읽은 학생들은 표준화된 시험에서 정말로 좋은 점수를 따는 데에는 관심이 별로 없지도 모른다. 대신 그 학생들은 자신들이 가장 잘 배울 수 있는 방식에 토대를 둔 학습 방법을 선택했을 것이다. 수업이라는 방식에서 가장 잘 배우는 사람이 표준적인 시험에서 성취도가 높게 나타날 수 있다.

다른 중요한 차이점이 여러분에게 생각났을 것이다. **기억하라**: 많은 요소들이 연구 집단의 차이를 만들어낼 수 있다!

집단을 비교하는 특정 방법들이 경쟁 원인의 수를 최소화하는 데 훨씬 더 뛰어나다는 것을 인지하고 있는 것이 도움이 된다. 여러분이 모든 연구 계획의 장단점을 숙지하는 것은 이 책의 범위를 넘어서는 것이다. 하지만 다양한 연구 계획을 숙지하길 바라고 전문가들이 동의하는 경쟁 원인을 최소화하는 가장 좋은 집단간 연구 계획을 골라낼 수 있게 되길 기대한다. 무작위 실험 설계(randomized experimental design)는 대개 표준으로 여겨지며, 어떤 집단이 특정 실험 변인이 주어지지 않은 대조군에 비해 그 변인이 주어졌을 때 어떻게 반응하는지 비교한다.

인과를 연관과 혼동하는 문제

우리에게는 연관된 또는 "함께 일어나는" 사건들을 서로 원인이 되는 사건들로 "보는" 생래적인 경향이 있다. 즉, 특징 X(예를 들면, 에너지 바의 소비량)는 특징 Y(예를 들면, 스포츠 경기의 실행)와 연관되기 때문에, 따라서 X는 Y를 일어나게 한다고 결론 내린다. 다음은 그런 추론의 예이다.

> 힙합 음악이 더 대중화되어 가면서 젊은이들이 교회에 덜 참석한다는 것을 알았습니까? 그런 음악은 우리 젊은이들의 도덕성을 흔들어 놓고 있어요.

그러나 이런 방식으로 생각하면, 종종 아주 잘못 판단하게 된다! 왜일까? 보통 많은 가설이 왜 X와 Y가 "함께 일어나는지"를 설명할 수 있다. 사실 최소한 네 가지 다른 종류의 가설이 그런 관계를 설명할 수 있다. 여러분이 이 가설이 어떤 것인지를 안다면 경쟁 원인을 발견하는 데 도움을 얻을 수 있을 것이다. 네 가지 각각을 연구의 예를 통해 살펴보자.

최근의 한 연구에 따르면 "흡연은 독감을 물리친다"고 한다. 이 연구자들은 525명의 흡연자들을 연구했고, 이들 중 67퍼센트가 지난 3년 동안 한 번도 독감에 걸리지 않았음을 알았다. 연구자들은 독감 바이러스가 퍼져서 병을 유발하기 전에 담배 연기 속의 니코틴이 독감 바이러스를 파괴한다는 가설을 세웠다.

날씨로 인해 몸이 불편하다고 느끼는 사람들은 독감 발병을 예방하기 위해 당장 나가서 담배를 피기 시작해야 좋은가? 아직은 아니다. 그들은 그렇게 하기 전에 연구 결과에 대한 네 가지 잠재적인 설명을 곰곰이 생각해 보는 것이 좋다.

설명 1: X는 Y의 원인이다. (흡연은 정말로 독감 바이러스를 죽인다.)
설명 2: Y는 X의 원인이다. (건강하지 않다고 느끼거나 독감일 것 같은 것이 시작된다는 느낌이 사람들이 담배를 피도록 만든다.)
설명 3: X와 Y는 Z라는 세 번째 요인으로 연관되어 있다. (가령 흡연 후에 손을 자주 씻는 것이 독감 바이러스가 퍼지는 것을 막아 주는 것과 같이 흡연과 독감에 걸리지 않은 상태는 모두 어떤 요인들에 의해 연관되어 있다.)
설명 4: X와 Y는 서로에게 영향을 준다. (통상 감기에 걸리지 않는 사람들은 담배를 피는 경향이 있고, 담배 연기는 다른 잠재적인 질병에 영향을 준다.)

기억하라: 연관이나 상관관계는 인과를 증명하지 않는다!

그러나 인과를 증명하기 위한 증거는 연관이나 상관관계에만 토대를 두는 경우가 많다. 저자가 특징들 사이의 연관을 지적하면서 가설을 지지한다면, 항상 "그 연관을 설명하는 다른 원인이 있는가?"라고 질문하라.

다음으로 연습해 보라.

최근의 한 연구에 따르면, "아이스크림이 범죄를 야기한다"고 한다. 연구자들은 지난 5년 동안 미국의 10대 대도시에서 아이스크림 판매와 범죄율을 연구했는데, 그들은 아이스크림 판매가 증가함에 따라 범죄율도 증가함을 발견했다. 연구자들은 한 사람이 아이스크림을 먹으면 두뇌에서 화학 반응이 일어나 범죄를 저지르려는 성향을 띠게 만든다고 가설을 세웠다.

우리는 여러분이 이제 아이스크림을 먹는 사람들이 범죄를 저지르려 하지 않을지 우려할 필요가 없음을 알 수 있기를 바란다. 어떤 경쟁 원인을 생각해 보았는가? 심해진 여름 더위가 아이스크림 판매(X)와 범죄(Y)의 연관을 설명할 수 있지는 않을까?

상관관계와 인과 사이를 이처럼 혼동하는 일은 위험하면서도 쉽게 벌어지는 일이다. 한 원인은 실제로 그 결과에 선행할 것이다. 그러나 다른 많은 사건들도 그 결과에 선행한다. 그들 대부분이 인과적인 것은 아니다.

사건이 연관될 수 있는 가능성에 대한 위의 네 가지 설명에 주의하면 이제 두 가지 흔한 인과적 추론의 오류를 확인할 수 있을 것이다.

> **원인과 결과를 혼동하는 오류:** 한 사건의 원인과 결과를 혼동하거나 두 사건이 서로에게 영향을 줄 수 있다는 것을 인식하지 못하는 것.

> **공통 원인에 대한 무지의 오류:** 두 사건이 제3의 공통 요인의 영향으로 연관될 수 있다는 것을 인식하지 못하는 것.

"이것 이후에"와 "이것 때문에"를 혼동하는 것

우리는 특정 사건을 종종 다음과 같이 설명한다. 사건 B가 사건 A를 뒤따라 일어났기 때문에 사건 A가 사건 B를 야기했다. 이런 추론이 생겨나는 이유는 두 사건이 시간적으로 가까이에서 함께 일어났다면 첫 번째 사건이 두 번째 사건을 일으켰음에 틀림없다고 믿는 경향이 있기 때문이다.

많은 사건이 시간상 어떤 사건 다음에 일어나는 경우, 그 사건이 앞선 사건에 의해 일어나는 것은 아니다. 첫 번째 사건이 두 번째 사건보다 먼저 일어났기 때문에 전자가 후자를 야기했다고 잘못 결론을 내릴 때 이것을 Post hoc, ergo propter hoc("이것 이후에, 따라서 이것 때문에")의 오류 또는 간단히 선후관계(Post hoc)의 오류라고 부른다. 이런 추론으로 인해 수많은 미신적 믿음이 생겨난다. 예를 들면, 여러분은 특정한 모자를 쓰고 있는 동안 탁월한 보고서를 쓴 적이 있을지도 모른다. 그러면 보고서를 쓸 때 항상 고집스럽게 똑같은 모자를 쓰려 한다.

선후관계의 오류: 특정한 사건 B가 또 다른 사건 A에 시간상 뒤따라 일어났다는 단순한 이유로 인해 A가 B를 야기했다고 가정하는 것.

다음의 예는 이런 종류의 추론이 지니는 문제점을 보여 준다.

"내가 어제 발견한 25센트는 행운을 가져다주는 것이 틀림없어. 그것을 발견한 이후 정말로 어려운 시험에서 A를 받았고, 내가 가장 싫어하는 수업도 취소되었어. 그리고 어젯밤 TV에서는 내가 가장 좋아하는 영화도 했어."(시험을 대비해 정말 열심히 공부했다는 사실과 우리 교수님의 여섯 살 난 아이가 최근에 독감에 걸렸다는 사실, 그리고 TV 편성표는 내가 25센트를 발견하기 훨씬 전에 이미 나왔다는 사실에는 신경 쓰지 마.)

아마 추측하겠지만, 정치 지도자나 기업 경영자는 선후관계의 논증을 즐겨 사용한다. 특히 이 논증이 그들에게 우호적일 때 그러하다. 예를 들어, 그들은 지도자가 된 후에 일어난 좋은 일에 대해 그 공적을 자기에게 돌리지만, 나쁜 일에 대해서는 다른 것을 비난하기 일쑤다.

기억하라: 한 사건이 시간적으로 다른 사건에 뒤따라 일어나는 것을 발견했다고 해서 그 자체로 인과를 증명한 것은 아니다. 그것은 아마도 우연의 일치이다. 그런 추론을 보게 되면, "그 사건을 설명할 수

있는 경쟁 원인이 있는가?", 그리고 "한 사건이 시간적으로 다른 사건에 뒤따라 일어난 사실 이외의 훌륭한 증거가 있는가?"라고 항상 질문하라.

개별 사건이나 행위 설명하기

무엇이 2010년 아이슬란드의 화산 폭발을 일으켰는가? 페이스북은 왜 그렇게 유명한가?

샌디훅 학살 사건에 대한 질문처럼, 이런 질문들은 개별적인 역사적 사건에 대한 설명을 찾고자 한다. 첫째, 샌디훅 사건을 살펴보면, 동일한 사건에 대해 매우 많은 이야기들이 있을 수 있다. 둘째, 우리가 어떤 사건을 설명하는 방식은 개인의 믿음에 따른 관점뿐만 아니라 사회적이고 정치적인 요소에 의해 대단히 큰 영향을 받는다. 또한 "근본적인 속성의 오류"(fundamental attribution error)는 흔한 편견인데, 이것은 다른 사람의 행동을 해석할 때 상황적 요인보다는 개인적 성향의 중요성을 과대평가하는 것이다. 즉, 다른 사람의 행동의 원인이 외부(상황적 힘)보다는 내부(개인적 특성)에서 나온다고 보는 경향이 있다. 예를 들어, 누군가 무엇을 훔쳤을 때, 우리는 이를 처음에는 그 사람이 비도덕적이거나 지각 없는 성향을 가졌거나, 또는 양심에 어긋나는 나쁜 선택을 내린 것이라고 보기 쉽다. 그러나 가난이나 동료로부터 받은 압박과 같이 외부 환경이 어떤 영향을 미쳤는지도 고려해야 한다.

과거 사건의 원인을 구성할 때 더 심각한 중요한 문제는 대부분의 증거가 사람들의 기억에 기반한다는 것인데, 많은 연구가 기억은 대개 왜곡되기 쉽다는 것을 밝힌 바 있다.

우리가 특정한 사건이나 일련의 사건을 "훌륭하게" 설명하고 있는지 어떻게 알 수 있는가? 우리는 결코 확실히 알 수 없다. 그러나 비판적 질문을 함으로써 어느 정도 개선될 수 있다. 카너먼의 "천천히 생각하기"의 장점을 잊지 말도록 하라.

여러분이 만나는 사건에 대한 첫 번째 해석을 주의하여 받아들여라. 경쟁 원인을 찾아보고 그것의 신뢰성을 비교하도록 하라. 관심 사건에 대해 다른 관점에서는 어떻게 보여질지 고려하라. 여러분의 관점을 넓히기 위해 사건에 대한 다양한 견해를 읽어 보라. 많은 사건이 단순하게 설명되지 않는다는 사실을 명심해야 한다.

경쟁 원인 평가하기

여러분이 만난 경쟁 원인이 그럴듯할수록 최소한 더 진전된 증거가 고려되기 전에는 처음 주어진 설명에 대한 신뢰가 떨어질 수 있다. 여러분은 비판적으로 생각하는 사람으로서 가능한 한 개인적 편견을 민감하게 발견하려 애쓰면서 대안적 설명 각각이 사용 가능한 증거와 어떻게 조화를 이루는지 평가하고 싶을 것이다.

경쟁 원인과 자신의 의사소통

원인 논증은 저자들이 구성하기 가장 힘든 일 중의 하나다. 여러분은 여러 가능한 요인들을 체로 걸러서 어떤 것은 의미가 있고 어떤 것은 가짜로 매력적인지를 구별해야 한다. 그리고 실제로 인과관계가 있다는 것을 보여 주어야 한다. 이 문제는 피비에스(PBS)의 세사미 스트리트(Sesame Street)의 대본에 나와 있다. 그 대본에 따르면 메펫 버트(Meppet Bert)는 어니(Ernie)가 귀에 바나나를 꼽고 있는 것을 발견한다. 버트는 어니에게 왜 그런 행동을 하는지 묻는다. 어니가 대답하기를 "들어 봐 버트, 나는 이 바나나를 가지고 악어를 멀리 할 거야." 짜증이 난 버트는 세사미 스트리트에는 악어가 없다고 말하자. 어니는 자랑스럽게 대답한다. "맞아, 결국 잘한 일이지. 그렇지 않아, 버트?" 어니는 두 가지 사건이 서로 관련이 있는 것으로 잘못 추론한 것이다.

원인을 비교할 때 다음 기준을 따르라.

- 논리적 건전성. 어느 것이 당신에게 가장 상식적인가?
- 당신이 가진 지식과의 일치 여부
- 비슷한 사건을 설명하거나 예측하는 데 과거의 성공 경험
- 그 설명이 다른 설명보다 진리를 수용하는 정도가 상당할 것
- 소수의 믿음에 의해 불신 받은 정도
- 그것이 경쟁하는 설명보다 더 많고 다양한 사실을 설명하는 정도

여러분이 어떤 관련이 있다는 것을 입증한 후에는 반드시 그 관련이 당신이 암시하는 방향으로 움직인다는 것을 증명해야 한다. 즉 A가 원인이 되어 B가 나왔다. B에서 A가 나온 것이 아니다. 또는 C가 A와 B의 원인이다. 롤링(J.K. Rowling)의 《해리포터(Harry Potter)》 시리즈에는 전혀 다른 것이 나오는데, "무엇이 먼저야. 불사조와 불 중에서?" 주인공의 변덕스러운 친구인 루나 러브굿(Luna Lovegood)이 정확하게 대답한다. "회전은 시작이 없어."

마지막으로 여러분은 그 현상을 다른 것보다 더 잘 설명하기 위해 인과관계를 증명하고 싶어한다. 이 전체 과정은 압도적일 수 있다. 우리는 다행히 이것을 몇 개의 단계로 나누기를 제안한다. 첫 단계는 몇 개의 창조적인 사고를 포함한다.

잠재적 원인 탐색하기

당신은 글쓰기 과정을 마치 논증처럼 시작한다. 당신에게 관심이 있는 특정한 이슈를 정한다. 이런 과정에서 인과관계를 가진 주제를 찾을 것이다. 그런 주제는 원인이라는 단어를 분명하게 드러낼 수도 있다. 예를 들면, "케이블 티브이에서 올린 AMC의 허깨비 인간(Walking Dead)이 기록한 엄청난 시청률의 원인은 무엇인가?" 또는 "무엇이 원인이 되어 질병이 치료에 저항하는가?" 마이애미 경제에서도 비슷하게 이슈는 분명하게 효과라는 단어를 사용할 것이다. "마이애미 히트(Miami Heat)에 르브론 제임스의 참가가 갖는 효과는 무엇일까?"

일단 어떤 주제를 결정하면 당신은 다음으로 그 질문에 대한 잠재적인 대답을 골라내는 작업으로 넘어간다. 그 과정은 창조적인 것이다.

그 작업에 접근하는 한 가지 뛰어난 방법은 칭얼거리는 5살짜리의 질문 태도를 갖는 것이다. 계속해서 왜라고 물어라. AMC의 허깨비 인간을 예로 들어 증명해 보라. 왜 허깨비 인간은 케이블의 기록을 깼을까? 아마도 18~49세의 좀비들 때문일 수 있다. 5살짜리 아이의 태도를 가져 보자. 왜 그들은 좀비인가? 당신은 그 질문에 어떻게 답할 것인가?

우리의 아이는 다음에는 무엇을 물을까? 왜 18~49세 나이의 행동 시리즈인가? 왜 허깨비 인간은 다른 케이블에서는 다루지 않은 영역을 찾았을까? 왜 배우, 작가, 감독과 기타 사람들은 그렇게 잘 실행했을까? 당신은 답을 얻었다. 친구, 동료 그리고 삶에서 다른 사람들이 당신을 도와 그 원인을 찾는 과정을 도왔다. 그들은 당신이 마음에 가지지 않았던 요인을 생각나게 했을 수도 있다.

교훈

1. 많은 종류의 사건들이 경쟁 원인에 의해 설명될 수 있다.
2. 전문가들은 동일한 증거를 검토할 수 있고, 그 증거를 설명하기 위해 다른 원인을 "발견할" 수 있다.
3. 의사소통을 하는 사람들은 대부분 자신들의 가설에 우호적인 원인만을 제공할 것이다. 비판적 독자나 청자는 경쟁 원인을 만들어야 한다.
4. 경쟁 원인을 만드는 것은 지적으로 매우 창조적인 과정이다. 보통은 그런 원인이 분명하게 보이지는 않을 것이다.
5. 마지막으로, 특정한 인과 주장의 확실성은 그럴듯한 경쟁 원인의 수와 역의 관계에 있다. 따라서 다양한 경쟁 원인을 확인하는 일은 비판적 사고자에게 지적인 겸손을 갖게 한다.

Practice Exercises

❓ 비판적 질문: 경쟁 원인이 있는가?

다음 제시문들은 인과적 주장을 뒷받침하는 논증을 제공한다. 각각의 주장에 대해 경쟁 원인을 만들어 보라. 그런 다음 여러분이 알고 있는 경쟁 원인을 이용하여 저자의 주장을 얼마나 약화시켰는지 판단해 보라.

제시문 1
폭력 비디오 게임은 아이들과 십대에게 폭력 행동과 사고방식에 영향을 준다. 연구자들은 몇 가지 연구결과를 밝혔는데, 폭력 비디오 게임이 아이들과 십대의 행동과 관련이 있다는 것이다. 가장 대중적인 연구는 21명의 십대를 조사한 것인데 3주 동안 폭력적 비디오 게임을 한 경우다. 21명 중 15명이 공격성과 분노를 매일 느꼈고, 10명은 자신들의 폭력성 생각을 표출했다고 한다. 연구자들은 폭력 비디오 게임에서 지나친 폭력 장면이 플레이어에게 폭력에 둔감하게 하고 또 여러 상황에서 폭력으로 대응하는 조건을 만든다고 가정한다.

제시문 2
그 기업체의 임원은 왜 회사에서 자금을 훔쳤는가? 그의 인생을 자세히 살펴보면 분명하고 설득력 있는 답을 얻을 수 있다. 이 임원은 아주 성공적인 집안 출신이다. 그의 부모는 의사이고 형제들은 변호사이다. 그는 기업체 임원으로서 가족들만큼 많은 돈을 벌지 못하고 있었다. 게다가 이 임원은 아메리칸 드림을 굳게 믿었고, 한 사람이 열심히 일하면 반드시 성공할 수 있다고 생각했다. 그러나 그가 열심히 일했음에도 불구하고 최근에 수많은 사업에서 실패했고, 주식시장에서 상당한 액수의 돈도 잃었다. 설상가상으로 아이들은 치아 교정도 필요하다. 그는 이런 기대에 부응하기 위해 그리고 성공해서 가족들을 부양하기 위해 자기 회사에서 돈을 훔쳤다.

제시문 3

대학에서 증가하는 세균과 바이러스가 대학생들의 질병률을 높인다. 대학생들은 대학 내 생활영역과 공공장소를 잘 살균하지 않는 것 같다. 그래서 물건의 표면과 공기에 세균이 번식하고 학생들을 더 자주 병들게 한다.

Sample Responses

제시문 1

결론: 폭력 비디오 게임은 아이들과 십대에 폭력 행동 결과를 만들어낸다.

이유: 연구 결과에 따르면 21명 중 15명이 폭력 비디오 게임을 하고 나서 폭력 사고 경향을 보였고 21명 중 10명이 폭력적 생각을 표출했다.

비디오 게임 외에 또 무엇이 폭력 행동과 연관이 있을까? 연구자들은 분명한 다른 설명을 제외하는 것에는 실패했다. 예를 들면, 참가자들은 더 폭력적이 된다고 예상했을 수도 있다. 그래서 이런 예상이 폭력 행동을 늘렸을 수도 있다. 또한 참가자들은 폭력 비디오 게임을 하는 목적을 알고 있어서 다른 경쟁 요인이 있었으나 연구자를 기쁘게 하기 위해 그들이 더욱 폭력과 공격 행동을 했다고 보고했을 수도 있다. 우리는 또 그 3주 동안 외부 요인이 변화에 영향을 주었을 수도 있다고 가정할 수 있다. 어쩌면 그 3주의 실험 기간 동안 십대들이 학교에서 최종 시험을 치르는 기간이어서 십대들은 많은 스트레스와 불안감을 느꼈고 그래서 이것이 폭력 사고를 높였을 수도 있다. 또 다른 가능성은 참가자들이 실험 전에 이미 연구자가 알지 못하는 어떤 폭력 행동을 보였을 수도 있다. 당신은 다른 경쟁 요인을 찾을 수 있는가?

제시문 2

결론: 그 임원은 집안 사람들과 경쟁하기 위해, 자신은 패자가 아니라는 것을 보이기 위해, 그리고 자기의 가족들을 부양하기 위해 회사에서 돈을 훔쳤다.

이유: 그 임원은 아마도 위의 모든 요소와 관련이 있었을 것이다.

위의 모든 요소는 그 임원이 회사에서 돈을 훔치도록 유발한 점에서 중요할 수 있다. 그러나 사회의 많은 다른 사람들도 그와 같은 압박을 느끼고 있지만, 그들은 돈을 벌기 위해 불법적 수단에 의존하지는 않는다. 그런 행동에 대한 다른 가능한 원인이 있는가? 버지니아 울프의 사례에서처럼 우리는 그럴듯한 다른 많은 설명이 있을지 모른다고 의심한다. 그 임원의 삶에서 이런 스트레스가 인과적 요인이라고 결론을 내리기 전에, 우리는 그의 어린 시절과 그의 인생에서 일어난 최근의 사건에 대해 더 많이 알기를 원한다. 예를 들면, 그 임원이 최근에 자기의 상사와 불화가 있었는가? 약물을 복용하고 있었는가? 최근에 대단히 큰 스트레스를 받았는가? 그에게 절도 경력이 있는가? 범행이 있은 다음에 우리는 한 성인의 행동의 원인이라고 할 수 있는 어린 시절의 경험을 발견할 수 있다. 그러나 인과적 결론을 내리기 전에, 일련의 사건이 다른 일련의 사건보다 앞서 일어났다는 단순한 시간적 선후관계를 찾기보다는 앞의 사건이 일련의 다른 사건을 야기했음을 증명하기 위해 더 많은 증거를 찾아야 한다. 우리는 "근본적인 속성의 오류"에도 빠지지 않도록 조심해야 한다. 그리고 내적인 인과적 요인뿐만 아니라 외적인 인과적 요인도 반드시 고려해야 한다.

CHAPTER
11

통계에 속임수가 있지는 않은가?
Are the Statistics Deceptive?

다음 문장은 얼마나 설득력이 있는가?

> 뉴스 게시판: 경제는 크게 개선되고 있다. 지난달만 해도 실업률이 1퍼센트 하락했다.

여러분은 위의 추론에 대단한 인상을 받아서는 안 된다. 위의 논증은 통계로 우리를 속이고 있다.

저자가 자주 제시하는 종류의 증거가 "통계"이다. 사람들이 자신의 논증을 뒷받침하기 위해 다음과 같은 어구를 사용하는 것을 종종 들었을 것이다. "나는 그것을 증명할 수 있는 통계가 있어." 전쟁 사상자 수의 증감을 드러내기 위해, 변화하는 질병률을 알리기 위해, 새 상품의 판매량을 재기 위해, 어떤 주식의 수익률을 판단하기 위해, 다음 카드가 에이스일 가능성을 판단하기 위해, 여러 대학에서 졸업률을 측정하기 위해, 여러 집단의 성관계 횟수를 기록하기 위해, 많은 이슈에 정보를 제공하기 위해 (종종 부적합하게) 통계를 이용한다.

통계는 숫자로 표현된 증거이다. 그런 증거는 아주 인상적인 것으로 보일 수 있다. 숫자는 증거가 마치 "사실"을 나타내듯이, 증거를 아주 과학적이며 정확한 것으로 보이게 만들기 때문이다. 그러나 통계는 거짓말을 할 수 있고 종종 그렇게 한다! 통계는 통계 자체가 증명하는 것으로 보이는 것을 반드시 증명하는 것은 아니다.

비판적으로 생각하는 사람으로서 여러분은 잘못된 통계 추론을 발견해내야 한다. 몇 개의 짧은 단락으로 사람들이 "통계로 거짓말을 하는" 모든 종류의 방법을 보여 줄 수는 없다. 그러나 이 장에서는 그런 속임수를 발견하는 데 사용할 수 있는 몇 가지 일반적인 전략을 제시할 것이다. 게다가 통계적 증거를 잘못 사용하는 가장 흔한 방법을 예시함으로써 통계적 추론의 결함에 대해 주의할 수 있도록 할 것이다.

❓ 비판적 질문: 통계에 속임수가 있지는 않은가?

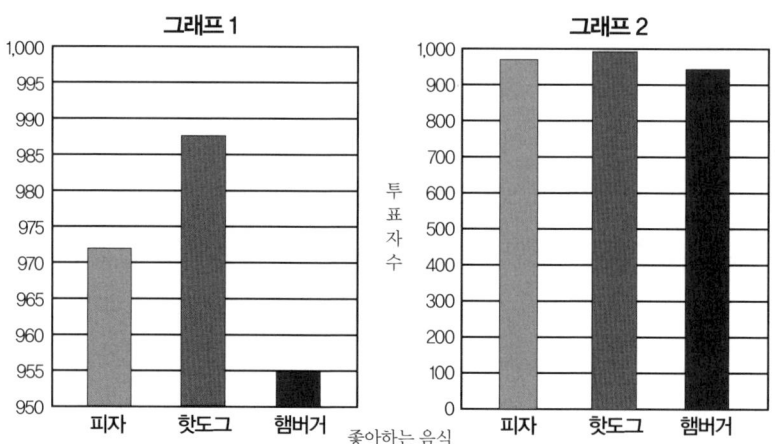

속일 수도 있는 통계를 제시하는 대안적 방법

알 수 없고 편향된 통계

최근의 헤드라인: 40퍼센트의 대학생들이 우울증으로 고통 받고 있다.

당신이 슬픔을 느낀다고 놀라야 하나? 그 통계가 믿을 수 있다는 것을 어떻게 알 수 있을까?

모든 통계는 어느 곳에서 어떤 사건이 일어났는지 분명해야 하고 정확하게 일치해야 하는데, 이것은 종종 어려운 일이다. 그래서 통계의 속임수를 알아내기 위한 첫 번째 전략은 통계를 얻은 방법에 대해 가능한 한 많은 것을 알아내는 것이다. 미국에서 탈세나 혼전 성관계, 운전하면서 휴대폰 사용, 불법 약물을 이용하는 사람들의 수를 정확하게 알 수 있을까? 그렇지 않을 것이다. 왜일까? 어떤 목적을 위해 정확한 통계를 얻는 데에는 다양한 장애물이 있기 때문이다. 이 장애물에는 정보를 솔직하게 제공하기를 꺼리는 사람들의 성향, 사건을 보고하지 않는 것, 사건을 관찰하는 데 물리적 장애 등이 있다. 결과적으로 통계는 종종 "경험에서 나온 추측"의 형태를 띤다. 그런 추정은 꽤 유용할 수 있지만 또한 상당히 기만적일 수 있다. 항상 "저자는 그 추정치에 어떻게 도달했는가?"라고 물어라.

알 수 없는 통계를 사용하는 것은 큰 숫자로 사람들을 놀라게 하여 그들에게 의심스러운 정확성을 주려는 것이다. 예를 들면 큰 수는 암, 음식 습관, 아이들의 자폐증 같은 정신적 육체적 질병이 증가하고 있다고 사람들을 놀라게 하려는 것이다. 우리는 이 숫자들이 얼마나 조심스럽게 결정되었는지를 알면 이 숫자에 많은 충격을 받을 것이다. 예를 들면, 알 수 없는 숫자 이슈는 대학생들의 우울증 비율을 정확하게 계산하는 데 가장 중요한 요소인데, 연구결과에 따르면 10~40퍼센트 사이를 왔다갔다 한다. 그래서 처음에 언급한 연구에 지나치게 놀라는 것은 성급하다고 본다. **기억하라**: 그런 통계에 반응하기 전에 우리는 그 통계가 어떻게 만들어졌는지 물어야 한다.

혼란스러운 평균

다음 진술을 검토해 보자.

1. 돈을 빨리 버는 한 가지 방법은 프로 축구 선수가 되는 것이다. 평균의 NFL 축구 선수가 2010년에만 1백8십만 달러를 벌었다.
2. 대학 수업에서 등급을 만들어 학생들이 공부를 덜 하게 하고 있다. 최근의 연구에 의하면 대학생들은 20년 전의 약 반 정도인 평균 주당 12.8시간을 공부한다.

두 예는 모두 "평균"이라는 단어를 사용한다. 그러나 평균을 결정하는 세 가지 다른 방법이 있고, 대부분의 경우 각 방법은 다른 가치를 제시할 것이다.

하나는 모든 값을 더한 총합을 사용된 값의 수로 나누는 것이다. 이 결과를 산술평균(mean)이라 부른다. 두 번째 방법은 가장 높은 값으로부터 가장 낮은 값까지 모두 나열한 다음 가운데 값을 알아내는 것이다. 이 값을 중앙값(median)이라 부른다. 이 값들 중 반은 중앙값

위에 있을 것이고 반은 아래에 있을 것이다. 세 번째 방법은 모든 값을 나열한 다음 각각의 값이나 값의 범위가 몇 번 나왔는지 세는 것이다. 가장 많이 나타난 값을 최빈값(mode)이라 부르는데 이것이 세 번째 종류의 평균이다. 저자가 말하고 있는 것이 산술평균인지, 중앙값인지, 최빈값인지에 따라 큰 차이가 난다.

첫 번째 예에서는 어떤 평균이 적절할까? 프로 스포츠에서 평균의 선수 연봉과 스타급 선수의 연봉을 생각해 보자. 대형 스타들은 같은 팀의 다른 선수들보다 훨씬 더 높은 연봉을 받을 것이다. 사실 2010년에 가장 높은 연봉을 받은 축구선수들은 평균보다 많이 높은 1천5백만 달러를 받았다. 그렇게 고액의 연봉은 산술평균을 극적으로 높이지만 중앙값이나 최빈값에는 거의 영향을 주지 않는다. 예를 들어, 2010년 NFL 선수들의 산술평균 연봉은 1백8십만 달러였지만, 중앙값 연봉은 "단지" 77만 달러였다. 그러므로 대부분의 프로 스포츠에서 산술평균 연봉은 중앙값이나 최빈값의 연봉보다 훨씬 더 높을 것이다. 결과적으로 연봉이 아주 높아 보이길 원한다면 평균을 나타내는 것으로 산술평균을 선택하면 될 것이다.

평균의 종류

- 산술평균: 모든 값을 더하고 각 값의 전체 개수로 나누어서 얻는다.
- 중앙값: 각 값을 높은 것에서 낮은 것으로 줄을 세우고 그 중간에 있는 것으로 결정한다.
- 최빈값: 각 값이 나오는 빈도수를 헤아려서 가장 많이 나오는 값으로 결정한다.

자, 이제 두 번째 예를 주의 깊게 살펴보자. 제시된 평균이 최빈값이나 중앙값 중 하나라면, 공부 시간의 평균 양을 과대 평가한 것이다. 일부 학생들은 주당 30시간이나 40시간같이 매우 많은 시간을 공부하여 산술평균의 값을 올리지만 최빈값이나 중앙값에는 영향을 주지 않는다. 최빈값의 공부 시간은 학생들에게 어떤 수의 공부 시간이 가장 빈번한가에 따라 중앙값보다 아주 낮거나 더 높을 수 있다.

"평균"값을 보게 되면 "그것이 산술평균인지, 중앙값인지, 최빈값인지의 문제가 중요한가?"라고 항상 물어라. 이 질문에 대답하기 위해 평균의 다양한 의미를 사용하는 것이 어떻게 정보의 중요성을 변화시키는지를 생각하라.

평균이 산술평균인지, 중앙값인지, 최빈값인지를 결정하는 것이 중요할 뿐만 아니라, 최소값과 최대값 사이의 차(범위)를 결정하는 것과 각 값이 얼마나 자주 일어나는지(분포)를 결정하는 것 또한 때로는 중요하다. 범위와 분포를 아는 것이 중요함을 보여 주는 또 다른 예를 보자.

의사가 20세의 환자에게 말한다: 당신 암의 진단이 매우 좋지 않게 나왔습니다. 평균 생존 기간이 10개월입니다. 남은 몇 개월 동안 가장 하고 싶었던 것을 하며 보내는 것이 좋겠습니다.

환자는 그런 진단을 받고 미래를 어떻게 볼까? 먼저 우리가 확실히 아는 것은 그 진단을 받은 사람들의 절반이 10개월 안에 죽었다는 것이다. 그리고 절반은 10개월 이상 산다는 것이다. 그러나 우리는 절반 이상인 사람들이 얼마나 오래 살았는지 그 범위와 분포는 모른다. 10

개월 이상 산 사람들의 범위와 분포는 일부 또는 많은 사람들이 10개월 이상 살았을 수 있다. 일부 또는 많은 사람들이 80세 이상 살았을 수도 있다. 완전한 생존 분포를 알게 되면 이 환자가 그의 미래를 보는 시각이 바뀔 수도 있다.

일반적으로 환자들은 그 나라의 여러 병원에서 그 질병의 생존이 서로 다른 범위와 분포를 갖는다는 것을 고려해야 한다. 그렇다면, 그는 가장 좋은 분포를 갖는 병원을 찾아서 치료 받아야 한다.

평균을 볼 때 마음 속으로 범위와 분포를 생각하면 얻게 되는 일반적 이점은 대부분의 사람이나 사건이 정확하게 평균과 일치하지 않고, 평균으로부터 많이 떨어진 결과를 얻게 된다는 것이다. 예를 들어, 건강을 높이기 위한 많은 조치들이 어떤 건강 측정치에서는 평균적으로 올라간다는 것이다. 그러나 연구에 포함된 많은 사람들이 약간 올라가거나 전혀 변화가 없을 수 있고, 일부는 더 나빠지기도 한다.

A를 증명하면서 B에 대해 결론 내리기

화자들은 한 가지를 증명하는 통계를 사용하고는 아주 다른 무언가를 증명했다고 주장하면서 우리를 종종 속인다. 이럴 때 통계는 그것이 증명했다고 하는 것을 실제로는 증명하지 않은 것이다. 우리는 그런 속임수를 찾아내기 위한 두 가지 전략을 제시한다.

한 가지 전략은 저자나 화자가 제시한 통계를 보지 말고 "어떤 통계적 증거가 그의 주장을 증명하는 데 도움이 될까?"라고 스스로에게 물어 보라는 것이다. 그리고 나서 필요한 통계를 주어진 통계와 비교하라. 이 둘이 서로 맞아 떨어지지 않는다면, 통계적 속임수를 알아낸 것일 수 있다. 다음 예를 통해 이 전략을 적용해 보라.

> 우리 시의 지하철을 탄다면 스마트폰을 도둑 맞을 가능성이 높다. 지하철 시스템에서 절도의 70퍼센트가 전자 기기에 해당한다는 통계를 방금 읽었다.

지하철을 타는 동안 한 기기를 도둑 맞을 가능성에 대해 좋은 생각을 얻기 위해서는 어떤 연구가 필요한가? 당신은 전자 기기를 도둑 맞을 가능성이 아니라 그냥 도둑 맞을 가능성에 대해 알고 싶을 것이다. 이 데이터는 하나는 증명하였다. 즉 지하철 시스템에서 일어나는 대부분의 절도는 전자 기기라는 것이다. 그런 절도가 어떻게 가능한지는 증명되지 않았다. 이 질문에 답하기 위해서 당신은 질문을 해야 한다. 지하철을 타는 동안 도둑 맞을 가능성이 있는 것은 무엇인가? 전체 절도는 매우 적을 수 있지만 그들 중 대부분이 전자 기기를 포함한다. 이 예에서 배우는 중요한 교훈은 통계와 결론이 같은 것을 가리키는지 알기 위해 통계의 말과 결론의 말에 세심한 주의를 기울이라는 것이다.

결론을 지지하기 위해 어떤 통계적 증명이 제시되어야 하는지를 아는 것은 어려운 일이다. 따라서 또 다른 전략은 저자의 결론을 보지 않은 채 저자가 제시한 통계를 아주 면밀하게 검토하는 것이다. 그런 다음 "무엇이 그 통계로부터 도출되는 적합한 결론인가?"라고 물어라. 그 후 여러분의 결론을 저자의 결론과 비교하라. 다음 예에 이 전략을 시험해 보라.

미국인들 중 거의 절반이 다른 사람들과 바람을 피운다. 최근 쇼핑 몰에서 행한 인터뷰에 따르면, 조사에 응한 75명 중 36명이 자신의 친구들이 바람을 피운 것을 인정했다고 한다.

여러분은 다음 결론을 생각해냈는가? 특정 장소에 있는 사람들 중 거의 절반이 사귀는 사람이나 혹은 다른 식으로 만나는 사람과 바람을 피웠다고 말한다. 여러분은 통계가 증명한 것과 저자가 내린 결론 사이의 차이를 알겠는가? 그렇다면 이 저자가 통계로 어떻게 거짓말을 했는지 발견한 것이다.

정보를 빠트려서 속이기

통계는 불완전하기 때문에 종종 우리를 속인다. 따라서 통계적 추론에서 결함을 알아내는 데 유용한 추가 전략은 "통계의 영향을 판단할 수 있기 전에 어떤 추가 정보가 필요한가?"를 묻는 것이다. 이 질문의 유용성을 보여 주는 두 예를 살펴보자.

1. 거대 사업체들은 우리 "도심지"의 아담한 마을 분위기를 망치고 있다. 작년 한 해에만 이 도시에서 거대 사업체 수가 75퍼센트나 증가했다.
2. 에이즈 예방 프로그램이 크게 기금을 높여야 한다. 2009년에 54,000명의 사람들이 에이즈로 고통을 받았다.

첫 번째 예에서 75퍼센트는 아주 인상적으로 보인다. 그러나 무언가가 빠져 있다. 그것은 이 백분율이 근거하고 있는 절대적 숫자이다. 이 증가가 12개 사업체에서 21개 사업체로 증가한 것이 아니라 4개에서 7개로 증가한 것이라면 우리는 덜 우려하지 않겠는가? 두 번째 예에서는 수치는 알고 있지만 백분율은 알지 못한다.

인상적으로 들리는 수나 백분율을 대하게 되면 주의해야 한다. 그 숫자가 얼마나 인상적인지를 결정하기 위해서는 다른 정보가 필요할 것이다. 절대 숫자만 제시되면 여러분이 판단하는 데 백분율이 도움이 될지를 물어라. 백분율만 제시되면 절대 숫자가 백분율의 의미를 풍부하게 해줄 것인지를 물어라.

통계를 만나면, "어떤 관련된 정보가 빠져 있는가?"라고 물어라.

글쓰기에서 통계를 사용하기

우리는 여러분이 통계를 글 속에 넣기 바란다. 적절하게 잘 사용하면 통계는 좋은 도구가 된다. 통계는 추세와 유형을 설명하고 이해하는 데 도움을 준다. 통계는 예측을 도와주고, 우리 주장을 강하게 해준다. 그렇기는 하나 이 장은 통계를 논증 속에 넣을 때 만나는 심각한 위험을 밝혔다. 훈련되지 않은 독자에게 통계는 마치 권위자처럼 보인다. 그러나 당신은 사실이 얼마나 쉽게 조작되는지를 안다. 비판적 사고와 관련된 저자로서 균형 잡힌 선택을 해야 한다. 속이는 기술을 피하고 복잡한 통계를 분명하고 이해 가능한 방법으로 드러내야 한다.

논증을 통계로 조심스럽게 하기 위해 당신은 잠시 논증에서 벗어나 그 통계가 어떻게 만들어졌으며, 그 통계의 의미가 무엇이며, 그 통계의 한계가 무엇인지 설명할 수도 있다. 그것을 잘 하면 독자로부터 믿음을 얻게 된다. 당신은 통계에서 무엇을 훔치려고 하지 않았다는 것을 보여 줄 것이다. 당신은 또한 통계를 사용해서 아주 강한 비판적 사고자가 되고 그 통계의 질에 대해 스스로 판단을 내릴 것이다. 당신은 논증 속에 그 해석을 집어넣기로 결정할 수도 있다. 또한 그 해석을 주석이나 후기에 넣을 수도 있다. 이 결정은 당신이 쓰는 글의 분야와 형식에 따라 달라질 것이다.

통계를 평가하기 위한 실마리

1. 통계가 어떻게 나왔는지에 관해 가능한 한 많은 것을 발견하려 노력하라. "이 저자나 화자는 어떻게 아는가?"라고 물어라. 특히 화자가 큰 숫자로 여러분에게 강한 인상을 주거나 놀라게 하면 경계하라.
2. 기술되고 있는 유형의 평균에 대해 궁금해 하라. 사건의 범위와 분포를 아는 것이 통계에 대해 도움되는 관점을 덧붙이는지 분석하라.
3. 하나의 결론을 내리면서 다른 것을 증명하는 통계를 사용하는 사람을 주의하라.
4. 저자나 화자의 통계를 보지 말고 실제로 필요한 증거를 제시한 통계와 비교하라.
5. 통계로부터 여러분 자신의 결론을 만들어 보라. 그 결론이 저자나 화자의 결론과 일치하지 않는다면, 아마도 무언가가 잘못된 것이다.
6. 어떤 정보가 빠져 있는지 판단하라. 여러분을 오도할 수 있는 숫자와 백분율에, 그리고 비교 기준이 빠져 있을 때 특히 주의하라.

Practice Exercises

❓ 비판적 질문: 통계에 속임수가 있지는 않은가?

제시문 각각에 대해 증거의 부적합성을 확인하라.

제시문 1

공직 선거 운동이 점점 통제 불가능하게 되고 있다. 점점 더 많은 선거에서 돈이 중심 역할을 하고 있다. 상원의원 선거 당선자는 선거 운동에서 평균 8백만 달러를 쓰고, 전형적인 대통령 후보는 3억 달러 이상을 쓴다. 진지한 변화가 필요한 때다. 왜냐하면 우리는 정치인들이 광고에 엄청난 돈을 쓰면서 자신들의 의석을 사도록 허용할 수 없기 때문이다.

제시문 2

가정이 시간을 보내기에 점점 위험한 곳이 되고 있다. 가정과 관련된 상해의 수가 증가하고 있다. 2000년에는 대략 14세 미만의 2,300명 아이들이 가정에서 일어난 사고로 죽었다. 또한 매년 470만 명의 사람들이 개에 물린다. 설상가상으로 상대적으로 안전한 가전제품인 텔레비전조차 위험해지고 있다. 사실 매년 42,000명의 사람들이 텔레비전과 텔레비전 받침대로 인해 상해를 입는다. 이렇게 가정에서의 많은 사고를 보면, 사람들은 더 많은 시간을 바깥에서 보낼 필요가 있을 것이다.

제시문 3

페이스북이나 트위터 같은 사회적 네트워크 활동에 참여하는 것은 대학생들의 적당한 글쓰기 및 문법 기술을 감소시킨다. 미국 전역의 몇 개 대학에서 최근에 작문 시험을 친 만 명의 학생들에 대한 연구에 따르면, 소셜 네트워크에 참여하지 않은 학생들의 점수와 비교해서 사회적 네트워크에 활발하게 참여한 학생들은 작문과 문법 기술에서 50퍼센트 정도 점수가 낮았다고 한다.

Sample Responses

제시문 1

결론: 공직 선거에 변화가 필요하다.

이유: 정치인들이 선거 운동에 너무 많은 돈을 쓰고 있다. 상원은 선거 운동에서 평균 8백만 달러 이상을 쓴다. 대통령 후보는 선거 운동에서 3억 달러 이상을 쓴다.

공직 선거에 너무 많은 돈이 드는가? 평균과 전형적인이라는 단어는 우리가 속임수의 가능성에 대해 촉각을 곤두세워야 한다는 것을 알려 준다. 우리는 이 통계에 사용된 평균의 종류를 알아야 한다. 그 평균이 산술평균인가, 중앙값인가, 아니면 최빈값인가? 예를 들어, 상원의원 선거 자료에 산술평균을 사용하는 것은 왜곡된 숫자에 이를 수 있다. 왜냐하면 아주 최근의 상원 선거에서 후보들이 엄청난 액수의 돈을 썼기 때문이다. 그러나 많은 상원의원들은 기본적으로 재당선을 보장받기 때문에, 이런 선거에서는 비용 지출이 덜하다. 따라서 평균을 나타내기 위해 산술평균이 사용되었다면, 대부분은 아마도 보고된 것만큼 돈을 쓰지는 않는다. 달리 말하면, 중앙값이나 최빈값은 아마도 더 낮은 값을 보일 것이다.

중요한 비교 숫자가 또한 빠져 있다. 선거운동에서의 지출은 과거의 유사한 지출과 어떻게 비교되는가? 다른 공직은 어떠한가? 선거운동 지출은 실제로 최근에 낮아졌을 가능성이 있다.

제시문 2

결론: 가정에서 시간을 보내는 것이 점점 위험해지고 있다.

이유: 1. 가정과 관련된 상해가 증가 추세이다.

2. 한 해 2,300명의 아이들이 가정에서의 사고로 죽는다.
3. 매년 470만 명의 사람들이 개에 물렸다.
4. 매년 42,000명의 사람들이 텔레비전에 의해 상해를 입는다.

이 논증을 평가하려면, "가정이 과거보다 더 안전하지 못한가?"라는 질문에 대답하기 위해 무엇이 가장 적합한 증거인지를 결정해야 한다. 우리 견해로는 앞의 질문에 대답하기 위해 사용해야 할 최선의 통계는 한 해 가정에서 일어나는 심각한 사고에 대한 현재 통계와 과거의 통계 사이의 비율이다. 가정에서 한 시간 당 일어나는 상해의 건수와 과거의 동일한 통계를 비교하는 것 역시 적절하다. 사람들이 예전보다 더 많은 시간을 집에서 보내기 때문에 가정에서 다칠 가능성이 더 많다. 사람들이 집 안에서 더 많은 시간을 보낸다면, 집에서 다치는 일도 당연히 많아질 것이다.

 위 논증에서 제시된 증거는 여러 면에서 의심스럽다. 첫째, 가정에서 다치는 것의 빈도에 대해 아무런 숫자도 제시하지 않고 있다. 저자는 그 수가 증가하고 있다고 말하지만 그런 증가를 증명하는 증거를 제시하지 않고 있다. 둘째, 가정에서의 사고로 인한 아이들의 사망과 관련하여 아무런 세부사항도 제시하지 않고 있다. 과거 가정에서의 어린이 사망과 비교하여 이 통계는 어떠한가? 어떤 유형의 사고가 아이들의 사망을 초래했는가? 셋째, 개에 물린 사람들의 수가 속임수이다. 우리는 개가 문 것이 집에서 일어난 것인지를 알지 못한다. 더 중요하게는 개에 물린 사람들의 수가 집에 있는 것이 안전하지 않다는 결론으로 우리를 이끄는 것 같지가 않다. 넷째, 텔레비전과 관련된 통계도 의심스럽다. 저자는 인상적으로 들리는 통계를 어디에서 얻는가? 또한 이 상해 대부분이 얼마나 심각한 것인가?

CHAPTER 12

중요한 정보가 빠져 있지는 않은가?

What Significant Information Is Omitted?

■
∶
■

다음 광고는 얼마나 설득력이 있는가?

> 해피타임(HappyTyme)을 사용해 보세요. 의사들이 가장 많이 처방하는 우울증 치료제입니다.

광고의 목적은 당연히 사람들을 설득해 광고하는 제품이나 영화를 많이 사고 많이 보게 하는 것이다. 여러분은 비판적 사고력이 현재 수준으로 발전하기 이전에도 그런 광고들이 진실 모두를 말하는 것은 아니라는 것을 알고 있었다. 예를 들어, 해피타임 회사가 다른 제약회사보다 정신과 의사들에게 더 많은 할인을 해주거나, 훨씬 더 많은 견본품을 주거나 또는 자사의 제품을 이용하는 의사들에게 크루즈 여행을 제공한다고 해도 여러분은 그 광고에 포함되어 있는 이런 정보를 알 수 없을 것이다. 그런 정보는 얻기는 힘들겠지만 우울증 치료를 위해 어떤 약을 복용할지를 결정하는 데 영향을 미치는 중요한 것이다.

비판적으로 생각하는 사람들은 스스로 결정을 내리고자 노력하지만 매우 제한된 정보만 제공된다면 그렇게 하기가 어려울 것이다. 거의 모든 결론이나 상품은 긍정적인 특징을 갖는다. 화자는 여러분이 특정 정보만을 알기 원하므로 긍정적인 특징 모두를 아주 상세하고 생생하게 말해 줄 것이다. 그러나 그 결론의 부정적 측면에 대해서는 숨길 것이다. 따라서 실제로 스스로 결정을 내리려면 우연히 숨겼든 고의로 숨겼든 숨어 있는 정보를 끈질기게 탐색해야 한다.

앞 장에서 배운 애매성, 가정, 증거 등과 관련된 질문을 하면 중요하지만 빠져 있는 많은 정보를 발견할 수 있을 것이다. 이 장은 표현되지 않은 것의 중요성에 여러분이 훨씬 더 민감해지도록 하며, 단지 겉으로 드러난(표현된) 부분만을 평가할 때 논증의 불완전한 그림에 반응하게 된다는 것을 알려 줄 것이다. 따라서 이 장에서는 여러분이 추론의 질적 수준을 판단하기 위해 질문해야 하는 매우 중요한 내용을 다룰 것이다: 어떤 중요한 정보가 빠져 있는가?

❓ 비판적 질문: 중요한 정보가 빠져 있지는 않은가?

빠져 있는 정보를 발견함으로써 얻는 장점

여러분이 접하게 되는 거의 모든 정보는 특정한 목적을 갖고 있다는 것을 기억해야 한다. 다시 말해, 여러분의 사고에 어떤 방식으로든 영향을 주고 싶어하는 사람에 의해 정보가 선택되고 만들어진다. 따라서 여러분의 과제는 그러한 목적의 도구가 되기를 원하는지 결정하는 것이다. 보통 화자의 목적은 여러분을 설득하는 것이다.

광고주, 교사, 정치인, 작가, 연설가, 부모는 모두 여러분이 결정을 하도록 정보를 짠다. 그들의 입장에서 보면 그것은 자연스럽고도 예측하기가 쉬운 욕구이다. 따라서 여러분을 설득하려고 노력하는 사람들은 대부분 아주 강력하게 자신들의 입장을 제시하려고 노력한다. 그래서 여러분이 설득력 있는 이유(채금을 할 때 찾는 금덩이)라고 믿는 것을 발견할 때 일단 멈추고는 저자가 말하지 않았을 법한 것, 즉 여러분의 비판적 질문이 아직 드러내지 못한 것에 대해 생각하는 것이 현명하다.

빠져 있는 중요한 정보란 화자나 저자의 논증을 받아들일지 말지를 결정할 때 영향을 주는 정보, 즉 추론을 형성하는 정보를 의미한다! 이 장에서는 제시된 정보 때문이 아니라 빠진 정보 때문에 설득력이 별로 없는 추론의 예를 제시할 것이다. 이 예들을 주의 깊게 살펴서 빠진 정보를 찾지 못할 경우 어떻게 섣부르고 잘못될 수 있는 판단을 내리게 되는지 알아보자.

주의: 빠져 있는 중요한 정보는 추론을 형성하는 정보이다.

불완전한 추론의 확실성

불완전한 추론은 몇 가지 이유에서 불가피하게 생겨난다. 첫째, 시간과 공간의 제약이 있다. 화자나 저자가 논증을 구성할 무한한 시간을 가진 것도 아니고, 이유를 제시할 무한한 시간이나 공간을 가진 것도 아니기 때문에 논증은 불완전하다.

둘째, 우리들은 대부분 아주 제한된 시간 동안만 주의를 집중할 수 있다. 너무 긴 메시지는 지루하게 느껴진다. 따라서 화자는 종종 자신들의 메시지를 재빨리 전달할 필요를 느낀다. 광고와 사설은 모두 이런 요소를 반영한다. 예를 들어, 사설은 정해진 수의 단어 내에서 독자의 흥미를 끌면서 저자의 주장을 밝혀야 한다. 따라서 논설위원들은 많은 것을 누락시킨다. 텔레비전 논평가들은 매우 복잡한 이슈를 단순한 것처럼 보이게 만드는 것으로 유명하다. 그들은 여러분이 합당한 결론을 내리는 데 필요한 정보가 어느 정도 정확한지를 이야기할 시간이 거의 없다.

정보의 누락이 불가피한 세 번째 이유는 논증자가 가진 지식은 항상 불완전하다는 점이다. 정보가 누락될지도 모르는 네 번째 이유는 노골적으로 속이고자 하는 시도 때문이다. 광고주는 자신들이 중요한 정보 일부를 누락시키고 있음을 안다. 그들이 자사 상품에 들어가는 모든 화학 성분이나 싸구려 성분을 기입해 놓는다면 소비자가 그것을 살 가능성은 더 적어진다. 어떤 분야의 전문가라도 특정 정보가 자신들의 조언이 지닌 설득력을 약화시킬 때 그 정보를 누락시킨다. 여러분에게 조언을 하려고 노력하는 사람들이 여러분을 "스펀지"로 볼 때 그런 누락의 유혹에 빠질 가능성이 특히 높아진다.

정보의 누락이 왜 그렇게 만연한지에 대한 마지막 이유는 여러분에게 조언을 하거나 여러분을 설득하고자 하는 사람들의 가치, 믿음, 태도가 종종 여러분의 것과 다르기 때문이다. 따라서 그들이 동일한 문제에 대해 여러분과는 다른 가정을 토대로 추론할 것이라고 예상할 수 있다. 비판적으로 생각하는 사람은 호기심과 분별력을 가치 있게 생각한다. 여러분을 설득하려는 사람은 여러분이 호기심을 잠재우고 분별 없는 감정적 대응에 의존하여 선택하길 원한다.

한 가지 특정한 관점은 마치 말의 눈가리개와 같다. 눈가리개는 말이 자기 앞에 있는 것에 초점을 맞추도록 한다. 개인의 관점은 말의 눈가리개처럼 다른 준거틀을 근거로 추론하는 사람들에게는 중요할 수도 있는 어떤 정보를 그 사람이 주목하지 못하도록 방해한다. 〈본 얼티메이텀〉에서 맷 데이먼의 캐릭터는 중요한 지점에 대해 이해한다. "사람이 앉아 있는 곳에 따라서 사물들이 달리 보이는 것은 재미있는 일이다." 여러분의 관점이 여러분을 설득하고자 하는 사람의 관점과 동일하지 않다면, 중요한 정보가 누락되었을 것이라 예상해야 한다.

불완전한 추론의 이유

- 시간과 공간이 논증에 대해 제약을 가한다.
- 주의집중 시간이 제한되기 때문에 논증은 빨리 주어진다.
- 논증을 하는 사람은 불완전한 지식을 갖고 있다.
- 논증은 종종 속이려고 한다.
- 논증을 하는 사람은 상대방과 종종 다른 가치, 믿음, 태도를 갖게 된다.

빠진 정보를 확인하는 질문

빠진 정보를 어떻게 확인하는가? 먼저, 여러분은 특정한 결정이나 의견을 지지하는 이유가 첫눈에 얼마나 매력적으로 보이는지와는 상관없이 누락된 정보를 찾기 위해 한 번 더 그 논증을 검토해 보아야 한다.

어떻게 누락된 정보를 찾을 것이고, 무엇을 찾으리라 예상하는가? 여러분은 어떤 추가 정보가 필요한지 판단하는 데 도움을 주는 질문을 하고, 그런 다음 그런 정보를 드러내도록 하는 질문을 한다.

누락된 관련 정보를 찾는 데 사용할 수 있는 많은 종류의 질문이 있다. 여러분이 이미 배운 몇몇 질문이 누락된 중요한 정보가 무엇인지 찾아내는 데 도움을 줄 것이다. 누락된 정보(이미 배운 비판적 질문이 지나쳤을 수도 있는)를 찾는 일을 돕기 위해 우리는 중요한 종류의 빠진 정보와 그것을 발견하는 데 도움을 주는 몇 가지 질문 예를 제시했다.

"다섯 명의 의사들 중 네 명이 동의하다", "모두가 천연제품인", "지방이 없는", "탄수화물이 낮은", "당신의 심장에 좋은", "최고의 브랜드", "ADA가 승인한", "방부제가 첨가되지 않은"과 같은 광고용 문구들이 모두 정확하지만 빠진 정보 때문에 여러분을 잘못 이끌고 갈 수 있다는 것을 아는가?

그러나 우리는 수치를 알아야 한다

비교를 위해 우리는 가능한 가치의 범위와 분포에 대해 무언가를 알아야 한다는 것을 기억할 것이다. 미국은 덴마크 시민들보다 국제행복지수에서 더 높은 점수를 받았다는 것을 들었다고 가정해 보라. "행복"이란 자주 복지의 다른 이름이고 또는 어떤 사람들에게는 "삶의 목적"이므로 미국의 상대적인 행복이 덴마크와 다른 나라들이 경제와 사회 습관을 어떻게 조직해야 하는지에 대한 하나의 신호로 사용될 수도 있다. 그러나 우리는 그런 결론에 도달하기 전에 더 많은 정보가 필요하다.

행복지수에서 점수의 범위는 어떤가? 응답자들이 조사에서 1에서 2 사이를 선택했는가, 아니면 1에서 100 사이를 선택했는가? 미국과 덴마크 응답자의 점수에서 그 차이는 정확하게 얼마인가? 평균 점수가 거의 정확하게 같다거나 또는 점수 차이가 50만큼 차이가 난다면 그 점수의 차이가 갖는 의미를 어떻게 추적할 것인지 알아야 한다. 수의 차원이 있는 정보를 볼 때는 항상 특정한 숫자를 물어 보아야 한다.

이 행복지수 예에서 크고 심각한 "정보 오류"(missing information) 문제가 나온다. 우리가 사용하는 많은 말들이 크기, 범위, 또는 비율을 의미하지만 우리가 이 말들의 정확한 의미를 묻지 않는다면 쉽게 잘못된 길로 들어가게 된다. 핵심은 여기에 있다. 즉 단어 또는 구절이 특정 단위로 측정 가능하면 결정을 내리기 전에 그 단위의 특별함이 갖는 의미를 물어 보라.

당신이 특정한 숫자를 물어 볼 강한 필요를 느꼈다는 것을 확실히 하기 위해 우리는 당신에게 또 다른 진술 예를 줄 것이다. 그런 예들은 "그러나 나는 특정한 숫자를 알고 싶어"라고 말하도록 자극할 것이다.

1. 당신이 대학에 가면 23세에 직업을 가질 가능성이 커질 것이다.
2. 하루에 2온스의 술을 마시면 생활의 여유를 갖는 데 도움이 될 것이다.

3. 당신과 다른 문화권에서 온 대학 기숙사 동료를 갖게 되면 당신이 다른 나라로 여행갈 때 병에 걸릴 기회를 줄여 준다.

당신이 어떤 주장을 읽거나 볼 때마다 특별한 숫자에 대해서는 더 민감해지는 습관을 개발하도록 하라. "보다 더 큰", "더 많은", "더 빠른", "더 마른" "그 후"(얼마가 지난 후) 그리고 규모 및 범위와 관련된 다른 개념을 사용하는 주장 말이다. 당신이 "특정한 숫자를 요구하는 개념"을 만나면 이때는 느리게 생각하는 것이 얼마나 중요한지를 알아라. 당신은 시스템 2의 사고를 사용해서 숫자 정보를 모으고, 무엇을 믿거나 행할 것인지 조심스럽게 결정해야 한다

일반적인 종류의 중요한 정보를 찾아내기 위한 실마리

1. 흔한 반론
   a. 동의하지 않는 사람은 어떤 이유를 제시하겠는가?
   b. 제시된 연구와 모순되는 연구가 있는가?
   c. 논증의 다른 측면을 지지하는 예나 추천 또는 유추 중 빠진 것이 있는가?
2. 빠져 있는 정의
   a. 핵심 용어가 다른 방식으로 정의된다면 논증은 어떻게 달라지겠는가?
3. 빠져 있는 가치 선호나 관점
   a. 가치 선호가 다르다면 이 이슈에 달리 접근하겠는가?
   b. 화자나 저자의 가치와 다른 가치로부터는 어떤 논증이 나오겠는가?
4. 논증에서 언급되는 "사실"의 기원
   a. "사실"의 원천이 무엇인가?

b. 사실적 주장이 신뢰할 만한 연구나 원천에 의해 뒷받침되는가?
5. 사실을 취합하기 위해 사용된 절차의 세부사항
　　a. 얼마나 많은 사람이 설문에 참여했는가?
　　b. 설문지에서 어떤 단어가 사용되었는가?
　　c. 응답자들은 설문지를 만든 사람이 제공하는 대답과는 다르게 대답할 수 있는 폭넓은 기회를 가졌는가?
6. 증거를 모으거나 조직하는 대안적 기술
　　a. 인터뷰 연구에서 얻은 결론은 글로 된 설문지의 결과와 어떻게 다를 것인가?
　　b. 실험실에서 수행된 실험은 더 신뢰할 만하고 더 많은 정보를 산출할 것인가?
7. 빠져 있거나 불완전한 차트나 그래프 또는 자료
　　a. 자료가 전년도나 후년도의 증거를 포함한다면 달리 보일 것인가?
　　b. 저자는 차이를 더 크게 보이게 하기 위해 차트를 "크게 만들지는" 않았는가?
8. 옹호되는 입장과 반대되는 입장에 관하여 누락된 긍정적 효과와 누락된 부정적 효과, 그리고 장기적인 측면에서 누락된 효과와 단기적인 측면에서 누락된 효과
　　a. 논증은 제안된 행위의 긍정적이거나 부정적인 중요한 결과를 생략해 버렸는가?
　　b. 논증에서 지지하는 행위가 다음 영역에 미치게 되는 영향을 알 필요가 있는가: 정치, 사회, 경제, 생물, 영혼, 건강 또는 환경 영역?
9. 인용과 증언의 맥락
　　a. 인용이나 증언이 맥락이 없이 제공되지는 않았는가?
　　b. 맥락이 달랐더라면 다른 응답이 나왔겠는가?

부정적 견해의 중요성

어떤 유형의 정보는 확인하는 것이 매우 중요함에도 불구하고 자주 간과된다. 우리는 여러분을 위해 그 유형의 정보를 특히 강조하고 싶다. 그런 유형의 정보는 새로운 약물의 사용이나 새 학교 설립, 세금 삭감과 같이 어떤 조치가 제안될 때 그 조치가 지니는 잠재적인 부정적 효과와 관련된다. 우리는 여기에서 부정적 효과를 강조한다. 왜냐하면 그런 제안은 가령, 건강 문제의 감소, 더 나은 외모, 더 많은 여가, 늘어난 교육 기회, 수명 연장, 개선된 상품과 같이 통상 지지자들의 이익을 널리 알리는 맥락에서 이루어지기 때문이다. 그러나 대부분의 조치는 그런 널리 퍼진 긍정적인 영향과 부정적인 영향을 함께 지니고 있기 때문에 우리는 다음과 같이 물어야 한다.

- 사회의 어떤 분야가 제안된 조치에서 이익을 얻지 못하는가? 누가 잃는가? 손해를 보는 사람들은 이에 대해 뭐라 말할 것인가?
- 제안된 조치는 권력 분배에 어떻게 영향을 주는가?
- 이 조치가 우리의 건강에 미치는 영향은 무엇인가?
- 이 조치가 다른 사람과의 관계에 어떻게 영향을 주는가?

이 질문 각각에 대해 우리는 항상 "이 조치가 잠재적으로 지니는 장기적인 부정적 효과는 무엇인가?"라고 묻기를 원한다.

생략된 정보에 대해 이런 질문을 하는 것이 유용함을 보여 주기 위해 다음과 같은 질문에 대해 생각해 보자. 새 학교 설립이 가져올 수 있는 부정적 효과는 무엇인가? 여러분은 다음을 생각해 보았는가?

- 환경 파괴. 예를 들어, 새 학교를 지으려면 숲이 없어져야 하는가? 서식지가 손실될 수 있다면, 그곳의 야생 동물들은 어떤 영향을 받을 것인가?
- 제공되는 교육의 질에 있어서의 변화. 새 학교가 다른 학교에서 숙련된 선생님이나 영재를 끌어온다면 어떻게 되겠는가? 새 학교가 다른 학교에 지원될 수 있는 상당량의 자금을 흡수함으로써 그 학교의 자금을 빼앗는다면 어떻게 되겠는가?
- 재산 가치의 효과. 이 학교가 전국 기준에 비해 성적이 좋지 않다면, 이것이 학교 주변 주택의 재산 가치에 어떻게 영향을 줄 것인가?
- 세금 부담의 증가. 새 학교는 어떻게 자금 지원을 받을 것인가? 새 학교가 공립학교라면 새 학교를 여는 것은 지역 공동체가 이 학교를 지원하기 위해 재산세를 늘려야 할 수도 있다.

이와 같은 질문은 제안된 조치를 취하자는 시류에 편승하기 전에 우리에게 생각할 시간을 줄 수 있다.

주의: 빠진 정보를 고려하면서 항상 다음과 같이 질문하라. "잠재적으로 오랫동안 그 조치의 부정적 효과는 무엇인가?"

누락되어 제시되지 않은 정보

빠져 있는 중요한 정보를 요청할 수 있다는 것이 만족스러운 응답을 보장하지는 않는다. 여러분은 추가적인 심층 질문에 대해 대답을 얻지 못할 가능성이 매우 높다. 그러나 실망하지 마라! 자기 역할을 다 했으니까. 여러분은 결정을 내리기 위해 필요한 정보를 요청했다. 이제 빠져 있는 정보가 없는 채로 결론에 도달할 가능성이 있는지를 결정해야 한다. 우리는 앞에서 추론이 항상 불완전함을 경고했다. 따라서 여러분이 정보가 빠져 있는 한 결정을 내릴 수 없다고 주장한다면 어떤 의견도 갖지 못하게 될 것이다.

비판적 질문 사용하기

일단 한 논증에서 빠져 있는 정보가 있다는 것을 알았다면 다음은 무엇을 해야 하는가? 논리적인 첫 번째 반응은 그 정보를 찾는 것이다. 그러나 보통은 저항에 부딪힐 것이다. 비판적으로 생각하는 사람으로서 여러분이 할 수 있는 것은 정보가 빠져 있기 때문에 그 논증에 만족할 수 없다고 말하거나, 여러분이 필요로 하는 정보를 계속해서 찾거나, 또는 이 논증이 다른 논증보다는 좀 더 낫다는 근거로 이 추론에 조심스럽게 동의하는 것이다.

Practice Exercises

❓ 비판적 질문: 중요한 정보가 빠져 있지는 않은가?

다음의 제시문 각각에는 중요한 정보가 빠져 있다. 여러분이 각 제시문을 쓴 사람에게 던질 질문을 열거해 보라. 각각의 경우 찾고 있는 정보가 추론의 가치를 결정하려 할 때 왜 중요한지를 설명하라.

제시문 1

연구에 따르면 대학생들은 비만에 걸리기 쉽다. 특별히 최근 10년간 진행된 한 연구에 의하면, 대학생들 사이에서 비만율이 올라가고 있다. 2002년에 학생의 25.4퍼센트가 비만이었는데 2012년에는 30.2퍼센트였다. 연구자들에 따르면 대학생들 사이에 비만이 만연하는 주요 이유는 건강한 음식을 먹지 못하고, 알코올 소비가 증가하기 때문이다.

제시문 2

복제 기술은 의학 분야에서 긍정적인 많은 발전을 이룰 수 있다. 복제 기술을 적절히 발전시킨다면, 장기 기증자의 부족으로 더 이상 사람들이 죽는 일은 없을 것이다. 연구자들은 복제 기술의 도움으로 장기 이식을 필요로 하는 사람들을 위해 새로운 장기를 인공적으로 개발할 수 있을 것이다. 게다가 이런 장기는 환자 자신의 조직에서 복제되기 때문에 그의 신체가 이식되는 장기를 거부할 가능성이 없을 것이다. 복제 장기는 머리가 없는 신체에서 만들어질 수 있고, 따라서 생명을 구하기 위해 "죽음"을 초래하지 않을 것이다. 복제의 또 다른 이점은 복제가 질병과 싸우는 데 도움을 줄 수 있다는 점이다. 복제로 생산된 어떤 단백질은 당뇨, 파킨슨씨 병, 낭포성 섬유증 등과 같은 질병을 치료하는 데 사용될 수 있다.

제시문 3

미국은 세계의 경찰이다. 우리의 도움을 필요로 하는 나라의 치안 유지를 도와 주는 것이 우리의 일이다. 우리가 다른 나라들과 적대적인 상호작용을 하지 않을 수 있는 효과적인 방법 한 가지는 이들 나라의 민주주의와 자유시장의 발전을 증진시키는 것이다. 결국 현대의 서구 민주주의 국가들은 서로에 대해 적대적인 전쟁을 하지 않았고, 이런 나라들에서는 자유시장 구조를 지닌 민주주의 체제가 자리를 잡았다. 게다가 독일이 재통일되었을 때 그 이행 과정이 수월했다는 것에 주목하라. 통일된 독일에서는 민주주의가 확립되었고, 이전에 분리되었던 서독과 동독은 잘 어울렸다. 사실 독일 경제는 통일과 함께 또한 매우 잘 돌아갔다. 독일의 GDP 규모는 세계에서 세 번째로 큰데, 이것은 모두 민주주의와 자본주의 때문이다.

Sample Responses

제시문 1

결론: 대학생들은 비만에 걸리기 쉽다.

이유: 최근의 한 연구에 따르면 대학생들 사이에서 비만은 건강한 음식을 먹지 못하고 알코올 소비가 늘어난 때문이라고 한다.

빠진 증거가 있을까? 사회경제 수업이나 생활 스트레스 요인과 같은 다른 방식으로 대학생들이 일반인과 달리 비만에 더 잘 걸릴 수도 있을까? 이런 결과가 다른 연구에서 나왔을까? 참가자들은 어떻게 뽑혔을까? 예를 들어, 그런 연구의 참가자들이 자발적이어서 일반 연구와는 다른 것일까? 그래서 일반화를 하기 어려운 것일까?

제시문 2

결론: 복제는 의학적으로 긍정적인 이익을 제공할 수 있다.

이유: 1. 복제는 인간의 장기 이식에 사용될 수 있다.
      2. 복제는 특정 질병을 치료하는 데 도움을 줄 수 있다.

첫째, 우리는 이 추론이 새로운 기술, 즉 인간 복제를 옹호하고 그 장점만을 인용하고 있음에 주목해야 한다. 저자는 가능한 단점은 빠트리고 있다. 그렇지만 우리는 장단점 모두를 고려해야 한다. 복제된 장기를 사용하면 어떤 심각한 부작용이 나타날 수 있는가? 복제된 장기는 정상적인 장기만큼 안전한가? 복제 기술은 인간의 의사 결정에 어떤 긍정적인 영향과 부정적인 영향을 끼치는가? 사람들이 새로운 장기를 키워서 현재 장기를 대체할 수 있다는 것을 안다면 자신의 신체와 장기를 돌보는 데 소홀해지지 않겠는가? 복제 기술이 사람들로 하여금 음흉한 목적을 위해 이 기술을 오용해서 완전한 인간을 복제하게끔 만들 가능성이 있지는 않은가? 지구는 현재의 인구로도 부담스러운데, 사람들이 인간 복제를 함으로써 지구에 부담을 가중시키지는 않겠는가? 복제 기술의 장점이 단점을 당연히 능가하겠지만 우리는 결론의 장점을 판단하는 데 둘 모두를 인식해야 한다.

더군다나 연구에 관해 **빠져** 있는 정보를 살펴보자. 여러분은 위 제시문에 어떤 연구도 인용되지 않았음을 눈치 챘는가? 사실 이 논증은 인간 복제에 관한 어떤 실험도 미국에서 이루어지지 않았음을 말하고 있지 않다. 따라서 복제의 이점에 관한 논의 모두는 가설에 근거한 것이다. 실제의 연구가 가설적 효과가 가능하다는 것을 증명할 수 있을까? 우리는 알지 못한다.

CHAPTER
13

어떤 합당한 결론이 가능한가?
What Reasonable Conclusions Are Possible?

이 단계에서 여러분은 채금을 위한 지식(intellectual gold), 즉 강한 이유를 약한 이유와 구별할 수 있는 지식으로 무장되어 있을 것이다.

다음 논증을 살펴보자.

대기업은 엄청나게 많은 시간과 돈을 아이들을 대상으로 하는 광고에 쓴다. 아이들 프로그램은 최신 장난감을 갖지 못하면 아이들이 행복하지 않을 것이라고 하면서 그 장난감을 팔려고 애쓰는 광고들로 가득 차 있다. 아이들에게 광고하는 관행은 몹시 나쁜 것으로 법으로 금지시켜야 한다. 광고를 비판적으로 대할 수 없는 아이들에게 광고하는 것은 부모가 아이들에게 "안돼"라고 말해서 아이들을 화나게 하든지 아니면 아이들 요구대로 해주어 결국엔 아이들을 망치든지 둘 중 하나를 하도록 부모에게 압력을 가하는 것이다.

지역구 의원들을 설득해 아이들을 대상으로 광고하는 것을 법으로 처벌하도록 해야 하는가? 저자가 제시한 이유를 검토하여 그것이 믿을 만하다고 가정해 보자. 저자의 결론처럼 이런 이유와 연관될 수 있는 다른 결론이 있는가? 이 장에서는 가능한 결론 몇 가지가 제시될 것이다.

하나의 결론만이 합당하게 추론될 수 있는 상황이란 거의 존재하지 않는다. 10장에서 우리는 경쟁 원인의 중요성을 논의했다. 그 논의의 요점은 특정한 결론으로 이끌 수 있는 다른 인과적 토대가 있을 수 있다는 것이었다. 그러나 이 장에서는 대안적 결론, 즉 일정한 이유로부터 나올 수 있는 모든 결과에 초점을 맞춘다.

따라서 여러분은 자신이 궁극적으로 채택하는 결론이 가장 합당한 것이고 자신의 가치 선호와 가장 일관된 것임을 확신해야 한다. 일단 대안적 결론을 발견하면 선택의 폭이 많아진 상태에서 더 강한 결론을 발견할 준비가 된 것이다.

❓ 비판적 질문: 어떤 합당한 결론이 가능한가?

이분법적 사고: 다양한 결론을 고려할 때의 방해물

중요한 질문 중 단순히 "예"나 "아니오"로 대답할 수 있는 것은 거의 없다. 사람들이 흑이나 백으로, 예나 아니오로, 옳다거나 그르다로, 또는 정확하다거나 부정확하다는 식으로 생각할 때 그것을 이분법적 사고(dichotomous thinking)라 부른다. 이런 유형의 사고는 다양한 대답을 가질 수 있는 질문에 대해 가능한 대답이 두 가지만 있다고 가정하는 것이다. 마치 한 질문에 두 가지 측면만이 있는 듯이 그 두 측면을 언급하는 습관은 우리의 사고에 매우 좋지 않은 영향을 끼친다.

우리는 앞에서 양자택일의 오류(Either-or fallacy)를 논의할 때 이분법적 사고를 접했다. 이 오류와 이분법적 사고 일반은 우리의 시야를 지나치게 제한함으로써 추론에 손상을 준다. 우리는 두 가지 선택지를 고려한 후에 추론이 끝났다고 생각한다. 따라서 많은 선택지 중 하나를 선택하는 것에서 나올 수 있는 긍정적인 결과를 간과한다.

이분법적으로 생각하는 사람은 특정한 대답이 이루어지는 맥락의 중요성을 이해하지 못하기 때문에 종종 융통성이 없고 완고하다. 이 점을 더 분명하게 보기 위해 다음 상황을 상상하라.

룸메이트가 여러분에게 생물학 보고서를 도와달라고 요청한다. 그 보고서에는 다음과 같은 질문이 있다: 과학자들은 줄기세포 연구를 계속하는 것이 좋은가? 룸메이트의 생각에 이 보고서는 "그렇다" 또는 "아니다"라는 입장을 요구한다.

여러분은 전후 관계를 고려해 그 결론을 수정함으로써 이분법적 사고를 피할 수 있다는 것을 배웠다. 이렇게 수정을 하려면 어떤 결론에 대해서도 다음과 같은 질문을 해야 한다.

1. 그것은 언제 정확한가?
2. 그것은 어디에서 정확한가?
3. 그것은 왜 또는 어떤 목적으로 정확한가?

그리고 나서 이 과정을 적용하여 숙제를 하기 시작한다.

여러분은 특정 시점에, 특정 상황에서, 특정한 가치나 목적을 극대화하기 위해서는 줄기세포 연구를 허용하는 것이 좋다고 설명한다. 그러자 룸메이트가 점점 더 좌절해 간다면 여러분은 놀랄 것인가? 룸메이트는 "그렇다"나 "아니다"를 찾고 있다. 여러분은 복잡하게 "상황에 따라…"라는 대답을 한 것이다.

완고한 이분법적 사고는 여러분의 결정과 의견의 범위를 제한한다. 더 나쁘게는 복잡한 상황을 단순화시킨다. 그런 결과로 이분법적으로 생각하는 사람들은 혼란을 경험할 가능성이 크다.

다음은 이분법적 사고가 어떻게 우리의 사고를 제한하는지 보여 준다.

두 측면인가, 아니면 여러 측면인가?

다양한 결론이 나올 수 있는 논증을 살펴보기 전에 여러분은 대부분의 중요한 논쟁과 관련하여 많은 결론이 있을 수 있다는 것을 인정해야 한다. 미국에서 늘 살아 있는 질문 하나를 보자.

미국은 다른 나라의 평화 유지에 참여해야 하는가?

얼핏 보면 이런 질문 및 이와 유사한 질문은 "예"나 "아니오"의 대답을 요구하는 것처럼 보인다. 그러나 일정한 조건이 붙은 "예"나 "아니오"가 최선의 대답인 경우가 많다. "아마도"(maybe)라고 대답할 때의 장점은 확정적인 대답을 할 만큼 충분히 알지 못함을 인정하는 것이다. 그렇지만 확정적인 대답을 피하는 동시에 당신은 약속이나 최종 행동을 요구하는 잠정적인 결정이나 의견을 형성하게 되는 것이다. 의견을 뒷받침하는 추가 정보를 찾는 것은 현명한 일이다. 그러나 기꺼이 옹호하고자 하는 가장 강력한 대답이 "그렇다. 그러나…"일 때조차도 어떤 시점에서는 탐색을 멈추고 결정을 내려야 한다.

미국이 다른 나라에 개입하는 것에 대한 질문에 대한 대답으로 어떤 결론이 가능한지 스스로 물어 보라. 위 단락 앞에 제시한 세 가지 질문으로 돌아가 보자. 각 질문에 대한 대답으로 어떤 결론이 가능할 것인가. 자연스럽게는 "예"나 "아니오"라는 단순한 대답이 두 가지 가능한 결론일 것이다. 다른 것들이 있는가? 그렇다. 많이 있다! 가능한 대답 몇 가지를 살펴보자.

미국은 다른 나라에서 평화 유지에 참여해야 하는가?

1. 그렇다. 사우디아라비아처럼 어떤 나라가 미국에 복잡하게 얽혀 있을 경우에.
2. 그렇다. 미국이 세계 평화를 유지할 책임이 있는 유일한 초강대국으로 여겨진다면.
3. 그렇다. 미국의 역할이 평화 유지에 제한되고 실제로 전쟁에 참여하지 않는다면.
4. 그렇다. 해외에서 얻을 수 있는 우리의 경제적 이익이 달려 있는 경우라면.
5. 아니다. 미국이 많은 국내 문제가 있는데 다른 나라에 시간을 써서는 안 된다.

조건문의 생산성

이 장에서 논의된 모든 대안적 결론을 돌이켜보면, 어떤 정보나 정의, 가정 또는 저자가 제시한 이유를 분석할 때 준거틀을 갖고 있지 않기 때문에 나름의 결론이 가능하다는 것을 알아차렸을 것이다. 결과적으로 조건문을 현명하게 사용함으로써 다양한 결론을 만들어낼 수 있다. 조건문에는 특정한 결론에 도달하기 위해 가정하고 있는 조건이 진술된다. 조건문을 사용하면 특정 이슈에 대해 실제로 알고 있는 것보다 더 많이 아는 척하지 않고도 결론에 도달할 수 있다는 점에 주목하라.

결론에 앞서 조건문을 사용하면 여러분의 결론이 확신이 없는 주장이나 가정에 토대를 두고 있음을 나타내는 것이다. 이 말의 의미를 분명히 이해하기 위해 조건문 진술이 결론에 앞서 있는 다음의 예를 보자.

1. 감세가 경제적으로 가난한 사람들을 대상으로 이루어진다면, …
2. 어떤 소설이 쉽게 드러나는 주인공, 분명한 상대역, 스릴 넘치는 클라이막스를 포함하고 있다면, …
3. 자동차 회사들이 연비가 더 뛰어난 차를 만들 수 있다면, …

조건문은 논쟁에 대해 마음을 결정하기 전에 평가해야 하는 다양한 결론을 제시해 주고, 자신의 입장을 선택할 수 있는 결론의 폭을 넓혀 준다.

대안적 결론을 인식해낼 때 얻는 자유로움

논리나 사실 또는 연구가 자명하다면 우리는 특정한 방식으로 학습에 접근할 것이다. 우리의 과제는 가령 선생님같이 누군가 다른 사람이 우리가 가져야 하는 믿음을 제공하도록 하는 것이다. 특히 우리는 논리와 사실이 지시하는 일련의 확인 가능한 믿음을 찾고자 할 것이다.

우리가 논리와 사실을 매우 존중하지만 그것이 결론을 형성하는 데 지침이 되는 정도를 과장할 수는 없다. 그것은 우리를 단지 이 지점까지만 데려다 준다. 그러면 사실과 논리가 제공한 도움을 이용하여 믿음을 향해 가는 나머지 길을 가야 한다.

그 도움을 이용할 때의 첫 번째 단계는 우리가 알고 있듯이 논리 및 사실과 일관된 다양한 결론을 찾는 것이다. 이런 탐색은 중요한 방식으로 우리를 자유롭게 해준다. 그것은 앞에서 살펴본 융통성 없는 학습 양식으로부터 우리를 자유롭게 해준다. 일단 다양한 결론이 가능하다는 것을 인식하기만 하면 우리들 각자는 개인적 선택이 향상되는 것에서 오는 흥분을 경험할 것이다.

요약

이유가 단 한 가지 의미만을 갖는 일이란 아주 드물다. 일련의 이유들을 평가한 후에 논쟁에서 어떤 결론이 가장 훌륭한 이유와 일관성이 있는지를 계속해서 판단해야 한다. 가장 강력한 결론을 찾을 때 이분법적 사고를 피하기 위해서는 언제, 어디서, 그리고 왜라는 질문을 사용하여 결론에 대해 대안적 맥락을 제시하라.

결론에 제한을 가하면 이분법적 사고에서 벗어날 수 있다. 조건문은 이런 제한을 표현하는 기법을 제공해 준다. 예를 들어 이 장 처음에 나오는 아이들을 대상으로 하는 광고를 제한하자는 논증을 다시 보자. 어떤 대안적 결론이 주어진 이유와 일관될 수 있을까?

> 저자의 결론: 아이들을 대상으로 하는 광고는 법적으로 금지되어야 한다.
> 대안적 결론: 1. 기업을 사람과 마찬가지로 본다면, 기업은 광고를 포함하는 언론 자유의 권리를 갖는다. 따라서 광고를 할 권리를 제한하지 말아야 한다.
> 2. 아이들은 자신들이 보고 있는 것을 평가할 수 없고 그래서 광고에서 큰 영향을 받는다면, 아이들을 대상으로 하는 광고는 법적으로 금지되어야 한다.
> 3. 제안된 입법의 목적이 아이들을 대상으로 하는 광고의 내용을 제한하는 것이라면, 정부는 그런 광고를 불법적인 것으로 규정해서는 안 되고, 그보다는 오히려 아이들을 대상으로 하는 광고의 내용을 규제하는 데 사전 예방적인 역할을 해야 한다.

저자가 제시한 이유에 비추어 보면 추가로 많은 대안적 결론이 있을 수 있다. 우리의 믿음에 대한 가능한 토대로서 그런 대안적 결론을 고려하지 않았다면 의사 결정의 질적 수준을 떨어뜨리게 될 것이다.

Practice Exercises

❓ 비판적 질문: 어떤 합당한 결론이 가능한가?

다음 논증에서 이유에서 도출될 수 있는 다른 결론을 찾아보라.

제시문 1
많은 사람에게 식사를 제공하는 것은 쉽지 않다. 그러나 학교 식당은 매우 다양한 입맛을 수용하도록 노력해야 한다. 캠퍼스의 학생들은 음식의 질뿐만 아니라 선택할 음식의 종류가 많지 않다는 것에 대해서 끊임없이 불만을 제기한다. 모든 식당은 더 많은 학생들을 만족시키기 위해 보다 다양한 음식을 제공하고 따라서 더 많은 학생들이 학교 밖이 아니라 학교 내에서 식사를 하도록 해야 한다. 학교 식당이 매일 다양한 음식을 제공하지 않으면 학생들에 대한 의무를 다하지 않은 것이다.

제시문 2
나는 최근에 교회가 면세라는 것을 알았다. 이것은 미국 헌법에서 요구하는 정교 분리를 어기는 것이다. 교회에 면세를 줌으로써 정부는 재정적으로 종교를 지원한다. 교회에 면세를 해주어 미국인들이 종교 교리에 반대하더라도 어쩔 수 없이 교회를 지원하도록 하는 것이다. 교회는 더 이상 이런 면세를 받아서는 안 된다.

제시문 3
게이와 레즈비언 커플은 일반 부부와 마찬가지로 건강하고 서로 사랑할 수 있다. 이들은 또한 아이를 키울 수도 있다. 가장 중요한 것은 동성애자들도 이성애자들과 마찬가지로 결혼을 포함해서 같은 권리와 특권을 가져야 한다는 것이다. 게이 결혼은 아주 오래 전에 합법화되어야만 했다.

Sample Responses

제시문 1
결론: 학교 식당은 학교 내에서 음식을 제공하는 일을 적절히 수행하지 못하고 있다.
이유: 1. 학생들은 음식의 질에 대해 만족하지 않고 있다.
2. 매일 제공되는 음식의 종류가 충분하지 않다.
3. 선택할 수 있는 음식의 종류가 더 많아져야 학생들이 만족하고 학교에서 식사를 하게 될 것이다.

이런 특별한 비판적 사고의 기술을 연습하려면 제시된 이유가 합당한 것이라고 가정해야 한다. 우리가 이 이유를 신뢰할 만한 것으로 받아들인다면 다음과 같은 결론을 추론할 수 있다.

> 학교 식당의 목표가 하루 일과가 끝날 때 버려지는 음식물의 양을 최소화하면서도 다양한 음식을 제공하는 것이라면, 학교 식당이 학생들에게 현재의 제한된 음식 종류를 제공하는 것으로 학생들을 실망시킨 것은 아니다.
>
> 학교 식당이 학교 내 음식 가격을 낮게 유지하는 것을 목표로 하고 있고 더 다양한 메뉴를 제공하는 것이 가격 상승을 야기한다면, 학교 식당이 학생들에 대한 의무를 다하지 못한 것이 아니다.

원래의 결론에서 학교 식당을 부정적으로 묘사한 것과 비교하면, 대안적 결론은 학교 식당이 제공하는 서비스를 아주 다른 측면에서 보고 있음을 주목하라.

제시문 2

결론: 교회는 더 이상 면세를 받지 말아야 한다.

이유: 1. 교회 면세는 미국 헌법이 요구하는 정교 분리를 위반하는 것이다.

2. 교회에 대한 세금 혜택은 미국인들이 종교 교리를 반대하더라도 종교를 지원하도록 하는 것이다.

이런 이유들을 기초로 다양한 합리적인 결론을 추론할 수 있다.
(1) 헌법과 면세 사이에 충돌이 있다면 우리는 마치 재판부가 현재의 필요에 따라 다른 규정을 수정하듯이 헌법과 법률을 수정할 필요가 있다.
(2) 두 번째 이유는 또 다른 결론에 이르게 하는데, 즉 우리 학교에서 시민교육을 높일 필요가 있다. 왜냐고? 민주적 입법과정의 본질은 시민들이 개인적으로 원하지 않는 일에도 세금을 내야 한다는 것이다. 의회가 거대한 군대가 필요하다고 하면 시민은 개인적으로 국방비 지출을 지지하지 않더라도 큰 군대를 지원하기 위해 세금을 내야 한다.

마무리 말

비판적 사고는 하나의 도구이다. 그것은 여러분에게 아주 중요하다. 그러나 비판적 사고를 활용할 때 그것이 제대로 역할을 할 수도 있지만 그렇지 못할 수도 있다. 자기발전을 위해 여러분은 지금까지 열심히 비판적 사고의 태도와 기술을 익혀 왔다. 이제 그것을 최적으로 사용하길 바라면서 이 책을 마무리하고자 한다.

비판적 사고가 쓸모 있는 도구라는 느낌, 즉 청자와 화자, 독자와 저자의 삶을 발전시킬 수 있는 도구라는 느낌을 다른 사람에게 어떻게 줄 수 있는가? 비판적으로 사고하는 다른 사람과 마찬가지로 우리는 항상 이 질문과 씨름하고 있다. 그러나 우리가 매우 유용하다고 생각하는 한 가지 전략은 여러분의 비판적 질문을 마치 호기심이 있는 것처럼 하라는 것이다. "아하, 당신이 잘못하고 있다는 걸 알았어"라는 태도보다 비판적 사고의 효율적 사용에 더 치명적인 것도 없다.

마지막으로 덧붙이자면, 우리는 여러분이 이슈와 씨름하길 원한다. 비판적 사고는 무익한 취미가 아니다. 그것은 교실에서, 시험을 치르는 데, 또는 영리함을 자랑하기 위한 것만도 아니다. 비판적 사고는 분별 있는 사람들 사이에 동반자 관계가 형성될 수 있는 토대를 제공한다. 믿음은 멋진 것이지만, 그 믿음은 행동을 요구한다. 한 문제에 대한 최상의 답을 발견한 후에는 그 답에 따라 행동하라. 비판적 사고를 토대로 여러분 스스로 자랑스러워할 수 있는 정체성을 일구어내라. 여러분 자신과 여러분이 몸 담고 있는 공동체를 위해 비판적 사고를 활용하라.

여러분이 배워 온 것에서 발전을 이룩하길 기대한다.

옮긴이 후기

한 학생과 기말보고서를 상담하는 도중 그가 이런 말을 했다. "제 문제는 제 주장이 너무 당연하게 보인다는 점이에요. 어떻게 해야 할지 모르겠어요." 그렇다. 이 학생은 사실 우리의 일상적인 사고방식에서 드러나는 두 가지 핵심 문제를 지적하고 있다. 첫째는 우리가 가지고 있는 생각이 자신에게는 너무나 당연하게 보인다는 것이고, 둘째는 너무나 당연하게 보인다는 점을 문제로 인식한다 하더라도(그렇지 않은 사람들이 더 많겠지만) 이 문제를 어떻게 해결할 수 있느냐는 것이다. 이에 대한 해답이 바로 비판적 사고이다.

비판적 사고의 출발점은 어떤 생각이나 주장을 의심하는 데에서 출발한다. 당연해 보이는 생각이나 주장을 당연하게 생각하지 않는 것이다. 이것은 회의적 방법이지만, 의심 자체가 목적이 아니라 더 나은 견해를 형성하려 한다는 건설적 의미에서 "방법적 회의"이다. 이러한 방법적 회의의 태도를 취하는 것이 바로 위 학생이 보여준 첫 번째 문제를 극복하는 길이다. 즉, 내 생각이 참이 아닐 수도, 옳지 않을 수도 있다는 회의를 시작한다면, 우리는 비판적 사고의 첫 걸음을 내디딘 것이다.

다음에 내디딜 걸음은 무엇인가? 어떤 의견에 대해 "어라, 그거 좀 이상한데?"라고 생각한다면, 우리는 질문을 던져야 한다. 여기에서 중요한 것은 "어떤 질문을 어떻게 던져야 하는가?"이다. 올바르게 질문하기가 추상적이나마 위 학생이 지적한 두 번째 문제에 대한 해법이다.

이 책 『(11가지 질문도구의) 비판적 사고력 연습』은 올바르게 질문하는 훈련을 위한 교재로서 모범을 보여 준다. 이들이 제시하는 11가지 유형의 질문은 당연해 보이는 주장이나 결론을 당연하게 보지 않는 기술을 제공한다. 이 기술을 습득함으로써 우리는 다른 사람들의 주장뿐 아니라 자신의 주장에 대해서도 논리적으로 비판하는 능력을 키울 수 있다. 그러면 우리는 더 나은 논증, 더 정당화된 주장을 갖게 될 것이다. 또한 저자들은 비판적 사고의 방법을 많은 예시와 연습 문제를 통해 쉽게 설명하고 있다. 이들의 설명은 간결하면서도 쉽기 때문에 어느 정도의 학습 능력만 있으면 쉽게 따라갈 수 있을 것이다.

우리 사회는 비판적 사고를 요구하고 있다. 그럼에도 비판적 사고가 무엇인지, 비판적 사고는 어떻게 하는 것인지에 대해서는 비판적으로 사고하는 것 같지 않다. 많은 경우 비판적 사고가 각종 시험 대비를 위해 요구되는 것으로 치부하고 있고, 이에 따라 비판적 사고의 기술을 훈련하기보다는 시험용 문제풀이 기술을 습득하는 데 몰두하고 있다. 시험을 위한 문제풀이식 학습은 비판적 사고력을 키우는 데 별로 도움이 되지 않는다. 우리에게 절실히 필요한 것은 비판적 사고의 방법을 훈련하는 것이다. 바로 이 책이 비판적 사고의 기본 기술을 훈련하는 데 적격이라고 생각한다. 이것이 역자에게 번역 제안이 들어왔을 때 번역을 결정하게 된 한 가지 이유이다. 이 책의 한국어 번역본이 비판적 사고력을 키우고 싶어하는 많은 사람들에게 실질적인 도움이 되길 바란다.

    번역은 두말할 나위 없이 어려운 작업이다. 역자의 이 번역서에도 오역이 있을 수 있다. 또한 역자의 한국어 능력이 이 책의 내용을 전달하는 데 어려움을 낳을지도 모른다. 이것은 역자의 책임임을 부인하지 않는다. 그럼에도 가능한 한 좋은 번역이 되도록 노력했다. 이 번역서가 나오기까지 도움을 주신 많은 분들에게 감사의 마음을 전한다.

이명순